三|国|职|场|探|迹

三国前奏

冯立鳌 著

中国书籍出版社
China Book Press

图书在版编目（CIP）数据

三国前奏/冯立鳌著. --北京：中国书籍出版社，2023.1

（三国职场探迹）

ISBN 978-7-5068-9137-0

Ⅰ.①三… Ⅱ.①冯… Ⅲ.①中国历史—研究—三国时代 Ⅳ.①K236.07

中国版本图书馆 CIP 数据核字（2022）第 155052 号

三国前奏

冯立鳌　著

责任编辑	马丽雅
责任印制	孙马飞　马　芝
封面设计	中联华文
出版发行	中国书籍出版社
地　　址	北京市丰台区三路居路 97 号（邮编：100073）
电　　话	（010）52257143（总编室）　（010）52257140（发行部）
电子邮箱	eo@chinabp.com.cn
经　　销	全国新华书店
印　　刷	三河市华东印刷有限公司
开　　本	710 毫米×1000 毫米　1/16
字　　数	260 千字
印　　张	18
版　　次	2023 年 1 月第 1 版
印　　次	2023 年 1 月第 1 次印刷
书　　号	ISBN 978-7-5068-9137-0
定　　价	78.00 元

版权所有　翻印必究

前　言

　　2018年年底，我结束了近37年的在职工作正常退休，进入到人生另一新的阶段，面临着生活状态的自由选择。考虑到以前想做而没有来得及做的某些事情可以尝试完成，于是辞绝了教育机构的约聘，也退出了原有一些学会的职位，给自己准备了更为充足和大块的松散活动空间，想从事一些和自己几十年的职业职务活动没有直接关系的事情。经过半年时间的休整和思考，从2019年5月中旬起，我开始系统地阅读理解与三国历史有关的资料，主要有《三国志》全本，包括晋朝陈寿的原著与南朝裴松之的引注，还有《资治通鉴》以及《后汉书》《晋书》的相关部分。在阅读史书的同时，我围绕三国人物的职场活动作出应有的回味思考，书写出自己的看法与见解，同时表达个人相应的生活观、历史观乃至价值观，我自称这是对三国历史资料的系统"解读"。本人手头有一个与职场体会相关的公众号，每天写出二三千字的文稿，发到该公众号上，供几十亲友在小范围内选阅交流并作矫正。持续近两年半的时间，到2021年9月中旬，三国史料所能涉及的人物活动已全部搜阅回味完毕，结束了这一特定的解读。其后翻阅统计，共撰写了整七百篇文论，计176万多字，内容大体涉及叙述、议论与论理三个方面，即关于人物职场事迹的白话叙述、对人物职场行为方式的得失议论，以及针对相关社会问题的剖析说理。这些文字表达实际上相当于围绕三国史志全部人物职场事迹所做的"解读笔记"，其中涉及的时段从东汉末年184年黄巾起义开始，到280年晋朝统一约一百年的历史。

　　三国人物在历史上乃至当世都产生过重要影响，对人物活动事迹的重述与评议总是灌注着不同的社会生活观与人生价值观，至今已衍生出了大量体现于文学、艺术、教育、游戏等多个领域、表现纷杂的三国文化现象，而三国人物的真实事迹及其形象反而被湮没。事实上，对后世人们最有深刻教益作用的应该是发生过的历史，而不是演绎虚构出的东西。在世人特别看重三国文化教益的背景下，如能返璞归真，回归历史人物的本来面目作出体味反思，可能会成为三国文化和当代文化建设中更有意义的事情。出于这样的本心，我宁愿把自己对三国职场的解读拿出来，与有心的朋友和读者共享。现在呈现在读者面前的，就是对自己近三年解读文论的修订整理。整理后形成互相衔接的八本撰述：其中从汉末到三国的过渡《三国前奏》一本，《曹魏兴衰》四本，《蜀汉浮沉》一本，《孙吴起伏》两本，共合成一部成系列的"《三国志》解读笔记"，希望以此丰富当代历史文化的内容，并为三国文化增添新的枝叶。

　　叙述人物活动事迹占许多篇章中的重要分量，这里首先需要对资料的详尽占有。《三国志》全本既指陈寿"文辞简约"的原著，也包括裴松之"搜采广博"的引注，被称"本志简略，引注繁芜"。引注资料来源庞杂，文字远超原著，且有人物事迹相抵牾的情况；同时，史书中关于某一人物的事迹未必全部在关于该人的本传中，许多可能是在另一人物的本传及引注中出现，有些还在《晋书》相关的人物记述中。要弄清全部人物活动的事迹，需要资料的搜集辨析、穿插编排，以及必要的揣测推理。另一方面，人物事迹叙述还需要不可缺少的白话翻译。史书均为古文表达，其中有许多当代人不易理解的字词和文句，作者对许多人物的事迹也是初次涉猎，撰写叙述中参考过一些资料中对个别字词的译注解释，而对裴氏引注资料的翻译大体上都是从头做起，自认是在此做了些补阙的工作。

　　因为本书想要避免资料选用的片面性、随意性，追求对所涉人物事迹的全面把握，所以撰写中实际上需要对史志全部人物活动作出地毯式、不留死角的翻译叙述。当然，并非所有人物的事迹都有典型性，有些人物的活动可以说是记载不多且乏善可陈，但为保证人物出场的完整性，因而不能放弃对这些人物职场活动的叙述与评析，以尽力实现对三国职场活动作出全景式的扫描。本人在全部所涉人物事迹的叙述中力求扣紧原文，作出准确、精练的翻译，同时尽量少地舍弃个别极不合乎情理的资料，以保证内容的完整与协调。阅读本书，至少能够获得三国人物最原初的历史记录，了解到历史人物最接近真实的言论行为；能观瞻三国职场活动全面完整的场景，对当时职场活动的背景及各种因素的相互影响形成整体把握；由此也可对历史小说的剪裁虚构以及后来人们的各种演绎想象增强应有的识辨力。阅读该书的青年学生，不仅对三国人物活动可以形成初步印象，也会增进自身的古文翻译能力。

　　整个书系的绝大多篇章在叙述之后都有相应的评说议论，这种议论是结合人物活动的特定环境并观照其所引起的长远效果，针对指出其行为在职场的利害得失。在做这些议论时，会尽量探寻社会运动内含的底层逻辑，参照某种客观活动前后相继的内在因果，尽可能地指出相关人物思想理念的端正或偏失，也会关注其思维方式的特征及其正误。近代卢弼的《三国志集解》中辑录了不少前代学人对三国诸多人物事迹的评议，有时论及某一议题，会罗列多人发表的不同观点。本人参阅过这些观点，必要时把主要观点介绍出来，略加评议；有时仅介绍一种观点，当是作者基本认可的看法。从七百篇文论标题所涉及的对象看，全书粗略统计做出评说议论的共410多个人物，因为每个人物都有不同的人生路程和职场经历，也有不同的思想追求和行为方式，全书的评说议论因而是多角度、多侧面的，有时采取引而不发的态度，没有固定的格式，属随事而发，灵活展现，且与人物事迹的叙述相糅杂，总之是史论结合，以史带论，达到观史明理即可。"往者不可谏，来者犹可追。"本人探寻三国职场活动，实际是对一段社会历史演变过程的咀嚼和体认，不能保证全部认识深刻和到位，但却是尽量拓展观察社会的视角，激发人们看透现象世界的敏锐性。读者朋友一定能从中发现新的问题，再作反思，得出对自我人生和职场活动更多的经验教训，尤能助益养成优良的思想理念和上佳的思维方式。

全书在评说议论中试图逐步提升出关于社会人生不同层面的认识，而这种提升需要在人物活动与社会生活的相互观照前后联系中才得实现，也才能述说清楚。为建立这种联系，全书首先从结构形式上做了一些努力：在七百篇章的小标题上，有两到三位数的序号，其中第一位数1、2、3，分别代表曹魏、蜀汉、孙吴三家人物，0则代表东汉末到三国的过渡人物；第二位数字是分类的，与前一数字用"."相分隔；第三位数字是同一类别中对不同人物或相异问题的更细划分，外带括号以示区别，如果内容较多，对其需作多篇论述，则各篇顺次按"上""下"或其他中文序号标注在小标题之后。如"1.5（18）曹叡的用人和处事（中）"，这一小标题即代表：针对曹魏集团中第五个解读人物曹叡，该题目下要叙述议论他的第18个论题，内容是关于他治国理政的中间一部分。全书对各家的类别划分并不严格，而标号却是严谨的；标题的序号数字越相靠近，文论间的联系就越紧密。全书有统有分，逐次开散，七百文论覆盖了本书所涉三国人物历史活动的全部场景，希望这些篇章间能产生聚散为一的整体系统。

同时还有与完善史料覆盖系统相配合的叙写方式。因为某一人物活动的事迹中总是有其他一到多位相关涉事人，因而书中的叙事往往是对涉事多人活动事迹的共同叙述。为此全书于某人解读篇章之外，在叙述其他涉事人活动的篇章中，对共同参与的活动事实，就只简单提及事情的根由，同时标明"参见"之处，尽量省略掉可能引起重复的表述。比如在曹魏部分关于《司马懿的为人（中）》，及《名士管宁的坚定心志》等篇章，行文中就有"（参见1.5.18《曹叡的用人和处事》中）"的夹注式提示。全书中的这种标注提示是极多的，为减少文中括号的重叠，第三位数字的外括号变成了前面的分隔号。这里是要尽量避免事情叙述和某些议论的重复，又要保持对涉事人解读的全面性。总之建立对一段历史过程全覆盖的解读系统，既要基本上无所遗漏，又要减少叙事的重复，也增加读者观瞻的联想感。

本书的解读立足人物，看重细节，并且力求把三国社会的微观细节与宏观历史运动过程无缝化衔接起来，这是该书系在表达形式上的一大特点。阅读本书的读者，如果能观照人物活动前后进展的线索，把握某些不同事件间的人物关系及其相互影响，对文中的各种评说议论就会有更深刻的体认，并能形成自己独立的思想与判断；读完全书，把握了三国社会运动的整体态势，不仅有助于对当时社会状况，包括各层职场的运作特征和不同人物的复杂心性产生更多的联想与认识，而且能对人生奋争、集团兴衰和整个社会运动形成应有的见解。

全书在各处评说议论的同时还有针对具体情景的剖析说理，这是在复杂事态和各种混沌理念中论证其中评说议论的合理性，希望把自己的认识观点明确地展现出来。一般说来，作者的思想观点及其对社会历史活动的认识，是倾注在或明或隐的各处评说议论中，寓含在资料排比和叙事之外的各类文字表达中。无论是关于人物活动的具体点评，关于个别领导人格特征的综合议论，还是某些政治集团沉浮兴衰的总体评说，全书都始终持有某些不变的理念，包括对历史及其人物的尊重态度，对英雄人物的尊崇心理，对为数不多女性人物的敬重之情；对公平、正义、善良、美好的崇尚，以及对丑恶的鞭笞；对历史主义、唯物主义、民族优秀传统思想、当代先进科学理念以及思维辩证法在学理上的推崇等。对本人难以把握的卜筮、相术等现象则尽量作出客观介绍，并表达出对史志记载的基本看法。而全书所持有的历史进步观、主体有为观，以及对职场活动中某些共通性、规律性的认识、某些方式方法的主张，都有多种灵活多样的表达，希望能对读者提供观察社会生活的有益方法与思考。总之，讲故事、发议论、明事理，是整个书系的三重内涵。

关注本人公众号的许多友人和读者数年间对上述文论曾表达了不少鼓励，多年从事文化工作和图书经营的诸位朋友也都高度赞赏和充分肯定了该书系的社会价值，并做出了如何奉献给更多读者的设想与策划。吸收他们的有益建议，也出于不负时代的衷心，本人自完成书系撰写的半年多来，对全部叙述做了检查、梳理与某些意境的提升，整理形成了既相互独立，又紧密关联着的"解读笔记"系列——《三国职场探迹》，并以《三国前奏》《曹家龙兴》《魏天风雷》《虎啸中原》《北国毓秀》《蜀汉浮沉》

《江东激荡》《孙吴落花》八本图书呈现给广大读者，书名仅表征该书的论及对象与人物层级，具体内容尽在各篇章的微观解读中。希望这一书系对三国文化、职场文化、历史文化的认识发掘都能发挥独特作用。

  1988年本人在西安读研的暑假期间撰写过分析《三国演义》中领导活动的单本论著《谋略与制胜》，为本人系统探索历史文化题目的初步尝试，到2006年的十多年间有多家出版社改变书名出版过四次，发行数量不小，中国书籍出版社现今以《争胜谋略》为名，将其与《三国职场探迹》同时出版发行。《争胜谋略》属于多年后的再版，这次恢复保持了初始内容。该书的分析对象限于历史小说，而八本新著《三国职场探迹》则完全摒弃了文学小说的描写，纯粹以历史资料为据，两书各自属于不同的论述系统，希望有心的读者能够在比较中发现两者的区别，从中体味出对真实历史过程分析认识的意趣和深邃。

作者
2022年5月8日
于广州燕塘轩

目 录
CONTENTS

前 言 …………………………………………………………… 1

朝政崩裂 ……………………………………………………… 1

0.1 汉末权臣的兴亡 ………………………………………… 3

  0.1（1）何进捅开了潘多拉的盒子 ………………………… 3

  0.1（2）何太后的小家思维 ………………………………… 6

  0.1（3）宦官的辩词 ………………………………………… 9

  0.1（4）张让忠诚清廉吗？ ………………………………… 12

  0.1（5）189 年的大变局 …………………………………… 15

  0.1（6）刘辩夫妇的悲惨命运 ……………………………… 18

  0.1（7）名将皇甫嵩的职场沉浮（上） …………………… 20

  0.1（7）名将皇甫嵩的职场沉浮（下） …………………… 23

  0.1（8）"学优"之人的仕宦坎坷 ………………………… 26

  0.1（9）屈死的张温 ………………………………………… 30

  0.1（10）粗猛有谋的董卓（上） …………………………… 31

  0.1（10）粗猛有谋的董卓（中） …………………………… 35

  0.1（10）粗猛有谋的董卓（下） …………………………… 38

  0.1（11）被误杀的大儒 ……………………………………… 40

  0.1（12）职场上的"变脸"者 ……………………………… 44

  0.1（13）贾诩其人 …………………………………………… 47

0.1（14）三恶控朝廷 ································ 49

献帝东返 ································ 53

0.2 从长安到洛阳 ································ 55

0.2（1）献帝刘协的危机应对（上） ················ 55
0.2（1）献帝刘协的危机应对（下） ················ 57
0.2（2）士孙瑞的智识 ································ 61
0.2（3）危难见忠诚的段煨 ······················· 63
0.2（4）看不清的董承 ································ 65
0.2（5）被忽悠了的杨奉 ···························· 69
0.2（6）好人张杨 ································ 72
0.2（7）危难时想到了吕布 ······················· 75
0.2（8）东行同路不同归 ···························· 77
0.2（9）贾诩去了哪儿？ ···························· 81
0.2（10）关于"代汉"的敏感话题 ················ 83
0.2（11）有人看上了朝廷空壳资源 ················ 85
0.2（12）对空壳资源的利用与再争夺 ·············· 88

割据时代 ································ 91

0.3 辽东的变迁 ································ 93

0.3（1）公孙家族的兴盛 ···························· 93
0.3（2）公孙家族的衰与亡 ························· 95

0.4 燕都变乱 ································ 98

0.4（1）蓟城出了小"天子" ························· 98
0.4（2）拒绝被人抬上帝位的明白人 ·············· 100
0.4（3）明白人有懵懂处 ···························· 103
0.4（4）刘虞的民望从哪儿来？ ···················· 107
0.4（5）他没有战胜冲动的魔鬼 ···················· 109

0.5 震荡的西部政局 ································ 112

0.5（1）刘焉对益州的圈占 ························· 112
0.5（2）刘璋治益州 ································ 115
0.5（3）张鲁对汉中的占取 ························· 118

- 0.5（4）收复汉中 ... 120
- 0.5（5）名闻三辅的马腾 ... 123
- 0.5（6）韩遂的职场生涯 ... 126

0.6 江淮之乱
- 0.6（1）袁术的称帝闹剧（上） ... 129
- 0.6（1）袁术的称帝闹剧（中） ... 132
- 0.6（1）袁术的称帝闹剧（下） ... 135
- 0.6（2）少年英雄孙坚 ... 138
- 0.6（3）南北征战显威名 ... 140
- 0.6（4）与董卓凉州军的较量 ... 143
- 0.6（5）将星的暗淡与坠落（上） ... 145
- 0.6（5）将星的暗淡与坠落（下） ... 148

0.7 刘表治荆州
- 0.7（1）匹马南下据荆州 ... 151
- 0.7（2）刘表的保境与安民 ... 154
- 0.7（3）刘表治荆州的中庸方法 ... 156
- 0.7（4）刘表的疑忌之心 ... 159
- 0.7（5）荆州的剧变 ... 162
- 0.7（6）人才生长的沃土 ... 164

0.8 东部的战乱
- 0.8（1）陶谦保徐州（上） ... 168
- 0.8（1）陶谦保徐州（中） ... 171
- 0.8（1）陶谦保徐州（下） ... 173
- 0.8（2）孔融守北海及其学者人格（上） ... 176
- 0.8（2）孔融守北海及其学者人格（中） ... 179
- 0.8（2）孔融守北海及其学者人格（下） ... 182
- 0.8（3）慷慨守义的臧洪 ... 186
- 0.8（4）陈登的多副面孔（上） ... 189
- 0.8（4）陈登的多副面孔（下） ... 192
- 0.8（5）张绣与贾诩的将相璧合 ... 196

0.8（6）吕布的站队问题 ……………………………………… 199
0.8（7）短视的眼光 …………………………………………… 202
0.8（8）与袁术的利益交换 …………………………………… 204
0.8（9）最后的覆灭 …………………………………………… 207

0.9 河北军阀的逐次替代 ………………………………………… 210
0.9（1）公孙瓒在幽州的得势 ………………………………… 210
0.9（2）他对现管动了歪心思 ………………………………… 212
0.9（3）扭曲的用人思维 ……………………………………… 215
0.9（4）输掉了的牌局 ………………………………………… 217
0.9（5）才不配位的韩馥 ……………………………………… 221
0.9（6）"官五代"袁绍 ……………………………………… 224
0.9（7）走向高峰 ……………………………………………… 227
0.9（8）袁绍军政轶事 ………………………………………… 231
0.9（9）一件悔之无及的事情 ………………………………… 235
0.9（10）集团的病情诊断 …………………………………… 237
0.9（11）选择的战争 ………………………………………… 240
0.9（12）战争的动员与准备 ………………………………… 243
0.9（13）白马延津折两将 …………………………………… 246
0.9（14）官渡决战 …………………………………………… 248
0.9（15）被废弃了的方案 …………………………………… 252
0.9（16）袁绍之死 …………………………………………… 255
0.9（17）袁氏兄弟的窝里斗 ………………………………… 258
0.9（18）他和曹操玩起了心眼 ……………………………… 261
0.9（19）邺城失守 …………………………………………… 264
0.9（20）奔袭远方的征战 …………………………………… 266

参考文献 ………………………………………………………………… 271
后　记 …………………………………………………………………… 273

朝政崩裂

0.1 汉末权臣的兴亡

东汉社会后期，朝廷中形成了外戚执政的传统，在皇位更替的节点上，被外戚扶立继位的多是年幼的皇帝；小皇帝长大后，要从外戚手中收回本属于皇帝的权力，就势必借助宦官集团的力量，而权力收回后，又会形成了宦官集团执掌国家权力的局面。围绕国家权力的争夺，外戚和宦官集团互相仇杀，权势之臣轮番执政，汉朝末年的政治演变把这一现象推演到了极致，导致外戚与宦官集团同归于尽，而国家权力又落到了大小军阀手中，终使东汉朝廷的政治统治沦于塌陷。

0.1（1）何进捅开了潘多拉的盒子

184年的黄巾起义，加速了东汉统治集团走向灭亡的步伐，189年汉灵帝去世时，社会上层各种矛盾又濒临集中爆发的节点。从《后汉书·何进传》等史料看，其时身任大将军职位而执掌朝政的外戚何进，因对事变处置失当，一手捅开了导致社会大乱的潘多拉盒子。

何进，字遂高，南阳宛（今河南南阳）人，他的异母妹何氏进宫后得宠于汉灵帝，180年被立为皇后。何进本人由郎中、中郎将、颍川太守，一路升为侍中、将作大匠、河南尹，黄巾起义后被拜为大将军，镇卫京师，以功封为慎侯。

188年，汉灵帝在朝中设立了西园八校尉，宦官蹇硕为上军校尉，虎贲中郎将袁绍为中军校尉，屯骑都尉鲍鸿为下军校尉，议郎曹操为典军校尉等。灵帝因为喜欢蹇硕，就任其为元帅，大将军也归他领属。次年汉灵帝病逝前，因为未立太子，就把心有所属的皇子刘协托付给了蹇硕，蹇硕掌握着皇宫禁卫军，他忌畏大将军何进，在灵帝死后准备杀掉何进再立新君。这天何进因事入宫，蹇硕准备对其下手，没想到手下司马潘隐与何进早有交往，在宫外见到何进递给了眼色，何进马上领悟，他从捷路逃回了军营，即行使大将军职权，扶立妹妹何皇后所生的儿子刘辩为新皇帝。

蹇硕准备组织宦官集团的力量，在宫中逮捕和杀掉何进。但中常侍郭胜与何进是同郡老乡，当年协助何贵人晋升皇后有功，深得何家信任，他不执行蹇硕的计划，并将其密谋泄露给了何进。何进立即向主管宫廷宦官的黄门令下令逮捕蹇硕，将其处死，并将他统管警卫军的权力收归。

何进深知宦官为天下人所痛恨，又愤恨蹇硕谋害自己，掌握全部军政大权后，就想把宦官一网打尽。袁绍是这一谋划的积极支持者，袁术、逢纪、何颙、荀攸、陈琳都是参与此事的核心人物，但诛除宦官的计划反映到何太后那里，太后并不答应；风闻这一计划的宦官们，用重金贿赂何太后的母亲舞阳君及何进之弟何苗，让他们向何太后表忠心求宽恕。这样，何进诛除宦官的计划几乎成了公开的消息，却由于何太后的反对，何进自己竟然感到无法实施，就一直拖延了下来。

面对何进与何太后兄妹两人意见对立、僵持不定的局面，袁绍提出了建议，他让何进征召天下各地猛将豪杰率军队进逼京城，让他们以诛除宦官为要求来胁迫朝廷，逼使太后答应。主簿陈琳等人很不赞成这种方案，但何进接受了，并照此实施。他从西北边境调前将军董卓屯兵关中上林苑，让东郡太守桥瑁屯兵成皋，使武猛都尉丁原烧孟津，火光照映城中，还让泰山郡的王匡准备精锐部队待命。这些部队都提出了消灭宦官的要求，以军队进京相胁迫，太后还是不答应。

何进到这时狐疑无决，袁绍怕他改变主意，就对他说："计划已经暴露，与宦官的对立已成水火不容之势，事情拖下去会生变乱，将军您不能再等了，必须早下决心！"何进于是任命袁绍为主管京师监察的司隶校尉，并交给他临机杀罚的处决权；任下属中郎王允为河南行政主管，护卫京师安全。袁绍遂让洛阳的监察机构加强对城中宦官的监督，同时让董卓领兵在驿站大路上行进，作出进军洛阳西门平乐观的姿态。太后听到董卓的进军消息很恐惧，至此把朝中掌权的宦官全部罢免，让他们返回故里，只留下与何进平时相好的宦官从事宫内事务。袁绍还进一步假传何进之意，让各州郡逮捕涉事的宦官亲属。

在宫中执事多年的大宦官张让，临回故里之前托人私下传话给何太后，希望能给他一个看望和告别太后的机会，获准进宫后，他暗中联络段珪、毕岚等几十个宦官，让他们带上武器，从宫墙侧翼小门进入，藏于小殿中。他们以太后的名义招何进入宫进殿，何进到来后，即被宦官们当场斩首。张让还假传诏令，任命前太尉樊陵为司隶校尉、少府的许相为河南尹，何进刚刚任命于关键职位上的袁绍和王允被他人替代。

何进的部曲听说主帅遇害，准备领兵进宫，无奈宫门紧闭，袁术遂放火烧毁了南宫九龙门以及东西两宫，企图逼迫宦官出逃。张让前去告知太后，说大将军属下兵将造反，就带着太后，少帝刘辩，陈留王刘协和大批朝廷官属，从空中复道进入北宫。袁绍带兵包围了北宫，攻入后捕杀宦官，不论少长见到就杀，其中有因无胡须而被误杀的，死者二千多人。张让、段珪在慌乱中带着刘辩刘协等几十人跑出宫门，逃至荒野，王允派出的闵贡紧紧追赶，杀掉了几个宦官，其余宦官投河而死。第二天，公卿百官来到，奉迎少帝刘辩等回宫。

在这里，汉灵帝去世后，外戚何进自认代表正义的力量，也因为自己受到谋害，要以武力诛除朝中宦官，这未尝不可，但他却要求得到何太后的同意，大概是要取得动武的合法性吧。但在太后反对的情况下，他不是弥合与宦官集团的矛盾，消除双方对立，而是无所决断，迁延日月，扩大了事态，最后竟然出了一个昏招：企图借重地方军队，以进京除恶相要挟，迫使太后认同他的计划。这一昏招，没有区分两种矛盾的不同性质和不同程度，把他与宦官集团的主要矛盾、对抗性矛盾置放到后面，而把他和太后的非主要矛盾、非对抗性矛盾当作主要问题来对待，并且动用并无把握掌控的地方军队，让他们参与自己兄妹俩人间矛盾的解决。这一愚蠢的做法表面上似乎见到了些效果，但实际上不仅让宦官集团钻了空子，导致自己人头落地，而且开了地方豪强势力直接参与解决朝政争端的先例，随后发生了董卓进京、天子废立、百官散离、朝廷流迁的事情，天下分崩的局面不可收拾，潘多拉的盒子被捅开了。

0.1（2）何太后的小家思维

东汉中平六年（189年），大将军何进图谋诛杀宦官，其后又想借助外兵进京来胁迫何太后同意，由此捅开了东汉社会积累百余年而形成的潘多拉盒子，天下分崩，社会惯常控制系统内的政治运作机制全然瘫痪，局面已无法收拾。这一状况的造成，与当时朝政的临时当家人何太后不无关系。

据《后汉书·皇后纪》《后汉书·何进传》记载，何太后是汉灵帝刘宏（168年–189年在位）的第二位正宫皇后，南阳宛（今河南南阳）人，出生于屠户之家，依《风俗通》所记，屠户家的女儿是不能作为良家女选入掖庭的，而何家用金帛行贿主事人得以入选。这位何氏女身高七尺一寸，合今1.64米，进宫后被拜为贵人，深得灵帝刘宏宠信。她生下了儿子刘辩，养于一位叫史子眇的道人家里，称为"史侯"。

在刘宏原皇后宋氏被废黜两年后，何贵人于180年被立为皇后。次年，她的父亲何真被追封为车骑将军、舞阳宣德侯，她的母亲兴，也同时被封为舞阳君。她的异母兄何进一路升为侍中、将作大匠、河南尹，黄巾起义后被拜为大将军，镇卫京师，以功封为慎侯。

何皇后性情强横妒忌，后宫嫔妃没有人不惧怕她。当时刘宏宫中的王美人已经怀孕，因为惧怕皇后，就服药想打掉胎儿，但胎儿安然不动，王美人又几次梦见身背太阳走路，感到有吉祥之兆，于是就在181年生下了儿子，取名刘协。何皇后为此下毒药杀死了王美人，刘宏知道后大怒，想要废掉何氏，当时许多宦官在刘宏面前为她求情，何氏保住了皇后之位。

汉灵帝刘宏是河间郡解渎亭侯刘苌的儿子，因为汉桓帝刘志（146—167年在位）无子，在刘志167年去世后，皇后窦妙与执政大臣窦武在皇家宗族中选定12岁的刘宏入京继承皇位。刘宏为帝后，把他在世的生母董氏接到京城，上皇后尊号，住永乐宫，并拜董皇后之兄董宠为执金吾，让负责京城和宫城的保卫事务。刘宏把王美人所生的儿子刘协交由生母董太后养育，称为"董侯"。

窦妙太后在172年去世后，董后就开始参与朝政，她让灵帝在朝中卖官赚钱，自己收受财物，金钱堆满了堂屋，188年时又让侄儿董重为骠骑将军，领兵千余人。因为养育皇子刘协，多次劝说刘宏立刘协为太子。生性强横的何皇后也在参与朝政，她对董后非常憎恶，一是立储上的对立，二是董重与何进权力上的冲突，三是双方参政都遭对方干扰。为了这些事情，两位女人经常公开对骂。灵帝刘宏去世后，董后曾愤愤地对何皇后说："你这样蛮横，不就是依仗你哥哥吗？应当让骠骑将军砍下何进的头来！"何皇后把这话告诉了何进，大将军何进联络朝中三公，以及自己的弟弟、车骑将军何苗上奏朝廷，反映董后派人向地方州郡索取重贿，堆积在永乐宫某处的事情，并且提出："藩王的后妃按旧例不能住在京城，皇家的车马服饰有规章，饭食菜肴有品级，应当让永乐后迁返到自己的封邑。"奏书很快被批准。何进随即领兵包围了骠骑将军府，收捕了董重，董重自杀身亡，董后忧愤交加，患急病暴亡，灵柩被运回河间，与多年前逝去的夫君刘苌合葬。

刘宏生前设置临时军事统帅机构西园八校尉，宦官蹇硕为该机构的首领，他把大将军何进置于蹇硕的领属之下，大概是想抬高宦官的地位，抑制外戚何进的势头吧，但他并没有理顺临时机构与常设机构的关系，没有解决两套机构统领军事力量的运作机制。他临终嘱咐蹇硕在自己身后扶立刘协为新皇帝，而实际上离开了刘宏的支持，蹇硕根本指挥不了何进，临时机构也得不到朝廷的认可，被排斥在了军事领导体系之外。何进在知道宦官蹇硕想谋害自己的消息后，首先捕杀了蹇硕，收缴了他手中的警卫军，立即将刘宏的嫡长子刘辩立为皇帝，并且准备了诛杀全部宦官的行动计划。以当时何进手中掌握的军事力量，以及整个社会对宦官执政的憎恶，清除宦官政治，铲除他们在朝廷中的势力应当没有任何问题。然而，这一计划遭到了朝廷临时当权人何太后的反对。

何太后在入宫晋升皇后时，以及当年鸩杀王美人要被刘宏废黜时，都借助宦官们的扶持，她平时也和宦官们有较好的交往。何苗曾对何进说："我们家从南阳来，大家出身贫贱，依靠宦官们的扶持才有今天的富贵。国家的事情，让谁做都不容易，覆水不可复收，我们应该考虑和宦官们互相讲和才好。"这一认识也必定反映着何太后的想法。何太后对何进说："宦官统领皇宫，汉家一直就是这样的旧例，不能废除的。何况皇帝新近去世，我怎么能和朝中公卿直接共事商议事情呢？"太后也许会反感宦官中的个别人物，但对整个宦官集团绝无不良印象，对宦官政治毫无感觉，认为宦官执政正是正常的情况。太后的母亲舞阳君，及车骑将军何苗接受宦官贿赂，也向何太后诉说宦官不可除、旧情不可忘的道理。听了这些家人的议论，何太后更加坚定了保护宦官的决心。皇家临时当权人何太后的这一态度，把大将军何进逼到了乱出昏招的地步，他想借助地方军队要求进京消灭宦官的呼声与行动，压迫皇家当权人接受自己的主张。把残暴无情的董卓引到了前赴京城的通道上，是何家兄妹无意间合作引燃了毁灭朝廷与焚烧自我的火把。

何太后在各种压力下发布了朝中宦官立即免职并返回故里的诏令，但在外地军队赶赴京城的局面危急时刻，却相信宦官张让希望见面告别的言辞，轻易地允许他背着大将军私下入宫，致使张让暗中组织力量，钻了空子，在已经不准宦官进入的宫中轻易地杀掉了国家最高军政官。宦官对何进的斩首出其不意，正是何太后为宦官的行为打开了方便之门。

斩杀了何进的几十宦官龟缩在宫中，当他们受到袁绍、袁术及何进部属们砍门烧宫的进攻时，即挟持何太后和新皇帝刘辩、陈留王刘协等，从空中复道撤向北宫，朝廷尚书卢植在复道下方看见了这情景，他数落责备宦官段珪，段珪放掉了何太后，太后攀进阁道得救，舞阳君为乱军所杀。何进的部将吴匡，怨恨车骑将军何苗没有很好配合何进，并怀疑他与宦官相勾连，率军队攻杀了何苗。次日董卓进入洛阳，他很快废掉了少帝刘辩，立陈留王刘协为皇帝，何太后哽咽哭泣，不敢言语，董卓又追究何太后与董后对骂之事，认定何太后违背了婆媳之礼，让她搬迁到永安宫，不久逼她喝下毒酒自杀。事后为其草草举行了葬礼，与灵帝刘宏合葬文昭陵。

何后在皇后之位将近十年，她在国家政治的核心地位上，因受到出身教养的限制，从来没有生成合格的政治思维，她把传统社会小家妇女的思想和习性带进高层政治生活中，从害死王美人、对骂董后，到轻信宦官张让，都是凭感情而不明理性。在东汉社会进入快速滑落时期和遇到换代坎坷的节点上，她不惜和负有千钧重任的兄长何进放弃配合，互掰手腕，终把自家性命连同东汉朝廷的命运推进了深渊。

《后汉书·皇后纪》记录说，何氏刚立皇后时，照例去拜谒高帝庙和光武帝庙，但每到斋祭时，总有突发事故发生。这样连续几次，最后只好放弃谒祭。当时有识之士都觉得很怪异，后来果然"因何氏倾没汉祚"。史家借怪异事件表明，是这位何氏把汉王朝推向了覆亡，这一结论不是没有道理。

0.1（3）宦官的辩词

宦官是东汉社会政治运动中一股不可忽视的力量，他们利用与国家最高权力拥有人的特殊关系，常常在朝廷恣意妄为，助推了社会的腐败，引起了各界民众的憎恶。189 年，在国家政治运动面临的一个重要节点上，大将军何进想对朝中宦官集团一网打尽，但宦官张让钻了空子，他潜入宫中纠集力量，以诱骗手段抓获了何进。《后汉书·何进传》记载，在宦官们对何进斩首之前，张让当面诘问何进："天下混乱不安，也不全是我们宦官的罪过吧。先帝曾经与太后发生不愉快，几乎就要坏了事情，是我们流着眼泪去求情解救，为了让先帝高兴，我们每人都出了家财千万作为礼物，就是想依托你们何家的门户而已。现在你想灭除朝廷中全部宦官，不是做得过分了吗？你说宫中丑恶污浊，那公卿以下的官员有谁是忠诚清廉的？"张让这些诘问，大概是要让一直与宦官作对的何进死个明白，并不需要何进回答。说完后，尚方监渠穆即时拔出利剑，在嘉德殿前砍杀了何进。而张让这一串言语，可以看作是宦官集团对自己进行的无罪辩护。

当时汉灵帝刘宏去世，少帝刘辩刚刚新立，以何进为首的军政官员对宦官集团剑拔弩张，董卓等人所率领的地方军队以诛杀宦官为名正赶奔洛阳，皇家的临时当权人何太后被迫作出了决定，让朝中宦官全部免职退回故里。何进曾对前来大将军府谢罪的宦官怒斥说："天下扰乱不安，正是忧虑你们这些人。"张让在这里的辩护词直接针对着何进的言行，一是说，天下纷扰不安，走向大乱，责任不能全由宦官承担；二是说，他们在何太后危难的时候曾经给予过协助，付出了金钱和感情，有恩于何家，是想把何家作为依靠，而何进的行为是恩将仇报，有负道德；三是说，你们指责宦官贪污受贿，但朝中公卿以下的官员有干净的人吗，为何偏偏对宦官纠缠不放？应该说，如果在一个公正的场合，并且有程序正义性的保障，张让的辩护必会引发人们对诛杀宦官群体正当性的思考。

宦官制度是中国传统社会家国一体政治体制的特种衍生物，谋职宦官，应是下层贫穷家庭孩子谋求生活之路和人生上升之途的苦痛方式。这些人一般接受教育不足，个人经历有限，心理状态也会不够健全，他们进入朝廷，或许会担任重要职事，或许勤奋并且机灵，但大多数缺乏正确而系统的思想价值观念，可能会私欲较多，补偿心理强烈，而是非观念模糊，投机欲念杂多。他们各自想要找到一个政治上的靠山，以便得到保全和提携，如张让辩词中所说的第二条那样，由此主动参与到朝廷内宫事务及其矛盾中，这是不能避免、可以理解的。他们当时对何氏的扶助，说到底属于一种前程投资或政治投机。张让说出这一事实，是要占据对于何进的某种道德优势，增加对方的负罪感。一种职业人，为了自己的职业保障而作出某些生活上和政治上的投机，可以说是为了生存计、饭碗计，是值得怜悯的；无论如何，大多情况下也不足以构成死罪。

张让在辩护中承认东汉社会正走向纷乱不安的局面，但认为造成这一局面的责任不全在宦官；他不否认宦官应该承担的责任，而拒绝让宦官承担全部责任，这种说法应该是能够成立的。那么，宦官之外的责任人是谁？宦官又应该在其中承担多大的责任？他没有说，谁也说不清楚。社会各界一般认为，是宦官打着皇帝的旗号贪污受贿，中饱私囊，安置亲属，罔顾传统伦理，打击忠良，迫害正直人士，导致国家政治乌烟瘴气，促使民众人心离散。但宦官会认为，他们最多只是这一社会风气形成和延续过程的参与人、受益人，而绝不是这一状况的始作俑者。在社会政治局面难以收拾的时候，拉出他们来祭旗，是不能让他们信服的。

张让在辩护中说不出更多的道理，但他拿出了一个经典的辩说技巧：人人都不清廉，何独为难我们？他让何进说出朝中忠廉之人，是知道何进说不出来，也没有人能说得出来；既然大家都在污浊着，为何单独要求宦官必须清廉？张让在这里说出了一个朝廷中全员腐败的事实，透露了当时社会问题的严重性；虽然他没有成功地论证宦官无罪，但却很好地论证了单单诛杀宦官集团，是不具公正合理性的。

张让在辩词中拉出"公卿以下官员都不清廉"的事实做陪衬，有意避开了公卿以上官员，乃至皇帝是否清廉的问题，这是为避免犯下伤害皇帝和诽谤朝廷的政治大罪，但事实上，当时宫中最大的贪赃索贿人是皇帝本人。《后汉书·宦者列传》中说："帝本侯家，宿贫，每叹桓帝不能作家居，故聚为私藏，复寄小黄门常侍钱各数千万。"这是说，汉灵帝刘宏原本出身侯家，向来没钱，经常感叹前任皇帝不能搞好家业，因而他聚集财物充实私产，在宦官小黄门和中常侍那里各寄存几千万钱。他卖官鬻爵、压榨百姓的事情没有少干。而皇帝的这些事情都是由宦官出面做成的，他们宦官也从中捞到好处，但其中很多都是在为皇帝背了黑锅。对此张让不是不知，而是忌讳。如果揭出了这些事实，谁是社会腐败的最大推手就十分清楚了；但张让只要指出朝中公卿以下的官员都不清廉的问题，独杀宦官的理由就已经不充分了。

事实上，宦官集团也不是铁板一块，在何进与宦官集团对抗斗争最剧烈的关头，就有许多宦官如潘隐、郭胜等人暗通消息，使他躲过劫难；宦官队伍中也有一些受过教育、是非较为清楚和真诚干事、留下清名的人物，如稍前曹操的爷爷曹腾就是如此。宦官职业是某种体制特定的产物，任何罪名都不能不加分辨地针对一种正常的职业。清理一种既成的政治毒瘤，只能够厘清事实，甄别对待。何进、袁绍等人关于诛除全部宦官的计划，做起来痛快，但未必合理。《资治通鉴·汉纪五十一》记录了典军校尉曹操对何进的建议："宫中宦官，自古就有的。当政的君王只要不给予他们大权和宠信，就不会到现在这个程度。既然要惩办他们，应该除去首恶，这只需要狱吏就足够了。"可惜当时这位曹校尉人微言轻，没有人重视他的意见。

0.1（4）张让忠诚清廉吗？

189年四月，汉灵帝刘宏去世，大将军何进扶立14岁的少帝刘辩为新皇帝，并开始实施诛除朝中宦官的计划。大宦官张让以告别何皇后为名潜入宫中，纠集数十位宦官诱拘了何进，对何进斩首前他诘问："卿言省内秽浊，公卿以下忠清者为谁？"他是以真诚和清廉来拷问朝中所有官员，认为都不合格的。那么，张让本人的"忠清"状况如何呢？

张让，颍川（今河南禹州）人，少年时进入汉桓帝的后宫为小宦官，汉灵帝时升为中常侍，封为列侯。当时灵帝刘宏从河间国来洛阳继承皇位，他大量积蓄私财，搜集天下珍贵之物和郡国贡献的珍宝送到宫内府库，又在西园建造万金堂，将司农府管理的金钱和丝织品堆满其中；回到河间购买田宅，建造豪华住所，还把自己的私钱几千万存放在宦官那里。他的生母董后"使帝卖官求货，自纳金钱，盈满堂室"。张让是皇帝身边的近臣，担任监奴，主管内宫事务。《后汉书·宦者列传》《后汉书·皇后纪》《后汉书·何进传》等记录了他后期的一些事情。

中平二年，南宫发生了火灾，张让同另一位大宦官赵忠等人，劝刘宏下令按每亩十钱收取天下田地税，用来修建宫室，并征调太原、河东等郡的木材和有花纹的石头。这些东西被送到时，常被小宦官检验不合格，强行以十分之一的折价收买，其后再卖给宦官，宦官又不马上接受，致使木材堆积腐朽，宫室多年修建不起来。刺史、太守等地方官员又私自增加征调的数量，百姓苦不堪言。

当时刺史等地方官员的任用，及茂才、孝廉的提拔，都被责令要出钱赞助军需和宫室修建；应当上任的官员，要求先去西园与宦官议价，交够钱才能去，还有交不够钱而自杀的情况；一些清白的人请求不去上任，都被强行派去。当时新任命的巨鹿郡太守司马直，因有清名，减少了一些，责令交三百万。司马直接到诏令愤恨地说："为民父母，反而盘剥百姓，以满足这样的需求，我不忍心啊！"就托病辞官，但上面不准。他走到孟津，给皇帝上书陈述，然后吞药自杀。刘宏为此曾暂停了征收修宫之钱。

当时朝政有张让、赵忠等12个宦官任职中常侍，个个封侯贵宠，人们称为"十常侍"。这些大宦官在朝中秉承皇帝的旨意聚敛财富，自己也在京城仿照宫室建造宅第，还把父兄、子弟、亲戚及宾客放到各州郡任职，贪占财利，侵夺百姓。大概是张让、赵忠等大宦官的行为非常符合刘宏的心意，能满足他积累私财的愿望吧，灵帝刘宏常说："张常侍是我公，赵常侍是我母。"张让在灵帝的朝廷深受宠幸，非常得意。

184年黄巾起义爆发，民变四起，郎中张钧给皇帝上书说："张角所以能够兴兵作乱，千万人愿意跟随他，根源是十常侍在朝廷和地方胡作非为，侵害百姓，百姓的冤屈无处申诉，所以聚积造反。"他提议杀掉十常侍，布告天下，向老百姓请罪。认为这样可不须用兵，平息事态。刘宏把张钧的奏章拿给张让等人看，大宦官们叩头请罪，自请受罚，并拿出家财以助军费。刘宏安慰了宦官，生气地说："张钧真是个狂徒，十常侍中总有一个好的吧。"张钧后来再上的奏章就被搁置不理。刘宏下诏让廷尉调查张角太平道的人，御史秉承张让意旨，让受审人诬告张钧学黄巾太平道，将张钧逮捕拷打，死在了狱中。后来中常侍封谞、徐奉与黄巾勾结的事败露，张让将责任推在死去的大宦官王甫身上，刘宏也就没有追究。

张让深得刘宏信任，在外威名很大。扶风有个富豪孟佗，同张让家的一个仆人结好，对这仆人经常送礼，毫不吝惜，仆人感激地问孟佗如何报答，孟佗说："我只希望你们为我一拜而已。"有一次前来京城请求面见张让的宾客很多，几百辆车子停在门口，孟佗也去见张让，因来得迟不能进去，那仆人就领着他的同伙在路上迎拜孟佗，推着其车子进门。宾客们大惊，认为孟佗和张让很相好，都争着拿珍宝奇玩送他。孟佗分一些给张让，张让大喜，推举孟佗当了凉州（治所在今武威）刺史。足见当时张让在朝廷内外的贵幸和影响。

在这里，已经能够看到，张让利用在朝廷做事的机会盘剥百姓，聚敛财物，迫害贤良，故此他绝非清廉之人。那么，这个不清廉的人忠诚着吗？在此引出了一个十分重要的问题，即忠诚应是对谁而言。作为宦官首领的张让，他秉承皇帝刘宏的旨意去办事，甚至揣摩刘宏的心思去寻求做事的办法，如加征田税、任官收钱等，协助刘宏达成了其许多目的，似乎不能否定他对刘宏的忠诚；然而另一方面，以贪心聚财为乐趣的刘宏，罔顾老百姓的利益和国家社稷的福祉，他以自己的荒唐行为伤害和动摇了大汉数百年的政治根基，张让还为其出谋划策，能说他是忠诚的吗？传统文化看重天意民心，并且认为"天视自我民视"，以民心为最高最明确的天意。张让把一个昏庸皇帝的自私欲望奉为圭臬，即使没有掺杂他个人从中获利的私心杂念，也是"为人谋而不忠"的行为，何况他明白地从中捞足了油水，截取了威名。就是说，张让在朝廷干事几十年，既不清廉，又无忠诚，在大汉天下眼看就要分崩，又无人能够挽回局面的惊恐时刻，他自然成了人人皆曰可杀的国贼。

189年八月，董卓以诛除宦官为名，领着西北边境的部队赶赴洛阳。何太后被迫作出了对宦官罢归乡里的决定，宦官们一时穷急无措。张让的养子，其夫人是何太后的妹妹。张让当时回到家里向儿媳妇叩头求情说："老臣犯了错，应当和新过门的媳妇一同回到家乡，但我受了皇家几代恩惠，现在要远离宫殿，心里难以割舍，很想单独进宫再值一次班，去见见太后和皇帝，然后我就是回家抛尸沟壑，也死而无恨。"儿媳把这话说给母亲舞阳君，最后转达给何太后，太后感其忠诚，同意几位中常侍都进宫值班，张让于是纠集力量，诱骗何进入宫，将其围困殿中迅速斩首。在短暂的时间内局势如此变化，张让的诡诈机灵与何太后的蠢笨无脑形成鲜明对照，双方智商的高下悬殊立刻显现。张让面对何进曾义正词严地发声诘问，为自己和宦官集团的生存辩护，但就他个人而言，其残害百姓危害国家的罪责是无法饶恕的。

杀掉何进并不是宦官集团的最后胜利，消息很快传出，袁绍兄弟与何进部属迅速包围了皇宫，追杀宦官，张让等几十人劫持少帝刘辩等逃到河边，追兵到来时，张让哭着对刘辩说："宦官要被杀绝，天下要大乱啦！希望陛下自己珍爱！"说罢就与在场的宦官投河自杀。袁绍率兵搜捕宫中所有宦官，见到没有胡须的无论老小统统杀掉，有的显露了下体才得以免杀，死去的超过二千人，影响东汉政治百余年的宦官集团到此退出了政治舞台。

张让是东汉晚期一种政治势力的代表，伴随他跳河自杀，历史匆匆合下了旧一页。

0.1（5）189年的大变局

汉中平六年（189年）春，东汉西北边陲的战争照旧进行着，京都洛阳的人们已经习惯了愤懑忧虑的生活，也没有什么异常的感觉。但四月底，34岁的皇帝刘宏去世，朝中各种政治力量的平衡被瞬间打破，数月间难以形成新的平衡关系，因而表现出了持续的政治动荡。人们看到的是：上军校尉蹇硕、骠骑将军董重先后死于狱中，14岁的皇子刘辩被立为皇帝，改年号为光熹，太后何氏临朝，灵帝生母董后六月暴死；人们风闻，十常侍等宦官要受到惩处，但却等不到下文；又听说董卓、丁原、王匡等地方将领要率军队入京诛杀宦官，而到八月，却是大将军何进被杀；接着是，洛阳南宫被大火焚烧，城中军队喊杀不断，车骑将军何苗死于乱军，二千多没有胡须的尸体被抬出宫中掩埋，而新立的皇帝当天晚上竟然失踪了。政治局势的剧烈变化使人们眼花缭乱、心生惊恐。人们没有想到的是，这仅仅还只是事情的开始，而董卓进京后局面竟难以控制。

《后汉书·董卓传》《三国志·董卓传》及引注资料记录，长期在西北守防驻军的董卓被新任并州牧，他未去赴任，即受大将军何进之召率军队赶赴京师。临近洛阳时看到城中宫殿起火，于是加快行军，夜间看见城北到处火把，非常喧闹，就向北赶去，黎明前在北邙山下遇见了刚刚找到少帝刘辩一行的百官公卿。刘辩看到董卓突然领兵到达，恐惧得哭了起来，当董卓前来问候时，他答不上话；董卓去和陈留王刘协交谈，才弄清了被张让等人劫持的大致经过。董卓心里觉得刘协更贤能一些，加之刘协为董太后所养育，称为"董侯"，董卓认为和自己姓氏相同，就更喜欢刘协。

董卓和百官一同入城，收并了何进何苗两兄弟的军队，又挑唆吕布杀了丁原，招纳了这支部队，势力更为强盛。他让朝廷置换官员，自己做了司空，随后在九月召集百官议会，向大家提出："皇帝暗弱，不可以奉宗庙，为天下主。"提议要废掉少帝刘辩，立陈留王刘协为皇帝。公卿百官当时敢怒而不敢言，后来只有尚书卢植表达了反对意见，董卓闻听大怒，离座而去；第二天再次召集百官，当面指责刘辩"无人子之心，威仪不类人君。"又斥责何太后"逆婆媳之礼，无孝顺之节"，宣布废少帝刘辩，立刘协为皇帝，是为汉献帝，同时改年号为永汉。

董卓依凭自己的军事力量在朝廷擅行废立，表面上说得冠冕堂皇，似乎有点道理，如汉灵帝刘宏就曾认为嫡长子刘辩"轻佻无威仪，不可为人主"。托付上军校尉蹇硕在自己身后立刘协为帝。董卓的主张好像是合于刘宏的愿望，其实他这次废立皇帝，根本目的则是要确立自己在朝廷中的不二地位，树立自己在皇帝和大臣面前的绝对权威。他斥责何太后，不久又将其鸩杀，只是与废立皇帝相配合的行为。

董卓随后还做了一些"大事"：一是，为自己提升官职待遇。立新帝不久，他即升任太尉，兼任前将军，加节钺，可代行皇帝征讨和处罚，并受封郿侯；稍后十一月又升任相国，同时获入朝不趋，剑履上殿的资格，可与西汉初的萧何等同，后来还受封太师，位在诸侯王之上。他的母亲被封为池阳君，比照汉代君主可在家设置令丞。二是，联络司徒黄琬、司空杨彪一同上书，为汉灵帝朝中被宦官致死的清流党人陈蕃、窦武平反，恢复名誉和爵位；同时任用了一些有名望的士人。三是，犒赏亲信将士。董卓纵容军队劫掠洛阳城中的财货和妇女，分给自己的将士，用重铸小钱的方式掠夺财富，又指派吕布挖掘洛阳帝陵及已故公卿坟墓，收取其中珍宝。四是，他不顾百官大臣的反对，在次年二月，一把火烧掉了洛阳的宫庙官府，强行裹胁皇帝百官迁都长安。东汉朝廷自此弃离洛阳，走向了没有自己根基的流迁之途和权臣占据的陌生地盘。

无论从政治运动的剧烈变化看，还是从前后不同的特征看，189年的政治变局，是东汉社会进入全面衰亡的重要拐点。近代西方思想家提出了一个关于历史运动的平行四边形"合力论"原理，大意是说，在历史运动中，"最终的结果总是从许多单个的意志的相互冲突中产生出来的"，"有无数相互交错的力量，有无数个力的平行四边形，由此就产生出一个合力，即历史结果。"（《马克思恩格斯选集》2012年版，第4卷第605页）东汉社会历史走到189年这一拐点，重大变化在几个月之内集中爆发，是由于宦官专权、政治腐败和黄巾起义等多种要素的影响推动，是几代执政者荒唐乱政所积累的产物，也是当时多种政治势力交互作用的结果。这包括：①以灵帝刘宏为代表的朝廷正统势力，这是朝中腐败因素的总根源，但它维持着原有的统治秩序，董后和董重暂属其中。②以蹇硕、张让为代表的宦官集团，他们一般是社会民众和朝廷重臣要打击的对象，却是皇帝刘宏特别借重的力量。③何太后代表的内宫正统力量，这一力量依附于皇帝刘宏，特殊时候能代表刘宏，但在立储问题上与刘宏尖锐冲突，车骑将军何苗与母亲舞阳君大多追随其中。④以何进为代表的外戚重臣势力，袁绍兄弟和许多部属是这一势力的骨干成分，他们和太后利益相关，互相倚重，但在对待宦官的态度上立场各异，分歧较大。⑤陈琳、曹操等朝中一般官员，他们倾向于支持何进，但在处置宦官的方式上程度有别，由于职位不高，关键时候的政治参与度有限。⑥董卓、丁原、王匡等地方豪强势力，他们窥视京师，伺机上位，正好受到何进的召用和借重。

上述这些力量在皇帝刘宏的统领下维持着某种平衡；但当刘宏去世，维持平衡的力量瞬间崩断时，其余各种力量就会各自消长，相互杀伤，追求重新组合。189年的东汉政治变局，就是各种政治力量实现意志、展现自我，在复杂交错中互相作用形成合力的结果。上述合力造成的重大变局，使东汉社会政治运动呈现出前后不同的特点。

首先是，中央与地方的关系发生了颠倒。此前的社会，都是中央控制和领导地方，朝廷具有对各郡县的赋税收取权、官员任命权及土地分割权。而此后，朝廷完全失去了这些权力，地方上的一切由地方治理人自行决定；非但如此，朝廷的官职分配，乃至朝廷应居何方等重要事务，反而往往由地方官员来决定。皇帝跑到了权臣的地盘上，中央机构被整体性控制；不仅是皇帝成了权臣的傀儡，而是整个朝廷成了权臣集团的傀儡。以前的皇帝哪怕昏庸，也是自主的，此后连昏庸的自主也没有了；朝廷的政治活动不是服务于皇帝，而是服务于权臣的目的。

其次是，决定国家重大问题要靠武力。无论是中央还是地方，决定国家一切政治经济事务和人事安排问题的最后根据，不是如原来那样，根据某种传统的理念和原则，也不是出自固定的机构或集团，毫无例外的都是要凭占据优势的武力。整个社会以前共同认可并且奉行过的原则和理念，往往成了使用武力的粉饰；同时与上一特征相关联，人们所依凭的武力也不属于国家和中央，而是属于地方权臣；保护朝廷的不是国家军队，而是属于权臣的个人军队。

再次是，人才的流向发生了逆转。此前，有志报国的才俊都希望投身中央认可的体制中，在朝廷干事或者为朝廷干事是许多志士的梦想，如读书人的庙堂追求，骁勇者的疆场效命，乃至宦官们的忍痛入宫无不如此。而189年董卓入京当政时，袁绍、曹操等一大批青年才俊，以及何进属下的不少人物，都纷纷离开朝廷，脱离原有体制，去开创自己独立的事业。他们要另辟蹊径，谋图去挽救朝廷。这样的活动方式已经隐含着对以往旧有状态的否定，社会历史翻开了前所未有的篇章。

0.1（6）刘辩夫妇的悲惨命运

189年八月，并州牧董卓进京后行废立大事。他立陈留王刘协为皇帝，废黜的少帝刘辩被贬为弘农王，凤凰落架的刘辩与夫人唐姬都遭遇了不幸的命运。

刘辩176年出生，是汉灵帝刘宏的长子。在刘辩出生之前，刘宏的几个儿子均夭折，所以母亲何氏就把儿子刘辩养在道人史子眇的家里，称为"史侯"。刘宏去世后，14岁的刘辩被舅舅何进扶立为皇帝，母亲何太后临朝称制。在当年东汉社会的大变局时期，朝中各种政治力量交相争斗，董卓领军队进入京师后，做皇帝一百三十多天的刘辩遭遇废黜，母亲被鸩杀。

据《后汉书·皇后纪》所记，190年，山东各地的地方势力在组织军事联盟准备讨伐董卓时，董卓也在筹备迁都长安，他将弘农王刘辩置于阁上，派郎中令李儒送毒酒给刘辩说："服此药，可以辟恶。"刘辩说："我没有病，这是想杀我吧！"不肯喝。李儒强迫他喝，不得已，刘辩乃与妻子唐姬及随从宫人饮宴而别。

刘辩饮酒时悲戚唱道："天道易兮我何艰！弃万乘兮退守蕃。逆臣见迫兮命不延，逝将去汝兮适幽玄！"他让唐姬起舞，唐姬举袖而歌："皇天崩兮后土颓，身为帝兮命夭摧。死生路异兮从此乖，奈我茕独兮心中哀！"她流泪呜咽，在座者皆嘘唏悲叹。歌罢，刘辩对唐姬说："你是帝王之妃，势不能再做官吏百姓的妻子。请自爱，从此永别了！"说后就喝毒酒逝去，时年十五岁。献帝刘协下诏将他葬在大宦官赵忠为自己修建的墓穴中，追谥为怀王。

这位唐姬是颍川人，她的父亲唐瑁曾任会稽太守。刘辩死后，唐姬回到了娘家颍川，父亲想让出嫁再婚，她坚决不同意。192年西凉军阀李傕攻破长安，其后派兵抄掠关东地区，得到了唐姬，李傕想要娶她，唐姬坚持不从，也从未暴露自己王妃的身份。当时在朝廷任职的尚书贾诩听说后，把这事告诉了献帝刘协，刘协听后很感悲怆，把唐姬迎接到宫里的后花园中，让侍中带着节拜她为弘农王妃。

从皇后纪和其他各处显露的有关刘辩夫妇的资料中，能够看到一些不多的信息。

一是，在社会大变局的时期，任何人物都是权势者手中摆布的工具。传统社会中最尊贵的人物是皇帝，但在这里，皇帝刘辩甚至不及董卓手中的玩物。《后汉书·董卓传》中说，董卓"闻东方兵起，惧，乃鸩杀弘农王"。当董卓刚进洛阳想要确立个人威望时，他擅行废立，手里玩着两个皇帝；当听到关东各地组织军事联盟要与自己对抗时，担心被废黜了的皇帝可能为对手利用，会给自己造成不利，于是就杀掉了那个已玩罢的皇帝。皇帝的废置，乃至其生命都成了为权势政治服务的借助物。而另一方面，作为生于富贵却不能掌握自我命运的刘辩夫妇，他们以悲凉的人生印证了社会大变局的某种特点。

二是，弘农王刘辩尚不是一个毫无思想的人。刘辩是东汉时期唯一被废黜的皇帝，他在位时间4月多，年龄又小，加之当时何太后兄妹主持朝政，因而没有显示出独立的政治活动。父亲刘宏和权臣董卓对他评价不高，但在他临逝与唐姬的夫妻对话中，其特定的思想意念还是很明确的，其中的等级观念、忠贞观念毫无差池，且是深入骨髓的，他的头脑不曾混沌。刘辩和唐姬都以诗的形式表达了心中的怨愤，被当代学人鲁迅收录进《汉文学史纲要》第六篇《汉宫之楚声》中，认为"虽临危抒愤，词意浅露，而其体式，亦皆楚歌也"。如果歌词是其当场亲作，那刘辩至少也具文学艺术的才情。

三是，贾诩的作为应该引起关注。在弘农王夫妇事情最后的演变中，有一个很不起眼的人物，即贾诩，是他向献帝刘协反映了唐姬的情况，才使其得到了皇室保护，摆脱了李傕的婚娶纠缠。贾诩是什么人呢，他是正跟着军阀李傕干事的谋士，曾给李傕建议攻破长安，控制朝廷以自保性命，果然使走投无路的李傕峰回路转。因为多次有功，被李傕推荐给朝廷做了尚书，负责考试事务。后来相继做了张绣、曹操的谋士，是三国时代颇有影响、极富个性的名人。从当时在长安给刘协私告唐姬的情况看，他对实际统领自己的主帅李傕绝对是保持距离的，相互合作只限定在特定的方面（参见0.1.13《贾诩其人》）。贾诩的做人处事有他独具风格的艺术。

0.1（7）名将皇甫嵩的职场沉浮（上）

东汉晚期有一位与董卓驰骋疆场共事多年的将军皇甫嵩，他统属过董卓，作战威震敌胆，声震宇内，被唐宋军界视为古之名将。他几次用兵作战被记入史书，后世人们视为活用《孙子》的经典战例。

皇甫嵩，字义真，安定朝那（今宁夏固原东南）人，他少年时有文功武略之志，喜好《诗》《书》，学习弓剑驰马。灵帝时被征为议郎，升北地太守。184年二月爆发了黄巾起义，朝廷组织军队平叛，为此起用天下精兵，广选将帅，皇甫嵩被任命为左中郎将，持符节，与右中郎将朱儁统领中央常备军，并招募精壮之士，共计四万多人，各统一军，合力讨伐颍川黄巾，几年间皇甫嵩多处征战，屡获大胜，歼灭黄巾主力，平定了事态。188年冬，凉州叛军首领王国包围陈仓，皇甫嵩又被任为左将军，督领前将军董卓，各率两万士兵赶赴西境平叛，不久即奏凯关中。这里观赏皇甫嵩的三次用兵。

（1）长社之战。184年晚春，右中郎将朱儁先与黄巾军波才部队作战，失败。皇甫嵩只得退守长社（今河南长葛东北），波才军队旋即包围长社。当时，城中兵少，众寡悬殊，军中震恐。皇甫嵩发现波才军队依草结营，便于火攻，于是做了准备。当晚大风骤起。皇甫嵩先派精锐勇敢之士抄小路出围外，纵火大呼，又命令城里将士系绳登上城墙，在城上点燃火把，内外呼应。他本人领着部队鸣鼓冲出，借助声势杀向敌军。黄巾军缺乏战斗经验，惊慌散乱，被迫后撤。这时，骑都尉曹操也奉命赶来，于是皇甫嵩与曹操、朱儁三部合兵，乘胜追击，黄巾军难以抵抗，数万人被杀，官军大胜。此战后，皇甫嵩被封为都乡侯，他接着又和朱儁一起乘胜消灭汝南、陈国地区的黄巾军，在追击波才部队中接连取胜，平定了颍川等三郡之地，取得了战胜黄巾军的决定性胜利。

皇甫嵩当时在城中向部下说明何以如此用兵，他说："用兵有奇变，而不在兵数量多少。现在敌人驻地容易因风起火。如果乘黑夜放火焚烧，他们一定惊恐散乱，我军趁其混乱出兵攻击，四面合围，必获大胜，这与田单用火牛攻燕的战功相同。"

（2）广宗之战。184年夏，皇甫嵩在苍亭（今山东聊城市阳谷县北）击败黄巾卜已部，活捉了卜已，斩首七千多。这时，黄巾军总头领张角占据广宗（今河北邢台威县东），控制河北腹地，北中郎将卢植和东中郎将董卓都无功而归，朝廷下诏命让皇甫嵩率兵进击。其时张角病死，其弟张梁守卫广宗。皇甫嵩率军攻城，交战后感到张梁军队精锐勇敢，便关闭营门，停止进攻。张梁被迷惑，放松了警惕。皇甫嵩立即乘夜调兵，等到鸡鸣时分发起冲锋，战斗到下午时分，大破敌军，斩杀了张梁，获首三万级，赴黄河淹死的五万人左右，焚烧车辆辎重三万多，俘虏了敌军全部妻室儿女。还将张角"剖棺戮尸，传首京师"。这一战标明了平定黄巾军已取得了根本胜利。

其后，皇甫嵩与巨鹿太守郭典攻克下曲阳（今河北晋州西北），斩杀张角弟张宝，俘杀十余万人。皇甫嵩将十万人的尸骨筑成了"京观"。朝廷任皇甫嵩为左车骑将军，领冀州牧，晋封他为槐里侯。

（3）陈仓之战。188年十一月，凉州叛军首领王国包围陈仓（今陕西宝鸡东），朝廷任命皇甫嵩督领前将军董卓，各率两万士兵平叛。皇甫嵩否决了董卓迅速赴敌决战的提议，他在离陈仓不远处安营扎寨，并不出击，等待机会。王国围攻陈仓从冬到春，已有八十多天，由于陈仓城坚守固，最后也未能攻下，王国部众都疲惫不堪，只好解围撤退。皇甫嵩决定立即起兵追击，他自己率军在前，董卓殿后，连战连捷，大破王国的部众，斩杀一万多人，赢得全胜。

皇甫嵩向董卓解释过所以要坚守待战的原因，他说："百战百胜，不如不战而屈人之兵。兵法要求作战要先为不可胜，以待敌之可胜；不可胜在我，可胜在敌。我们自己先立于不败之地，再等待敌人创造出我们能取胜的机会。同时，陈仓守备坚固，又不是我们必救之地。王国包围的是攻拔不了的城，我们当然不需要烦兵动众，可以完取全胜之功。"他后来追击时董卓提出"穷寇勿追"，皇甫嵩解释说："我前面不进攻，是避敌锐气；现在追击，是等到了敌人的气衰。追击的是疲惫之师，而非不可追的穷寇。"

皇甫嵩在战场上的取胜都不是偶然的，他有一些极为难得的军事用兵策略。

一是，民为军本，用兵保民。皇甫嵩一被选任为平叛将官，就在朝廷召集的会议上，提出解除党人禁锢，并拿出皇家私库钱财和西园厩马支持军队的两项意见，汉灵帝全部予以采纳。平定了黄巾主力后兼任冀州牧，他奏请免除冀州一年田租，用来赡养饥民，朝廷听从他的建议。两项建议反映了皇甫嵩对政治与军事、民与兵的本质关系都有很好的把握，他欲壮其末，先培其本。对待军事问题，首先注意培植好事情的根本。史载当时百姓作歌说："天下大乱兮市为墟，母不保子兮妻失夫，赖得皇甫兮复安居。"皇甫嵩注重为军事活动打就民众拥护的良好基础。

二是，熟知兵法，灵活应用。皇甫嵩的用兵举措都有精准的筹谋和明确的意图，这来源于他对兵法理论的全面理解和不曾拘泥的灵活应用。长社之战中面对强敌的包围，他能看到对方的弱点，不为其兵力的强大而迷惑恐惧，受火牛阵启迪而不拘守原法；广宗之战中，他闭营休士，以假诈敌，迷惑对手，趁其无备而一举取胜；陈仓之战，他把坚守和出战两招连环配合，精准把握实施的节奏，以逸待劳，不战而屈人之兵，更是把兵法理论发挥到了极致。这一切表明，他对兵法不止于熟烂背诵，也不止于一般理解，而是有更为精深的本质层面的把握，并随时能够将其延伸到实战的应用上。

三是，体恤士卒，珍重人心。皇甫嵩为人仁爱，在带兵治军上有自己的方式。史书本传记载，皇甫嵩带兵打仗，每次部队停下来宿营，他都要等到营幔修立妥当才回自己军帐；士兵们全部吃上饭，他自己才开始吃；部下将吏有接受贿赂的，皇甫嵩就再赐给他钱物，将吏内心惭愧，有的竟至于自杀。他还折节下士，对前来拜访的人立即接见，门口没有久等的客人，当时不少人都敬佩他而愿意归附。皇甫嵩用自己的真诚之心体恤士卒，温暖人心，战场上能换来将士们的死力拼杀，极大提高了军队的战斗力。

0.1（7）名将皇甫嵩的职场沉浮（下）

东汉名将皇甫嵩，他的父亲皇甫节曾任雁门郡太守，叔父皇甫规为度辽将军，护羌校尉，曾以善战威服北境。皇甫嵩少年时喜好《诗》《书》，弓马娴熟，文武兼备，被举孝廉、茂才，据说在朝为郎中，迁任霸陵、临汾县令，因父亲去世而离职；太尉陈蕃、大将军窦武相继征召都未去。灵帝时公车征为议郎，升北地太守。

184年爆发黄巾起义，皇甫嵩作为平叛主将得到朝廷重用，他率军队连年征讨，屡获大捷，歼灭黄巾主力，后来又在西境作战中出奇制胜、威震边关，成为当时战功最大、民望最高、声名显赫的将领。皇甫嵩一度掌握着国家的精锐部队，在东汉朝廷加速走向腐败的时期，有人甚至认为皇甫嵩有条件扭转社会颓势，能改变国家命运。但事实上，由于皇甫嵩的价值理念及其行为选择，他在用兵以外的职场上却并不得时，有时甚至陷入狼狈境地。皇甫嵩在职场上的坎坷，起因是他得罪了一些人物。

一是得罪了大宦官。他曾率军赴广宗征讨张角，途经邺地（今河北邯郸大名县），看见中常侍赵忠的房子建筑超过了规定的制度，于是上奏没收了他的房子。另外中常侍张让曾私下向他索要五千万钱，皇甫嵩没有给予，两位大宦官由此生恨。皇甫嵩185年初奉命守卫西境，被二人上奏连战无功且费钱多，这年秋即被召回，收了他左车骑将军印绶，降低了待遇。

二是得罪了董卓。西赴陈仓平叛时，他和董卓各领二万人马，而董卓受他领属，相当于副官。刚到陈仓，他就否定了董卓关于迅速出战的提议，采用坚壁不战的方案；敌人退兵时他又否定了董卓关于穷寇勿追的意见，安排董卓部队作殿后跟随自己追击。两次否定了董卓意见，最后却取得完胜，董卓大感惭恨，自此心忌皇甫嵩。次年，朝廷任董卓为并州（今山西太原）牧，诏令要他把手中部队交给皇甫嵩，这是要削去董卓的兵权，但董卓不听从，找借口表示要辞去并州牧一职。侄儿皇甫郦劝皇甫嵩说："董卓应把部队交给您，却上书不交，这是违反诏令。他又因京师变乱迟迟不行，这是怀奸。董卓暴戾凶狠没有亲信，将士不附。大人今为元帅，可以依靠国威讨伐他，对上尽忠，为下除害，这是成就齐桓晋文那样霸业的事情。"皇甫嵩说："董卓不听命有罪，但我擅行诛罚也是错误的，不如把事情上奏，让朝廷处理。"于是给朝廷上书说明。灵帝刘宏责备了董卓，董卓更加怨恨皇甫嵩。

由于结怨董卓，皇甫嵩很快受到了报复。董卓不久进入洛阳，掌控了朝政，在190年征召皇甫嵩为城门校尉。身边人都劝他不能前去，皇甫嵩不从，于是应召去了洛阳，职能部门秉承董卓的命令，将皇甫嵩下狱，准备杀掉他。皇甫嵩的儿子皇甫坚寿与董卓平时关系相好，他从长安赶到洛阳，找到董卓。董卓正置酒聚会，皇甫坚寿上前质问董卓，陈述大义，叩头流涕。在座的人为之感动，都起身为皇甫嵩求情，董卓才站起来，拉着皇甫坚寿一块坐下，让释放了皇甫嵩，任其为议郎，后升为御史中丞。

次年朝廷迁都长安，董卓回到长安时，公卿百官在路上迎接。他暗示让御史中丞以下官吏都得施行拜礼，皇甫嵩当众向董卓屈身下拜。另有资料说，当时礼罢，董卓拍着皇甫嵩的手背问："义真你服不服？"皇甫嵩回答："怎么能知道您把事干到如此地步？"董卓说："鸿鹄固有远志，只是燕雀不知道罢了。"皇甫嵩笑着说："当时我与您都为鸿鹄，但您现在变为凤凰了。"董卓笑着说："你要早服了我，今天就不必拜的。"皇甫嵩是笑着向他道歉，董卓才解了恨。皇甫嵩原是董卓的上级官员，这里被陷害入狱，保住了性命，又被迫向董卓下拜，这是他在职场遭受的最窘迫的事情。

在皇甫嵩手握兵权、名望甚高的时候，有人向他提出过脱离朝廷，以挽救国家命运的大计。第一次是信都县令阎忠。当时刚平定黄巾，皇甫嵩名震天下，面对朝政腐败、国家虚弱的局面，阎忠给他分析天下大势，并说："现在您建立了没法奖赏的功劳，又有高人的品德，却侍奉昏庸的君主，怎么能有安全呢？"阎忠为他提出了抓住时机，顺天应人，另建国政的政治目标与具体方案。但皇甫嵩认为，军事上战胜黄巾军，算不了什么大的功劳。他说："人们忘不了君主，上天不会保佑叛逆。与其做达不到的功业，加速祸害到来，还不如尽忠本朝，恪守臣节。即便受谗言遭到流放，还有好的名声，死且不朽。"拒绝了阎忠的意见。

第二次是长史梁衍。董卓以朝廷名义征召皇甫嵩为城门校尉，用心难测。当时皇甫嵩有精兵三万驻扎扶风（今陕西兴平），梁衍对他说："董卓在洛阳掳掠京师邑县，随意废立。现在征召您进京，不遭大祸，也要受到困辱。"针对其时汉献帝刘协已在迁往长安的路途，而董卓在洛阳尚未动身的实情，梁衍建议率精兵迎接献帝，然后奉令讨伐叛逆，向海内发布通告，与关东袁绍的反董卓联军东西两面夹击，可以轻易活捉董卓。皇甫嵩没有听从，应召去了洛阳，果然遭到囚禁和羞辱。

皇甫嵩在职场遭遇到的坎坷沉浮，首先是由于东汉政治腐败。如宦官私欲不得满足就报复将军，掩盖其战绩；而国家正常的惩奖机制遭践踏才使董卓那样逾越规则的无良之人大行其道，一个非正常的社会当然保护不了皇甫嵩那样的优秀人物，他反而要遭受嫉妒者的羞辱。其次是，皇甫嵩的价值理念决定着他做不了敢于反叛和逾越章法的人。他一生处事谨慎，在多个职位向朝廷上表陈谏五百余事，都亲自书写，并随即把草稿毁掉，为免泄露传扬；侄儿曾建议他在维持皇帝权威的名义下，强行收缴董卓兵权以发展自我力量，皇甫嵩则坚持把事情的裁定和处置权都留给朝廷。做事情不愿踩线一步，遑论阎忠和梁衍的对抗性方案。此外，他或许把已经到手的功名看得太重，认为尽忠本朝即便受到流放，还有不朽的名声，而按阎忠梁衍的提议行事，则会毁了自己半世功名。其实如果他与袁绍联军两面夹击董卓，应该是挽救时局的最好机会，但在保守功名的非健康心理支配下，终于走上了导致自己最落寞的路子。

及192年董卓被处死，皇甫嵩的职务才有所恢复，他被任命为征西将军，又升车骑将军，当年秋天为太尉，后来任为光禄大夫，升太常，分别为掌朝廷顾问应对和执掌宗庙礼仪的高级职务。195年病逝后，被赠骠骑将军印绶，标明着当时朝廷对他一生战功的认可。无论经历了怎样的坎坷沉浮和人生遗憾，他生前期待的个人功名目标总是没有落空。

0.1（8）"学优"之人的仕宦坎坷

东汉晚期的学问家卢植以"学优"之人走上"仕宦"之路，他捧出忠直之心为国尽力，而在学问之外的职场上也历经了艰险和坎坷。

卢植，字子干。涿郡涿县（今河北涿州）人。据《后汉书·卢植传》提供的资料，卢植身高合今1.83米，声如洪钟，性格刚毅，富有气节。少年时拜大儒马融为师，学成之后，他做过学问，进过官场，教过书。他以匡时济世的胸怀投身职场，努力做好每一件事情，在多方面都有不俗业绩。

其一，卢植在做学问上成绩显著。175年时，卢植已著有《尚书章句》《三礼解诂》，论著体现了他博古通今、好研精而不守章句的优点。这年朝廷组织大学问家立太学《石经》，主要是校勘儒学经典以正文字，并要将其内容全部刻在石碑上立在太学门口，作为全国学子们学习和考试的标准。卢植主动上书要求参与，协同蔡邕、李巡等著名人士一同完成了这项文化工程。一年多后，卢植与马日䃅、蔡邕、杨彪、韩说等人在洛阳南宫中设立的国家图书馆东观，一起校勘《五经》纪传，续补《汉书》，后称《东观汉记》。这些工作是东汉文化建设的重大事件，对当时和后世都有不小影响。卢植参与这些活动并做出成绩，由此也奠定了他在学问界的地位。

其二，卢植对时政有精准的认识和很好的建议。卢植自年轻时就是一个关心国家政治的人，168年外戚窦武援立汉灵帝刘宏即位有功，其族人即被加封侯爵。布衣之士卢植认为不妥，他向窦武上书陈述，认为按照亲长之序择立皇室后嗣，算不上什么功勋，建议窦武应该辞掉爵赏，保全自身名节；同时应在皇室家族中选择贤才加以任用，以强健皇家本干。窦武没有采纳这些建议，他在当年九月的宫廷政变中被对手所杀。178年，在朝中担任尚书的卢植针对当时不断出现的天灾人祸，上书陈述"八事"：包括任用贤良、宽宥党禁、防御疠疫、优待功侯、守道修礼、考核官员、杜绝宴请、不敛私财。他用当时传统社会一贯认可的价值理念和思维逻辑去论证，实际属于应对问题的"八策"，灵帝没有采纳。在189年朝廷大变乱的时期，他向大将军何进进言说绝不能将凶悍难制的董卓召入京师，何进并没有听从。

其三，卢植在地方治理上很有成效。卢植完成学业后，州郡多次征召任职，他都没有接受，到约170年朝廷征招博士，他应招后正式走上仕宦之途。175年，九江郡蛮族叛乱，朝廷觉得卢植才兼文武，就任他为九江太守，他上任不久，当地的叛众就投降归顺，后来他因病离职，去参与太学《石经》的校勘。176年庐江郡再次发生蛮族叛乱，朝廷觉得卢植在九江有恩威信义，于是再次任命他为庐江郡太守。卢植在任上精理政务，抓大放小，致力于清静而治。一年多后，卢植又被召回朝廷担任议郎。在他参与《东观汉记》的编纂撰写时，灵帝刘宏觉得这不是紧急之事，安排他担任侍中，处理皇帝委派的事务，不久升任尚书，负责一个部门，"八事"即反映着他这时候的时政见地。

其四，卢植曾受命领兵作战，但这不是他的长项。184年冀州钜鹿郡人张角发动了黄巾起义，一时朝野震动。由于朝廷各部门的推荐，刘宏任命卢植为北中郎将，让他统属乌桓中郎将宗员率领部队去平定冀州。卢植的军队连战皆胜，张角率军退守广宗，据城死守。卢植率军包围广宗县城，挖掘壕沟，制造器械准备攻城。而朝廷轻信了宦官左丰的观察报告，认为卢植按兵不动，丧失了战机，就用槛车押卢植回京都，将他判刑入狱。而接替卢植攻城的东中郎将董卓也兵败广宗。数月后，左中郎将皇甫嵩已平定了兖州东郡的黄巾军，朝廷命令该军前往冀州作战，皇甫嵩在此打了一场漂亮的广宗之战，凯旋而归。皇甫嵩事后上书给朝廷，大力称赞卢植作战的计谋策略，说最后的胜利全是采用了卢植的办法，于是卢植恢复了尚书职务。

其五，卢植有敢同强权抗争的无畏精神。董卓进京后掌控朝政，他意欲废黜少帝刘辩，拥立陈留王刘协为帝，为此召集文武百官商议。大多数官员敢怒而不敢言，只有卢植挺身而出，公开反对，董卓怒而罢会，下令要杀掉卢植，正受到董卓信用的蔡邕为其求情，议郎彭伯也出面劝阻说："卢尚书是海内大儒，士人之望，今若杀他，天下人会震惊不安。"董卓这才作罢，将卢植免职。事后卢植以年老有病为由请求退职回家，他抄小路悄悄离开洛阳，董卓果然派人追杀，直到怀县也没有追上，只好作罢。卢植的抗争自然没有改变事情的结果，但他面对强权的不屈气概，正是传统士人精神风貌的反映，几十年的职场磨难并没有改变他自身的本有气质。

其六，卢植教育出了一些出色的学生。《三国志·蜀书·先主传》中说：先主"年十五，母使行学，与同宗刘德然、辽西公孙瓒俱事故九江太守同郡卢植"。这里提到的刘德然是涿县刘备的同宗兄弟；公孙瓒曾任朝中骑都尉，一度为幽州牧，是东汉末期知名的将领。刘备与卢植同乡，他出生于161年，15岁时大约为175年，而受业学习应该不是短时间完成，那么，在卢植于家乡著书和进京校勘《石经》前后，他在家乡教了一些出色的学生，培养人才是他职场生涯的重要部分。

"学而优"的卢植一生做过许多事情，可以看到，无论在什么时候，卢植首先都是一个忠诚做事的人，他认真对待每一种事务，善于替别人考虑，在对窦武的上书中，在对何进的劝谏中，以及对"八事"的陈述中，他都以真诚善良的态度替人着想，"为人谋而总以忠"，他具备高尚的品德。其次，卢植是一个专心致志的人。他早年拜马融为师，马融是外戚豪族，讲课时常有歌女表演歌舞，而卢植从师学习多年，从未瞟过一眼，马融由此对卢植心生敬佩，这种敬佩多是源自他专心致志的功力。专心是达到学优的法宝，是做好撰著的法宝，也是做好一切事情的法宝。再次，卢植还是一个有预见力的人。他提出的许多建议非常精准，对地方的治理方式能够立见成效，甚至退职回乡时能成功摆脱董卓所派刺客的追杀，都表明了他对事情发展趋势的正确预见，这应是某些"学优"读书人惯常悟性的体现和移植。另外，卢植不是一个全能的人。据史书所载，卢植在广宗作战时所以被朝廷槛押回京并判刑，是因为他没有给前来观察阵战的宦官左丰行贿，致使左丰心中怀恨回洛阳说了坏话。其实，只要战场上作战胜利，真的不需要给观察员送礼，哪怕这个观察员是个贪赃之人。名将皇甫嵩的战绩就绝不是靠行贿得来的；阵地观察员有他的独立判断权和汇报的自主性，出色的将军都不会产生用行贿换取美言汇报的歪心思。卢植的受罚可能有些过分，但不能否认他带兵作战上的策略缺失。用兵打仗是诡诈百出的技术活，往往不是学问人的强项，卢植的情况很难例外。他是一个高尚的人，但不幻想他是一个全能的人。

卢植逃离了董卓的追杀后回到家乡，隐居在幽州上谷郡，不与世人往来。191年袁绍取得冀州，拜卢植为军师。192年，卢植逝世，临终他吩咐儿子挖土穴薄葬，不用棺椁，仅留贴身单衣而已。207年，汉丞相曹操率军北伐乌桓经过涿县卢植坟墓，他发公告称："故北中郎将卢植，名著海内，学为儒宗，士之楷模，国之桢干也。"派人为其扫墓。袁绍与曹操都曾与卢植在朝廷一同干事，他们都应与卢植具有良好的关系；联系皇甫嵩在广宗之战后对卢植有意识的赞扬抬举，都表明了卢植在一伙时代精英心目中的地位和分量。这一现象表明，卢植在职场上虽然经历坎坷，但他始终是一个深得人心和不会被遗忘的人。

0.1（9）屈死的张温

东汉灵帝的朝廷，在186年春以特殊方式任命张温为太尉。太尉为三公高官，通常都是皇帝亲自临朝在宫殿中授予，但张温这时在关中领兵作战，灵帝刘宏就派使者持节到长安相授，《后汉书·董卓传》等处叙述了张温的诸多事情，并提道："三公在外，始之于温。"

张温，字伯慎，南阳穰（今河南邓州）人，他年轻时得到过宦官曹腾的举荐，曾担任过司隶校尉、尚书令、司空等职。185年以司空职务兼任车骑将军，督统破虏将军董卓、荡寇将军周慎等率军讨伐西部凉州叛军边章、韩遂及先零羌。《资治通鉴·汉纪五十》中记："张温将诸郡兵步骑十余万屯美阳。"他统领着十多万大军在今陕西武功与叛军相对峙，而战况的进展并不顺利。

一次战斗之后，张温以皇帝的诏书征召董卓，董卓拖延很久才前来相见。张温责备董卓，而董卓应答时并不恭顺。当时孙坚担任张温的参谋官，他让张温按照"召不时至"的军法将董卓斩掉，也借此树立主帅在军中的威严，告诫说："今天如果纵容了他，会自损军威，后悔无及。"张温回答："董卓在黄河、陇山一带素有威望，现在将他杀掉，西征会失去依靠。"张温继续容忍董卓，并没有按孙坚说的去办，但董卓为此事对张温怀恨在心。

187年，张温被免太尉之职，回到朝廷担任卫尉，负责洛阳宫禁守卫。几年后朝廷被董卓控制，张温随朝廷西迁长安，他暗中参加了司徒王允谋杀董卓的活动。191年，有太史官观察气象，说大臣中应该会有人被杀戮。董卓似乎也相信天象预告，为了对应天象以免除自身灾祸吧，他瞄上了先前结怨于己的张温。当时袁术在扬州割据，与朝廷公开对抗，属于明确的"叛臣"。董卓让人诬告张温与袁术暗中交往，这年十月，将张温在市街上拷打致死，以应天象。

应该说，张温虽居高官之列，但不是人们想象中的"能臣"。他在朝中任职多年，没有做出有影响的政绩，带十多万人马去西境平叛，也没有取得很好的战绩，这恐怕是他难以服众、下属董卓以不恭对待的部分原因。另一方面，张温在职场多年，也没有行事恶劣的记录，从统兵时对董卓的态度看，他不是一个心狠手辣的人，对事情得过且过，主张宽容为度，缺乏强硬的工作风格，在该决断处不能决断，终被强硬的故旧部属所杀害。有史家一再感叹张温未采纳孙坚的建议，认为"张温不能斩董卓于西征之时，反而死于卓之手，可哀也已"。

《三国志·董卓传》引注《傅子》说，灵帝刘宏的朝廷张榜公开卖官，"于是太尉段颎、司徒崔烈、太尉樊陵、司空张温之徒皆入钱，上千万，下五百万，以买三公。"又叹息"一时显士，犹以货取位"，惋惜于知名之士，尚且以钱买取官职的荒唐事情。但实际上，张温买得的太尉之职，在第二年就被免去，他在三公之位历时很短。董卓掌控朝廷后杀过很多人，迁都长安后仍然凶狠残暴，每天杀人不断。但当他听到天象的预言后，觉得杀掉的千百普通人不足以应天象，能够照应天象的应该是担任过三公九卿的高官；而要处置如卢植那样的公卿，立刻就有人出来劝阻，对具有人望的高官的确不宜下手。而张温功绩不大，人望欠高，又曾居三公高位，当然具有应兆天象的资格，于是被怀恨多年的董卓选中作为应对天象的活靶子。这位"有杰才"的张温花重金买到太尉职务，官位仅坐了一年，只是得到了应天象受答杀的资格，真是莫大的冤屈。

0.1（10）粗猛有谋的董卓（上）

东汉末年的社会大变局把董卓推到了政治舞台的中央，而董卓执政又加速了社会政局的变化。《后汉书·董卓传》中说董卓"粗猛有谋",这的确是董卓其人凶残特性之外的另一侧面。

董卓,字仲颖,陇西临洮(今甘肃定西)人。他的父亲董君雅由基层小官员一直升到颍川郡纶氏县尉,相当于副县长的职位,该县在今河南登封西南。董卓兄弟三人,兄长董擢,字孟高,早年已死;弟弟董旻,字叔颖。董卓年轻时常游历羌人居住区,即今青海及周边一带,与羌族豪强头领结交,后来回家乡耕种农田,羌族头领有来投奔的,董卓为他们杀掉耕牛,一起宴饮取乐。豪帅们感激他的情意,回去后搜集多样牲畜千余头送给他,他在当地以刚勇侠义而闻名。董卓体力过人,身体两侧都佩着弓箭袋,骑马奔跑可以左右开弓,羌胡人都很怕他。他后来担任本州兵马掾,协助兵马阵战事务,经常巡查边塞防守。

大约167年时,董卓以良家子弟参加国家禁卫军,随从中郎将张奂担任军司马,征讨汉阳郡的反叛羌人,取胜后升为郎中,被赠予九千匹绢,董卓说:"做事靠自己,有赏归士兵。"就把赏赐全分给将士,无所保留,仍然有一种豪爽侠义之气。他的职位后来还有不少变化,曾经担任过并州刺史、河东郡太守等。

董卓大多在西部凉州一带对付羌胡之人的边境骚扰,《三国志·董卓传》引注中说他在此"前后百余战",常有斩获和胜利,但董卓似乎不是一个善于指挥大部队作战的人,他在184年取代卢植指挥攻打河北广宗的黄巾军,兵败抵罪;次年跟随左车骑将军皇甫嵩平定王国反叛,其后跟随司空张温在西境抵御边章、韩遂的部队,都几无战功。但他的粗猛有谋从多方面能够体现出来。

一是,他有时候具有临急之谋。这里有两件事情:

——守卫西境时,边章、韩遂一次退守今甘肃兰州附近的榆中,主将张温安排各部队率军追击,但对方部队截断了各军的用粮通道,董卓的三万部队也被先零羌包围于望垣峡一带,粮食断绝,情况危急。董卓让部队在要渡过的河水上修筑了堤坝,假做捕鱼之用,而军队却悄悄从堤坝下过去,全部撤离。等到对方追来时,决开了堤坝,水势很深无法通过。这一仗，荡寇将军周慎和各郡的部队都抛弃辎重败退而回，只有董卓的部队没有损失，被朝廷封为斄乡侯（斄，同邰。周后稷封邰氏之国而得名，斄地在今陕西省武功、眉县一带），食邑千户，命他驻军关中扶风。

——189年八月，董卓率军队进入洛阳时，步骑兵一共不过三千。他自己觉得兵少，不能慑服朝廷内外官将，于是就每隔四五天让军队悄悄出城，次日天亮后大张旗鼓地列队回还，城里人们不知实情，以为是他不断新来的部队，非常高估他手中的兵力，以至于掌握禁卫军的袁绍都不敢轻举妄动，最后弃官逃离。董卓还趁势收编了大将军何进、车骑将军何苗兄弟的部队，挑唆吕布杀了执金吾丁原，归并了丁原的人马。董卓进京时以急谋渡过初来险关，其后多方运作，最终真的拥有了最强大的军事势力。

二是，他在政局变换的关键时节能抓住要害问题。

董卓行伍出身，他深知军权的重要，朝廷两次想要将他调离军队，他都想办法辞绝了。188年，董卓被征召去朝廷担任少府，他不肯就任，上书说："我统领的都是湟中志愿跟随的军士和秦地的胡人，他们都对我说，粮饷没有全数发给，赏赐的粮食已经吃完，妻子儿女在挨饿受冻。他们拉住我的车子不让走，使我没有办法上路。羌胡人的小心肠像狗一样险恶，我没办法禁止他们，只能顺着情势来安慰，如果他们再有其他异常动静，我就马上禀报。"他假托手下兵将挽留，辞绝了任命，留在关中继续掌军。朝廷指挥不了董卓，深以为忧。189年灵帝刘宏病重时，朝廷又任命他为并州牧，让他把军队交给皇甫嵩后立即上任。董卓又上书说："我既无筹谋又无功劳，蒙受朝廷信任，让我掌兵十年，现在大小将官与我亲密相处已很久，都依恋我的养育之恩，情愿让我统帅，愿意付出生命。我请求带他们到北方去，在边疆为国效力。"于是他驻防河东，观察局势。董卓在政治变乱的关口紧紧抓住军权不放，他知道当时趋势下的要害问题是什么，又能找到很好的方法辞绝朝廷的调离任命，保住了军权又维系着与朝廷表面的良好关系。

灵帝刘宏去世后，大将军何进为诛杀宦官和胁迫太后而征召董卓等几路地方部队进京，董卓敏锐地看到了这次政治投机的机会。他接令后立即发布公告，声讨以张让为首的宦官集团，明确表示："我现在奏响钟鼓进军洛阳，要收捕宦官，清理奸秽。"据《后汉书·种劭传》中说，董卓的军队行进到渑池，曾接到朝廷暂停行军的诏令，但董卓拒绝接受，一直到达洛阳城西。当时应召来洛阳的地方军队还有河内太守王匡，东郡太守桥瑁，并州刺史丁原等，但只有董卓带来的部队声势最大，力量最强，态度最坚决。董卓曾拒绝过朝廷让他进京作少府的任命，但这次他看到了进入洛阳的巨大机会，就毫不犹豫地前来抢占，他的确是一直眼瞅关键问题，在关键时候抓住了关键的机会。

三是，董卓进京后做了两件能够广得人心的事情。

其一是以太尉身份，联合司徒黄琬、司空杨彪，一起上书要求给前朝陈蕃、窦武及受到迫害的党人彻底平反，恢复名誉。其二是擢用了大批士人，如伍琼、郑公业、何颙、韩馥、刘岱、孔伷、张咨等，把他们分派到中央和地方的重要岗位。他把自己亲近喜欢的人只任为军中将校，并没有放在显贵职位，史书说他当时是"忍性矫情"而擢用群士的，但从行为本身及其效果上看，这无疑是政治建设和风气改良上积极健康的举措。董卓在基层社会生活多年，他知道民心之所向，掌权后即有积极的回应。

董卓早就听说蔡邕的大名，他掌权后征召蔡邕前来任职，蔡邕假称自己有病，拒绝前来，董卓发怒道："我能将人灭族，蔡邕这样傲慢，很快会有灾祸的。"同时严厉责成州郡官员将蔡邕荐送朝廷。蔡邕不得已到司空府来见董卓，董卓非常高兴，立即任用，而竟不知道把这宝贝人才放在哪儿使用才好，三天内三次改任，让他轮遍了司空府三个部门的主管职务。此后他遇到大事经常征求蔡邕的意见，给了蔡邕高度的尊重。董卓征召蔡邕的整个过程固然显露了他的粗鲁，但事情本身还是反映着他良好的真实心理，表现了他对名流人才的超常看重。

四是，他把自己控制的朝廷迁往自己的政治发迹地。

董卓进入洛阳后，借助对皇帝的废立来树立自己的权威，并实现了对皇帝和朝廷的控制，由此引发了他与朝廷原有大臣间的矛盾，关东多郡纷纷起事，组成联盟兴兵对抗，董卓感觉到了自己在东部洛阳势力的相对单薄，感觉到处于关外之地，自己在政治上和军事上易受包围的形势，于是他决定迁都长安。关中及其以西地区是董卓的发迹地和长期经营地，他的鳌乡侯封地即在关中中部。把朝廷放置在关中长安，实际上就放在了自己的政治控制区，就可摆脱关东对抗势力的纠缠，是最为稳妥可靠的长久政治策略。至于迁都前火烧洛阳宫殿，他是想以此彻底断绝朝臣对洛阳的眷恋和念想，同时也借以掩盖和消除自己军队抢掠了皇宫财宝的痕迹。

人们一直对董卓的废立行为和迁都一事责备很多，认为是毫无意义和非常愚蠢的瞎折腾，但那是站在关东群雄的立场上看待问题；如果从董卓面临的军事形势和他能够掌握的政治资源上看事情，迁都长安当然是他追求长久稳定的不二策略。几年之后，脱颖于关东联盟的优胜者曹操，坚持把朝廷迁往自己势力雄厚的许都，也说明这种安排是任何清醒人物考虑政治问题的必然原则。董卓这项决定在实施的方法上有些粗暴与激猛，但对他所处情势而言却是上佳的筹谋。

0.1（10）粗猛有谋的董卓（中）

粗猛有谋的董卓在189年带兵入京，掌控了朝政，其间也采取了一些不错的政治策略。但他在192年就垮台被杀，对朝政的掌控只有短短三年。一个强大的政治集团很快垮台，其中必有内在的原因。《后汉书·董卓传》《三国志·魏书·董卓传》记述了董卓的政治行为，从中可以看到董卓掌政的若干重要缺陷。

其一，过分看重武力的作用，没有制定出相应的治政治国措施。董卓武将出身，他知道武装力量在社会变乱中的重要性，由此紧抓军权不放，得到了上位的机会，但他由此产生出了对武力的迷恋和崇拜，错误地认为凭借武力就可以解决一切问题。掌控朝政后，他成了国家大政方针的制定人，竟然没有推出相应的经济政策和治政方针。他在洛阳时就以"搜牢"（指搜军粮）的名义公开抢劫和挖掘陵墓，数年间对国家经济的恢复和民间百姓的疾苦不闻不问，军队的粮食和将士的奖赏大多靠四处掠夺来解决。庞大的军事机器不能保证百姓的生存愉快，反而成了压榨百姓、危害黎民的恶性赘瘤，军队的统领者自然就成了民众痛恨的贼首。同时，因过分看重武力的作用，对一些重大的政治问题就缺乏沟通商议的基本方式和忠诚态度，如废立君主和迁都之事，没有和百官公卿达成基本的共识，就以武力相胁迫，逼使人们认可。依靠武力表面上消除了分歧，但却积累了更深的矛盾，这些矛盾一有机缘就暗中组合，一朝爆发。

其二，缺乏一种明确的政治目标和行为理念，不能很好地组织力量和统一人心。董卓是以消灭宦官的名义进入洛阳的，但宦官已被袁绍杀光后，董卓控制京城和重组朝廷的意义何在，并没有做出说明，因而此后的一切活动，就成了赤裸裸的做官和牟利行为；当公卿百官和天下百姓都用谋取权势的眼光来看待董卓的政治活动时，他就很难在任何一种政治行为上与大家求得共识。其实，宦官集团被清除了，但重振纲纪、优化风气、福泽百姓和强盛国威的目标还任重道远，只有统一了目标，明确了理念，才算获得了与宇内各界人物深交思想的共同话语，进而才能肃正人心，齐整力量。但这正好处在董卓政治视野的盲点上，从边陲战地匆匆赶赴京城的董卓根本就没有关于政治目标及其理念的意识，他控制的朝廷，各位都干着具体的事务，没有共同话语和真诚的交流，有的只是对权势追逐者的诅咒和内心的怨愤。

其三，过分追求个人享受，而忽视民众利益和其他朝臣的诉求。由于没有一定的政治目标和行为理念，董卓当然把追求个人待遇和享受作为他活动的基本目的，在这方面做得公开赤裸，而且夸张。到洛阳不久，他就升任太尉，兼任前将军，加节钺，又受封郿侯，任相国，后来还受封太师，位在诸侯王之上，他的母亲被封为池阳君。迁都长安，回到了自己地盘后，他僭用天子车服，任弟弟董旻为左将军，封鄠侯，封地在原陕西户县。他哥哥的儿子董璜任侍中、中军校尉；子孙和宗族中的男女都被任官和受封。董卓还在封地郿（今陕西眉县）筑下坚固的防御屏障，号称"郿坞"，又称"万岁坞"，储备了足够三十年用的粮食，对人说："事情做成了，可以雄踞天下；如果不成，守在这里可以终老。"他把个人享受和家族利益作为政治活动的中心目标，却不曾过问黎民的期盼，百官的诉求，军队将士的利益听凭他们以抢劫来获得，一个粗俗之人的嘴脸在此无所掩饰地外露。他上位得志不久，即报复羞辱名将皇甫嵩，并诬陷杀害原上司张温，他始终把个人的利害置放心上，心眼窄小，格局不高。这样的人物施行治理，难以服众，当然迟早垮台。

其四，用人上没有稍微成熟的思想和必要的审查，凭简单的感性印象来安排。董卓在洛阳擢用过不少清流人物，将他们委派为中央和地方的高级官员。这些人出身士人，受党锢拖累长期未得任用，董卓为他们大开任用之门，自然是赢得人心的举措。但董卓并没有考虑这批人的政治倾向，没有考察他们对现任执政者的认可态度，被委派到关东州郡的多位高级官员，如韩馥、刘岱、孔伷等，一到任就发动地方兵力，组成联盟对抗董卓。董卓对这些官员的荐举人伍琼、周珌大发雷霆说："我刚到朝廷，你们俩劝我用优秀士人，所以我就任用了，但他们一到任就兴兵对付我。"他认为是举荐人出卖了自己，竟将两人杀掉。由此可见他用人思想的极不成熟。

其五，识人上不具政治人物应有的敏感。与上一问题相联系，精准识人是优秀政治人物的基本功。董卓进京控制朝廷后，袁绍、曹操等一大批官员离职而去，在关东兴兵对抗，这是政见不合及鄙视行武人士的现实反映，董卓本应认真看待这一现象，进而思考在朝官员与自己合作的真诚度，起码应对该问题有足够的警觉，但他似乎对大多同朝共事官员缺乏足够的了解。史载越骑校尉伍孚对董卓心中怀恨，有一次他穿着朝服怀揣佩刀去见董卓，说完话告辞离去，董卓送到阁门用手抚摸其背，伍孚拔出佩刀刺向董卓，没有刺中，董卓挣脱得免，呼左右禁卫捕杀了伍孚。对方已经痛恨到想要亲手刺杀的程度，董卓竟然毫不知情，还似乎要亲切地以手抚背，双方对对方的感知上反差太大了，可见董卓在处人上的粗疏和在识人上的迟钝。也正是这样的原因，司徒王允、仆射士孙瑞、骑都尉李肃，乃至吕布等一大批同朝共事之人秘密策划，潜伏在身边，在这样的背景中执掌朝政岂能长久！

0.1（10）粗猛有谋的董卓（下）

武夫董卓凭借他统领的军队入朝上位，一时掌控了东汉晚期的朝廷，但由于他执政上和识人用人上的重大缺陷，激化了各种矛盾，三年时间在长安百官中就生成了一批想要颠覆现执政的反对派，这些反对派与他同朝共事，却暗中串联寻机实施斩首行动。《后汉书·董卓传》《后汉书·王允传》《三国志·董卓传》《三国志·吕布传》及其引注在多处记述，董卓的统治在192年四月走到了尽头。

斩首行动的正式筹划是从吕布开始的。吕布原是并州刺史丁原部队的的军中主簿。189年大将军何进召地方部队进洛阳时，丁原的部队也在应召之列，几乎和董卓的部队同时到达。但董卓张大声势，先声夺人，他很快控制了朝廷后，"诱布令杀原"，即引诱吕布杀掉了丁原，进而归并了并州的部队。吕布弓马精熟，力气过人，深得董卓信爱，两人情愿结为父子。董卓知道自己待人礼节少，仇家多，怕人谋害行刺，经常安排吕布负责自己的警卫。但董卓生性刚烈急躁，气恼时做事会不顾后果。他曾为一件小事情，顺手抓起一杆戟投向吕布，吕布凭力量和敏捷躲过了。事后董卓为此道过歉，也就不在意了，而吕布暗中怨恨董卓。董卓让吕布负责自己内宫各门的禁卫，其间吕布与宫内侍婢私通，他怕董卓发觉，心中非常不安。恰好这时，吕布结交上了朝廷司徒王允。

王允是何进谋杀宦官时请到朝廷的从事中郎，在董卓控制的朝廷任太仆，又兼尚书令，负责皇帝的车马和文书传达事务，不久又增加了司徒之职。刚迁长安时，王允负责朝廷的全面事务，及至董卓后来到达，王允总是曲意奉承，深得董卓信任。但王允心中不满董卓的行为，他私下与司隶校尉黄琬、尚书郑公业、杨瓒和尚书仆射士孙瑞共同策划，想要杀掉董卓。192年春，关中连下了六十多天雨，同时出现了许多怪异天象，几个人在祈雨的现场相聚商议，觉得下手的时机已经到了。王允于是暗中结交了董卓身边的吕布，他们一拍即合，开始实施斩首行动。

恰好汉献帝刘协生病刚痊愈，在未央殿要宴请朝臣，董卓穿着朝服坐车去赴宴，他在宫殿前戒备森严，步骑警卫环绕四周。王允让士孙瑞向刘协密告其事，并让写下诏书交给吕布，吕布安排同乡李肃与十多位亲信勇士装扮成卫兵在北门等待。董卓进门时，李肃用戟刺向董卓，董卓内穿护甲没有刺入，胳膊受伤从车上掉了下来，他顾盼四周大声喊道："吕布在哪儿？"吕布上前回答："有诏书讨伐贼臣！"董卓大骂："你狗奴竟敢这样！"吕布随声将长矛刺去，命令士兵杀死了董卓。董卓的主簿田仪和家奴扑上去护卫，都被吕布杀掉。

王允派人骑马送来免罪诏书，并向宫殿内外的人们通告，士兵们都高呼万岁，百姓在路上载歌载舞，长安城中许多成年男女卖掉他们的珠宝玉器和衣服，用钱换来酒肉相庆贺。王允又派皇甫嵩领兵到郿坞，收捕了董卓的弟弟董旻，杀掉了董卓的母亲和妻子儿女，灭其宗族。董卓的尸体被抛在街市，当时刚开始天热，董卓本来肥胖，尸体的油脂流在地上，守尸差役点火放在董卓的肚脐中，火燃到了第二天黎明，这样陈尸了好几天。董卓曾杀过袁绍家的人，袁氏的门生把董家人的尸体聚在一起，焚烧成灰扬于路上。郿坞中珍藏有黄金两三万斤、白银八九万斤，还有堆积如山的各种布帛和珍奇古玩，都一并被抄没。

资料记录，董卓被杀之前有许多奇特的事情：

——有位道士把"吕"字写在布上，背着布在街市上行走，口中喊道："布啊！布啊！"有人将这事告诉了董卓，董卓没有领悟。在这里，道士的行为不知是否有特定的目的，如果他是有意而为之，那就是提醒当政者要对吕布保持高度警惕。假如吕布的谋杀活动成了连道士都知晓的行为，董卓对这一提醒不能领悟，就足见他政治上的迟钝和心理上的极不敏感；但吕布的暗中背叛如何能让道士知晓，而道士又何以要把这信息披露出去，让人传达给董卓呢？

——另有《三国志集解》引用《太平御览·幽明录》相关资料说，董卓军中有常备的巫师，声称要为董卓祈福，索要一块布，因为董卓身边的人仓促间拿不出布，就给了一块手巾，巫师说可以用，随后在手巾上写了两个"口"字，两字叠叠，一大一小。巫师把有字的手巾举给董卓说：

"这个要谨慎！"这一记述中的巫师显然有着明确的目的性，对董卓的危险作出提醒，也算是巫师的一点职责吧。这里说得比较明白，但信巫的董卓仍然没有领悟其意。

——当时街市上有童谣说："千里草，何青青，十日卜，犹不生。"千里草，合为"董"字；十日卜，自下而上合为"卓"字。据说，这童谣就像一条谶语，预示董卓表面兴盛实则不能长久、即将死亡之意，似乎董卓的灭亡早有预兆，大概要借此表示董卓灭亡是属于天意吧。

——董卓当天坐车赴宴时，马受惊车颠簸，董卓掉在路边泥中，他回去更换衣服，小妾劝阻他不要去，他没有听从，换衣后仍坐车出发；后来快走到北门时，马又受惊不肯前进，董卓感到奇怪，他内心恐惧打算返回，这次是吕布劝他进宫，他才走了进去，终于在门边被刺杀身死。其实，马两次受惊，与谋刺事件似乎无法构成必然联系，应该是董卓自感树敌太多，赴宴前心虚恐惧，这个情绪传达给了周边的人和马，他的小妾即有感觉，只是董卓始终相信着吕布的忠诚禁卫，才不认可那来自潜意识的恐惧。

抛开这些有趣而无味的资料，我们至今能够看到，董卓之死在当时引起了人们很多持久的联想，所以才能够倒翻出很多似是而非的预言并被记载下来，这表明该事件当时应该具有重大的社会影响，长安民众举城庆贺应是真实的情景。一个军事专制的暴戾时代过去了，黎民百姓在期盼着太平安定的好日子。

0.1（11）被误杀的大儒

192年四月，迁都长安两年之久的东汉朝廷在司徒王允的组织策划下，发动了一次针对主要执政人董卓的斩首行动并取得成功。与传统社会中以往的惯例相同，政治斗争的失败者，总是要用全家和整个家族成员的生命作殉葬；而这次略有不同的是，能代表当时时代水平的大儒蔡邕也受惩而死，这为事件增添了更多的悲剧和惋惜。

蔡邕，字伯喈，陈留圉（今河南杞县南）人，他以孝显名，博学多才，喜好辞章、数术、天文、文物与收藏，精于音律，在经学、文学和书法领域堪称大家。早年辞绝过朝廷的应召，170年被太尉桥玄任为郎中，曾组织杨赐、马日䃅、韩说等多位大儒校勘六经文字，亲自以红色写于石碑，镌刻成"熹平石经"；又与卢植、韩说等撰补《东观汉记》。他因向灵帝刘宏上书革除弊政，事涉裁黜宦官，遭到报复迫害，于177年远走吴郡避难。189年，蔡邕在逃亡十二年之后又回洛阳，受到朝廷任用，与群臣一同到了长安。

蔡邕在朝廷一直受到董卓的欣赏，《后汉书·蔡邕传》《后汉书·董卓传》《后汉书·王允传》《三国志·董卓传》记述，当日董卓被杀时，蔡邕正好和王允在一块儿坐着，他不经意间叹了口气，脸色也有些变化。王允勃然大怒，呵斥道："董卓是国家的大奸臣，几乎倾覆了汉室天下，你作为国家大臣，应当同怀愤恨之心，现在却怀着个人私情，忘了大节！现在上天诛戮罪臣，你却伤心痛惜，难道不是共同叛逆吗？"他于是逮捕了蔡邕，交给廷尉治罪。蔡邕陈述认罪，请求给他黥首刖足的刑罚，即面上刺字和砍去双脚，希望保留生命，让他完成汉史的撰述。当时许多士大夫都同情挽救，却没有成功。太尉马日䃅飞马驰奔司徒府，对王允说："蔡伯喈绝世俊才，掌握许多汉朝事迹，应当让他续写汉史，完成一代大典。况且他以忠孝著名，而这次的错失在法律上也没有一个名目，杀了他会失去人心。"王允说："当年汉武帝没有杀司马迁，让他写成诽谤之书流传后世。现在我们国运衰弱，帝位不稳，让奸佞之臣在幼主身边执笔办事，增添不了朝廷的圣德，还将使我们这些人蒙受他的讥讽和非议。"王允拒绝臣僚们释放蔡邕的请求，致使蔡邕不久死于狱中，时年六十岁。

那么，蔡邕是否如王允所说那样，与董卓有私情相交，属于董卓同党呢？应该说，蔡邕在两年前返回朝廷受到任用，董卓的确起了决定作用。董卓当年进入洛阳并控制了朝廷后即擢用士人，他倾慕蔡邕之名，征召蔡邕前来任职，蔡邕回复说自己有病，不能前来，董卓发怒道："我能将人灭族，蔡邕这样傲慢，很快会有灾祸的"。同时严厉责成吴郡官员将蔡邕荐送朝廷。蔡邕不得已到司空府来见董卓，董卓大喜过望，将蔡邕按考核优异的"高第"者任用,补缺为侍御史,次日改任持书御史,第三天升任为尚书,三天内让他轮遍了司空府三个重要职务。后来调任巴郡太守,留在朝中任侍中。不久,又任蔡邕为左中郎将,迁都长安后封高阳乡侯。

董卓对蔡邕的任用,不是把名流作为花瓶子以满足虚荣,或仅供慕名欣赏,而是喜欢听到他的建议。朝廷刚到长安时,董卓的宾客部属商议要尊董卓为太公,称尚父。董卓就此询问蔡邕,蔡邕说:"姜太公辅佐周朝,秉受天命消灭殷商,所以特地尊以该名号。现在明公您的道德威望的确高大,但和尚父相比,我认为还不可以。等到关东平定,皇帝车驾能够返回旧都,然后才可以商议此事。"董卓听从了他的话。另有一事,191年六月,关中发生了地震,董卓就此询问蔡邕,蔡邕回答说:"地震是阴气太盛侵犯阳气产生的,是臣下越出礼制规定所导致。前次春郊祭天,您奉命引导车驾,乘坐的车是金花青盖,龙爪在车厢两边,人们都认为不恰当。"董卓从此改为公卿乘用的皂盖车。

应该说,武夫董卓非常倾慕蔡邕这位大学问家,给他较高的职位和很好的待遇,置放在自己身边,有大事就请教咨询。无论董卓生性多么残暴凶狠,处政多么不得人心,流亡江海十多年的蔡邕,在此却感到了一丝温暖,获得了受尊重的满足。传统社会的士人是讲知遇之情的,对惯遭迫害的读书人慕名求识、用心相交、真诚对待,碰上这样的主儿,蔡邕不能没有相亲相敬的感激。

另一方面,蔡邕与董卓的思想理念差异较大,他们不可能是意气相投的同党。从上面劝谏董卓的两事可以看到,蔡邕始终是阻止董卓走向更违规更恶劣的方面,他对董卓的态度也是真诚的,思想主旨在于维护汉室权威。史载,蔡邕经常有匡救弊政的心思,他是希望当朝政治能走向健康状态的,但董卓很多次都刚愎自用,蔡邕觉得他的话对方很少听从,有一次对堂弟蔡谷说:"董卓生性刚强而始终不能改错,终究做不了事情,我想逃到东边的兖州去,但路远不好到达,就暂时躲避在山东等待机会,你觉得这样如何?"蔡谷说:"您的相貌异于常人,每次出行都惹来路上的人聚集观看,就凭这一点,你要把自己藏匿起来,不是很困难吗?"蔡邕因此没有逃跑。董卓治政的思想态度和行为方式始终都是自己做主，蔡邕对董卓能够发生的影响是极其有限的。思想理念的差异决定了他们两人只有单方面的倾慕，而绝不会因知遇而结为同党。蔡邕躲避不了这样强制的任用和对待，只能维持这种现状。

　　董卓这天突然被人谋杀了，死得很惨，蔡邕的叹息固然和大多数人的喜悦庆贺不同，但对他而言并非反常。他也许叹息自己没有能力促使董卓走向正道避免败亡，也许叹息自己逃跑躲避的计划未能及时实施，也许存有对知遇者的怜悯同情，及对自我前景的担忧等等，无论如何，正如马日碑所言，没有触撞任何一条纲纪国法。续写汉书、完成国史是他晚年最大的心愿，既然司徒非要因叹息而处罚自己，那就权且认个罪，让他黥首刖足吧，只要能完成最后的心愿，其他都无所谓。

　　后世史家韩荧针对此事曾说："伯喈一叹，未足为累。"他认为："朝廷伸国讨，国士感私恩，不妨并美也。"当时以张扬大义而自命的王允，在诛杀了董卓后立即撕去了对人曲意奉承的面目，对发了一声叹息的蔡邕厉声呵斥，同为学问人出身的王允对蔡邕没有一点点的宽恕，这里有许多原因：一是，在他不得已逢迎讨好董卓的时候，正是蔡邕受到董卓膜拜推崇之时，他在内心早就忌恨董蔡二人的关系，宁可把他们认为同党；对蔡邕叹息的呵斥，是先前那种厌恶之情的借机发泄。二是，他与蔡邕早就有些意气之争。据《三国志集解》所采资料中说："当初，王允与蔡邕多次商讨事情时相互论说，王允经常理屈词穷，因此对蔡邕内心怀恨。"董卓被杀后，王允自己觉得成了老大，正好权力在手，就不愿放过蔡邕。蔡邕提出对自己黥首刖足，大概是深知这层原因，就自觉放低了姿态吧。三是，蔡邕提出完成汉史撰写的请求，以为懂得史典价值的王允必定答应自己的请求，但他没有想到，王允把诛杀董卓已看作此生最大的功劳，他最怕同情董卓的学人来撰写这段历史，因为这样的人有可能饰美董卓，而把诛杀董卓之人书写成历史的反面角色。蔡邕撰史的请求不说还罢，说出来反倒提醒了王允，王允找出荒唐的理由塞人之口，内心则是下定了必杀蔡邕的决心。王允对司马迁撰史意向的错谬解释，表明他自己就缺乏正确的历史观。

马日䃅劝诫王允无效后出外对人说："王公在世上活不长久的。良善的人，才能主持国家的纲纪；撰写史书，这是制作国家的典籍。灭除纲纪，废弃典籍，这样岂能长久！"蔡邕终被王允残害致死，一代名儒被伪装的正义戕杀了，那副丑恶的嘴脸不知会如何收场。

0.1（12）职场上的"变脸"者

东汉朝廷于192年四月在长安实施了对权臣董卓的斩首行动，这一行动的组织策划人，是时任司徒的王允。据《后汉书·王允传》《三国志·董卓传》所记，王允，字子师，太原祁（今山西祁县东南）人，少年好大节，有志于立功，常习诵经传，朝夕试驰射，后来应召入朝，参加过对黄巾军的作战，因功升职。他和蔡邕一样，长期受到宦官集团的中伤和迫害，许多同僚都曾助力挽救，但不能完全解脱其难。惧于宦官势力的强大，王允约在186年变换名姓，逃到河内、陈留郡一带躲避。189年汉灵帝刘宏去世，王允来京城奔丧，被大将军何进留用为从事中郎，开始了新的仕宦生涯。

经过了许多年的打击磨难，王允这次回到朝廷，似乎改变了职场生存的方式。以往他耿直做事，慷慨无畏，常与权势人物直接对抗，这一次他开始懂得了掩饰自我、韬光养晦的策略，并能将其连续不断地付诸行动。比如，①返回洛阳当年，朝廷多种政治势力的争斗引起政局大变乱，而王允却从中郎转任河南尹，负责朝廷之外的事务，从矛盾的漩涡中退了出来。②在刘协被立皇帝后，王允被任太仆，后为尚书令。其时已经经过了何进被杀、剿灭宦官、董卓进京、废立君主等多次政局动荡，他回避了这些结局不确定的变乱，而在局势稍微稳定时则从河南尹的位置上重回朝廷，担任了高级职务。③他在东方逃亡多年回到京城，分明是要窥测等待新的入仕机会，但却假托着为灵帝奔丧的名义。总之可以看到，王允这次返回洛阳，有志立功的心性没有变，但他的行事方式已经不同，他已给自己准备了一套脸谱。

汉献帝刘协的朝廷当时是由董卓执政，一大批官员如司徒杨彪、尚书卢植，青年将官袁绍、曹操，以及太尉黄琬、侍中伍琼等都与董卓因意见不合而翻脸离职，有的遭受迫害，而王允则通过假意逢迎的方式取得了董卓的信任。史书上说，王允不满董卓的执政行为，私下与司隶校尉黄琬、尚书郑公业共同谋划要杀掉董卓，但表面上，"允矫情屈意，每相承附，卓亦推心，不生乖疑"。就是王允很听话，董卓很放心。王允不久代替杨彪做了司徒，而原有的两个职务仍然保留，他责权在身，成为一时显臣。应该说，王允在董卓控制的朝廷混得风生水起，全靠他的"变脸"之技。

——献帝刘协及朝廷迁到了长安后，董卓还在洛阳迟滞了一段时间，暂时主持朝政的王允，筹划从长安派遣由亲信杨瓒、士孙瑞带领的两支部队，自武关道分路出兵，并与关东袁绍的联军东西夹击董卓；而出兵前他却向董卓报告，两支部队是要东向讨伐袁术；这次派兵因为董卓的怀疑而遭到制止，王允立刻遵照执行，放弃出兵，但把杨瓒、士孙瑞两位亲信留任在朝廷内，分别任为尚书和仆射，形成了自己的秘密团队。

——董卓到了长安后，论定迁都前后各官员的功劳，王允因为功高被封为温侯，食邑五千户，他谦让不予接受。士孙瑞对他说："您和董太师职位相等，一同受封，现在谦逊辞让，不合于韬光养晦之法啊。"知道脸谱掩饰不到位，王允立刻接受了二千户封邑。

——王允当着董卓的面盛赞其功劳，极力讨好，而在背地里拉拢吕布加入自己的秘密团队。在吕布顾虑与董卓的父子关系，下不了反叛决心时，王允对他说："你姓吕，本来就没有骨肉之亲。现在担心死都来不及，还称什么父子？他向你投戟之时惦念着父子之情吗？"王允变出关心吕布的脸谱说服吕布，让吕布下定了杀董的决心，实则壮大了自己的秘密团队。

——完成了对董卓的斩首行动后，他马上撕掉了对人温和谦逊的脸谱，又改换出了貌似威严的面容。他当众斥责蔡邕的叹息，拿出不着边际的虚假道理，摆出一副凛然正气的样子，不顾多位大臣的求情，将蔡邕逮捕入狱，迫害致死。

——行动前他曾挂着关心吕布的脸谱对其说服拉拢，但其实把吕布当刺客看待，心里瞧不起。吕布在事情成功后几次提出赦免董卓手下的将领，又提出把董卓的财物赏赐给朝中公卿与军中将校，王允都没有答应。两人又都夸大自己的功劳，互不服气，逐渐不相和睦。

　　史书说，王允当初害怕董卓，所以屈己下人地想法对付，董卓被消灭后，自以为不再有危险，在交际往来中，就缺乏温和的脸色，又依仗手握重权，不用合宜的方法而恣意任性，因此人们不甚归附。以上的陈述和事实都在表明，王允的确是职场上善于伪装和变脸的人物。

　　王允在迁都长安时主持朝廷事务，他将洛阳宫中收藏的国家地图和书籍秘记用心收集，带到长安后分类整理，保存了一批珍贵典籍。史家归结王允职场得失时，只有对这事没有异议，而对对付董卓的方式以及后来诸多事务的处置态度均有不同的看法。有些史家提出，对王允为了对付董卓而在职场上的伪装和变脸应该给予理解，认为"推卓不为失正，分权不为不义，伺间不为狙诈。是以谋济义成，而归于正也"。似乎推崇董卓，逢迎窃权和使用诡诈计谋，是为了正当的目的，不必算作邪术。事实上，在重大政治斗争中的伪装和变脸即便能为人们理解，而对待职场同僚和部属那种一阔就变脸的态度，无论如何不是一种正常的心态，这表现的是一种做人的品格，是心胸的广狭状态，也是对自我定位上的不准确把握，反映着智识的高低。

　　董卓被杀后，其部属李傕、郭汜等人派使者到长安请求赦免，许多朝臣建议答应赦免后解散军队即可，这大体符合对待反叛政治集团的一般原则，但王允坚持认为朝廷在一年中不能两次颁发赦免令，因而拒绝赦免；又说"赦免了他们，会使他们各自疑心，没有办法安定他们。"表达的是没有人能够理解的思想逻辑。李傕、郭汜所率领的是一支悍将强兵组成的部队，他们失去了活路，被逼无奈，随即采用了谋士贾诩的建议，最终纠合十万之众包围并攻陷了长安，吕布兵败出逃，王允等不多的朝臣与皇帝被困于一座城门楼上，在最后的时刻还是颁布了大赦天下令，等于宣布了朝廷与这支部队的和解。至此可以给那位职场"变脸"者的个人智识打个分数了，但绝不会达到及格。这是受到他自身品格和心胸限制出现的正常结果。

李傕、郭汜等将士受赦后，伏地向城上皇帝叩头，并有一段对话，他们问刘协："董卓忠于陛下，而无故为人所杀，想知道他究竟犯了什么罪？"王允被迫下了门楼，被斩杀在街市，时年56岁，他的两个儿子及宗族十多人也一起被害，只有两个侄儿逃脱后回了家乡。王允死后几年间，国家政局已不可收拾，朝廷也陷入了更大的变乱。

王允在遭受宦官迫害后出逃流亡数年，二次回朝任职时，他油滑了不少，真诚却不多。自以为增长了才干，其实仅限于对权势者逢迎的技巧，和场面上见人下菜、看风转舵的虚假交际。他凭"变脸"的功夫一时也在职场上混出了眉目，但品格和心胸大节上的倒退使他达不到及格程度的智识，器小任重，才具支撑不了他担负的职责，必然要走向垮台，贻误国家。

0.1（13）贾诩其人

192年董卓被杀，人们以为要从专制暴虐的统治中挣脱出来了，长安的市民都买下酒肉来欢庆。但未料到，社会陷入了更大的动乱，长安又一次成了遭受灾祸的中心地。据《三国志·贾诩传》《三国志·董卓传》所记，造成这一结果的，是贾诩对董卓部属李傕的一个建议。

贾诩，字文和，武威姑臧（今甘肃武威）人，年轻时不甚知名，只有一位叫阎忠的奇士认为贾诩有张良、陈平之才。贾诩举孝廉为郎，后因病辞了职，向西回到汧地，即今陕西千阳，路上遇到反叛的氐人，同行的几十个人都被抓获。贾诩对这些氐人说："我是段公的外孙，你们不要埋我，我家会用重金来赎回。"他说的段公，即是太尉段颎，也是武威姑臧人，曾经久为边将，威震氐族。贾诩其实不是段颎的外孙，只是利用他的威名来吓唬和利诱对方，氐人果然不敢加害，结盟立誓后送他回家，被抓的其他人全部受害。由此可见贾诩临急时的足智多谋。

董卓在长安时，他的女婿中郎将牛辅派遣李傕、郭汜、张济等校尉领兵在颍川、河内一带活动。董卓被斩首，牛辅也被部下杀害，在颍川等地活动的将士都很恐慌，他们派人去长安乞求赦免，没有被接受，于是准备自行解散，从小路悄悄回到凉州家乡。贾诩曾经在牛辅的军队中当参谋，他对李傕等人说："听长安城中人们议论说，朝廷要杀尽凉州的人。如果各位离开众人单独行动，一个亭长也能捕获各位。不如带着大家一块儿向西，走到各处收集兵员，然后攻打长安，为董公报仇。事情若侥幸成功，我们尊奉朝廷以征服天下；事情不能成功，再走也不迟。"大家认为这话说得对，于是聚合起来。他们痛恨王允对凉州人的暴虐与迫害，就嫁恨于王允的家乡人，把军队中的几百并州人无论男女全部杀掉，然后一路向西，到达长安时已聚合了十多万人马。

李傕、郭汜统领的部队包围了长安城，八天后攻入城中，放兵抢掠，死者万余人，吕布战败出奔，王允被杀。李傕他们把董卓尸灰安葬在郿地，同时依靠军队控制朝廷，步了董卓的后尘。献帝刘协封李傕为车骑将军，司隶校尉，郭汜为后将军，樊稠为右将军，张济为镇东将军，并列封侯。除张济驻军弘农（今河南灵宝市东北黄河沿岸），守卫函谷关，其他三位共同主持朝政。东汉朝廷自此进入了更加混乱不堪的军阀统治时期。

凉州军队能攻占长安，贾诩是立有大功的，他被封为左冯翊，执掌长安附近的三辅之一。李傕等人要封给他侯爵以奖赏功劳，贾诩说："那不过是救命之计，有什么功劳！"坚辞不受。后来又提出让他担任尚书仆射，主管尚书部的事务，贾诩说："尚书仆射，是官员的师长，天下人都看着他，我的声望不高，担任此职不能服人。就是我做人糊涂贪图这个名利，那样安排怎么对得起国家？"仍不接受，最终他被任为尚书，负责选举类事务。

贾诩对凉州兵行动方向的建议，对他们后来的成功具有决定意义，这是毫无疑问的，而贾诩在任职封侯时所以一再推辞，他低调做人是其中一个原因，而除此之外，他还有一个重要的心结：即这次军事行动虽然成功了，但其实是不合道义的；率领军队攻打长安，是以臣犯君的道德大忌。如后来的史家就认为，"贾诩为李傕、郭汜筹划让西攻长安，其罪不容诛"。贾诩在事情进展时就明白这一点，他为了活命当时只好献出此策，但事后要尽力表现自己对此事的无所作为，力争从受封的结果上否定自己的主谋之功，他是一个明白人。

弘农王刘辩的夫人唐姬当时默默地寡居在颍川娘家独自生活，李傕部队在抄掠颍川地区时得到了唐姬，李傕想要娶她，唐姬坚持不从，也未暴露自己身份。当时在朝廷担任尚书的贾诩听说后，把这事悄悄告诉了献帝刘协，刘协非常伤感这位嫂嫂的境遇，他让侍中带着节拜唐姬为弘农王妃，安顿住处加以保护。

贾诩虽然被李傕、郭汜、樊稠等人所尊重推崇，但他始终在心中有自己独立的主张。他在李傕等人所控制的混乱朝廷中，做过不少化解矛盾、维护纲常伦理和众人利益的事情，在几位军阀斗得不可开交的时候，适逢母亲去世，贾诩就辞官离去，暂时脱离了那乌烟瘴气的场合。

0.1（14）三恶控朝廷

东汉朝廷在189年八月后走向了无可挽回的衰落期，开始是军阀董卓推行暴力专制，192年四月董卓被斩首后不久，即引来了董卓部属的军事反击。这年六月，董卓凉州兵的将校李傕、郭汜和樊稠带兵攻进长安，控制朝廷达三年之久。他们三人品性恶劣，毫无素质，肆意妄为，引来战祸不断，皇帝与公卿百官的生存生命经常处在无法保证的危险境地，长安与关中百姓一直食不果腹，在饥饿死亡线上苦苦挣扎。"三恶"控朝廷，这是东汉政治最黑暗的阶段，也是朝廷最恓惶和无奈的时期。

李傕，字稚然。北地郡泥阳（今陕西耀州）人。作为董卓部将，被董卓的女婿牛辅派遣到关东作战，进而至颍川等地劫掠。郭汜，本名郭多，凉州张掖（今甘肃张掖市）人，早年做过盗马贼，后来投靠董卓部下为校尉，随李傕在颍川一带活动。樊稠，凉州金城（今甘肃永靖西北）人，还有武威郡祖厉（今甘肃靖远东南）人张济，他们都是董卓部队中的将官，在朝廷迁都长安后，均受命在关东一带活动。《三国志·董卓传》《后汉书·董卓传》等处记述，董卓和牛辅在长安被杀后，李傕无所依归，经过犹豫徘徊，他与郭汜、樊稠和张济等人采纳了军中参谋贾诩之策，带领人马返回关中，最终攻克了长安，杀掉了执政两月的王允等人，控制了朝廷，开始重演董卓专制的荒唐政治。

和董卓专制时期有所不同的是，他们掌权后安排镇东将军张济驻军弘农，把守函谷关，其余三人都留在长安主持朝政，当时李傕为车骑将军，司隶校尉，执掌符节，郭汜为后将军，樊稠为右将军，并列封侯。不久，三人都可以开建府署，参与推荐选拔官员等事务。长安小朝廷出现了三公六府的奇特现象，这"三恶"只顾揽权力摆威风，至于政府机制如何运作，他们是从不考虑的，运作不下去就靠各人手中的武力来解决。三人掌控朝廷不久，因为某些事件所引起，很快就走到了对立对峙的状态。

有一个"并马对谈"事件。大约194年春，马腾和韩遂的部队因利益纠纷来攻打李傕，李傕派樊稠、郭汜及自己的侄子李利迎击马、韩二人，战斗中樊稠感到李利作战不力，就斥责说："人家要砍你叔父的头，你还胆敢如此松懈，难道我不能杀你吗！"后来战斗取胜，樊稠率军追击至陈仓一带。韩遂派人对樊稠说："天下的事是反复无常难以预料的，你我没有私怨，都是为官家的事。我们是同乡，今天虽有些小纠葛，但要往大处想，想和你说些友好的话再分别，说不定以后还会相见。"韩遂也是凉州金城郡人，当天他与樊稠二人并马相谈，还拉着手臂，说笑了很久才分别。回师之后，李利告诉李傕说："樊稠、韩遂并马说笑，不知说的什么，看起来关系很亲密。"李傕也因为樊稠作战勇猛，且能得部属拥戴，对他有猜忌之心，现在觉得他和韩遂亲密，是对自己存有异心。在不久的一次宴会上，李傕趁樊稠酒醉，派人把他刺杀在座位上，收并了他的部队。这次事件后，各将领之间的互相猜忌更加严重。

另一个是"妇人嫉妒"事件。李傕经常在自己家中宴请郭汜，有时还留郭汜住宿在家。郭汜的妻子害怕李傕送婢妾给郭汜而夺己之爱，就想法离间他们的关系。有一次李傕送酒菜给郭汜，郭妻把菜中的豆豉说成是毒药，郭汜食用前妻子对他说："从外面进来的食物，说不定有问题。"并把豆豉挑出来给郭汜看，说："一个鸟巢容不下两雄，你那么信任李公，我看是靠不住的。"郭汜于是对李傕起了疑心。过几天李傕又宴请郭汜,郭汜喝得大醉,他怀疑李傕在酒中放了药物,回家后赶紧喝粪汁催吐解酒。于是两人生成嫌隙,率兵相攻,连月交战不息,死者以万计。

李郭二人率军相对,长安的百姓受尽苦楚,朝廷连表面的平静也难以维持,两人甚至把献帝和朝廷官员分别劫持到自己的军营,进行公开的军事对峙。一度时间,朝廷官员的主要任务就是在他们两人的对抗中委曲求全,并劝说两人和平相处,朝廷成了一个瘫痪机构,成了一个生存难保的阵战场所。

"并马对谈"事件给凉州将官李傕与樊稠的亲密关系间打上了楔子,使他们的合作关系得以瓦解。值得提及的是,时隔17年之后,即建安十六年(211年),还是在西部关中的土地上,曹操与韩遂在两军对峙的战场上又发生了一次"并马对谈"之事,韩遂是两件事情共同的当事人。前一次是韩遂无意间提出,而后一次是曹操根据谋士贾诩的建议有意而为之,《三国志·魏书·武帝纪》记述,当时二人"交马语移时,不及军事,但说京都旧故,拊手欢笑"。曹操以此方式离间了韩遂与其合伙人马超的合作关系,取得了战争的主动权。两次事件中对事情的误判人、被离间者都是西凉人,莫非心性粗疏的西凉人对合伙人的关系反而要求得特别纯粹,容不下合伙与对峙人物的并马相谈,致使该方法被人十多年间在他们身上重复使用,且其效果屡试不爽。

献帝东返

0.2 从长安到洛阳

东汉朝廷被西凉大军阀董卓劫持至长安,皇帝几年间成了军阀手中的傀儡,而朝廷君臣始终没有停止恢复原有秩序的努力。董卓被杀后,东汉小朝廷摆脱了董卓余党的纠缠,经历了东返洛阳的艰难之程。

0.2(1) 献帝刘协的危机应对(上)

汉初平三年(192年)六月,董卓余党李傕、郭汜、樊稠在长安杀死王允,掌控了朝政。时年12岁的汉献帝刘协在东汉朝廷最为恓惶和无奈的时期,以自己最大的能耐应付身边的危机,几年间做了不少事情。《后汉书·孝献帝纪》《后汉书·董卓传》《三国志·董卓传》《资治通鉴·汉纪五十三》多处散记着刘协在长安数年的活动事迹。从中可看到,少年刘协虽然未能挽救朝廷的命运和政局的衰落,但他应对职场复杂事件的善良心理和聪颖心性还是值得称道的。

193年夏天,大雨昼夜不停下了二十多天,百姓被冲走淹死,风吹得就像冬天那样冷,刘协派御史裴茂审理奉诏关押的犯人。狱中关押二百多人,其中有些是被李傕冤枉的,李傕怕裴茂把这些人赦免放出,就上表奏告裴茂擅自释放囚徒,怀疑有不可告人的原因,要求把裴茂抓起来。刘协下诏说:"灾害和反常情况不断出现,大雨成灾,我派使者奉命去布施恩泽,赦免罪过轻微的犯人,这应该符合天意。他想化解冤仇还能加罪吗!一切都不要追问。"刘协年龄不大,而对李傕奏书的心思看得非常清楚,知道他想维护那些自造的冤案。其实裴茂审狱就是针对这些冤案作出的安排；但刘协并不说穿这一点，以避免与李傕的关系发生恶化。尤为难得的是，刘协不仅利用当时全社会认可的天人感应理念，说明了释放轻罪囚犯符合天意的合理性，而且把事情的起因和责任自我承担，用皇帝的名义确立了裴茂赦囚行为无可置疑的正当性，明确表示了无须追究、不必过问的权威意见。刘协安排裴茂审狱的行为本来就是爱民的体现，他的回答有理有情有担当，没有伤害与李傕的关系，想必也能提升他在臣属中的威望。

194年初，刘协举行了加冠礼，这是古代男子的成年礼。事后，有关部门奏请刘协册立皇后，刘协下诏书说："我母亲在哪里安葬都还没有确定，怎么能谈选立后妃的事呢？"朝廷三公于是很快上奏，请求把刘协的母亲王夫人安葬到灵帝刘宏的陵墓，上尊号为"灵怀皇后"。刘协的生母即是灵帝刘宏朝中的王美人，她在181年生子后被何皇后鸩杀。刘协在自己对朝廷事务稍有发言权时就提出安葬生母的事情，表明心里对此事的长久挂记；他坚持把对生母的安置放在自己婚姻之前来安排，完全合于社会的传统伦理观，无论从自身心理愿望的实现，还是在群臣中威信的建树，都是无可挑剔、非常优秀的政务答卷。

这一年关中大旱，长安城里盗贼很多，大白天抢劫掠夺，不能禁止。李傕、郭汜和樊稠把城里分为三个界区，各自把控一区，而他们的子弟任意横行，侵夺暴虐百姓。从四月到七月，刘协一直在偏殿求雨，当时一斛谷子要五十万钱，一斛豆麦要二十万钱，发生了人吃人的事，尸骨丢弃成堆。刘协派御史侯汶拿出朝廷太仓的米豆给挨饿的百姓做稀粥施舍，过了一天后，死去的人并没有减少，他怀疑赈济有虚假，于是亲自在御座前做量米熬粥的试验，发现赈济真的不实在。他派遣侍中刘艾去到施舍现场向赈济官员问责，于是尚书令以下的官员都到宫中认罪，大家奏请将侯汶收捕审查。刘协发诏书说："我不忍心把侯汶交给狱吏处置，杖刑五十就行。"自此以后，饥民大多能得到救济。

刘协对李傕等三人的恣意横行以及城内的治安是无能为力的，在饥荒肆虐、尸骨成堆的非常时期，他选择了力所能及的求雨免灾和赈济救民活动。赈济施舍的事情不是很大，而刘协做事中的可贵处不少：一是，在全民饥饿的危急时刻，他舍得把太仓中的储粮拿出来救济那些在死亡线上煎熬的贫苦百姓，当时太仓中的储粮可能成了皇宫中极宝贵的家当，刘协名义上是皇宫中的当家人，他把自己手中最珍贵的资源拿出来让百姓分享，表现出的是爱民如亲的大情怀。二是，他把救济百姓的关注点不是放在投入的初始愿望上，而是放在最终收获的实际效果上，所以及时考察救济的效果，果然也发现了其中存在的问题。三是，发现问题后他采用熬粥试验的方法，以求获取米豆投入与产出稀粥间的各项数据对比，用确凿的数据说明问题所在，是有关负责的官员在熬粥过程中贪污了米豆，据此马上进行问责追究。四是，对问题官员侯汶的处置上，以宽大为怀的态度从轻发落。他大概仅仅是要以此告诉属下所有官员：本人是欺瞒不了的，以后逢事作假不要心存侥幸。总之，通过对做事效果的考察，他发现了问题，追究了责任，既达到了救济灾民的目的，又教育了属下官员。刘协为人的善良和独立做事的精明在此可窥一斑。

195年初，樊稠被李傕因疑忌杀死，李傕与郭汜两人公开对立。许多官员和宫人在李傕的财务控制下没有换季衣服，刘协想把御府的缯（丝织品）分发一些给大家，被李傕拒绝，他随即下诏让卖掉厩中之马百余匹，让主管赋税收入的御府大司农拿出杂缯两万匹，与卖马的钱两项合并，分发给公卿以下的中低层官员和无法生活的宫人。不久之后他在身边官员饥饿的情况下，出面向李傕索要五斛米和五具牛骨。李傕说："我们早晚两次供饭，要米有什么用？"只把腐烂发臭的牛骨送来。无论刘协提出的要求是否得到满足，他关注身边一般官员的利益诉求，敢以自己的皇帝名义为他们代言的行为，都反映着一位十多岁少年公正善良和少有贪欲的思想心态。

0.2（1）献帝刘协的危机应对（下）

195年三月，李傕与郭汜的部队在长安城内公开交战，打得不可开交。郭汜筹划迎请献帝刘协坐镇自己的军营，有人把这计划夜间偷偷告诉了李傕，李傕立即派侄儿李暹领着几千士兵包围宫殿，安排三乘车抢先去迎请刘协，让刘协坐一乘，贵人伏氏坐一乘，贾诩与左灵坐一乘，其余人步行跟随。太尉杨彪说："自古从未有帝王住在臣民家的事情，做事应当合乎天下人心，你们这样做是不对的！"李暹说："李将军的主意已经确定了。"刘协一行不得已离开。他们走后，军队立刻闯入宫殿，把御府收藏的金帛器物全部搬到李傕军营中，然后放火烧毁了宫殿。据《资治通鉴·汉纪五十三》《后汉书·董卓传》《三国志·董卓传》所记，身处李傕军营中的刘协在此将伏贵人立为皇后，同时他为求得生存和出离长安采取过许多临时应对的手段。

（1）忍耐求和。李傕在军营接到刘协及朝臣一行后，又把他们移送到坚固的北坞，让他的校尉把守坞门，将内外相隔绝。朝臣刚到北坞感到饥饿，刘协即出面索要五斛米和五具牛骨，李傕只给了腐烂的牛骨，已经发臭。刘协见到后大怒，想要诘问斥责，侍中杨琦对他说："李傕是边陲的粗鄙之人，他知道自己做的事犯有悖逆之罪，想把我们转到池阳黄白城，希望陛下先忍耐着，不要把他的罪恶显亮出来。"池阳黄白城是李傕受封池阳侯后修建的屯兵地，在今陕西三原东北五公里处。因担心李傕受斥责后有进一步的扣押行动，刘协听从了杨琦的意见，用忍耐方式维持和李傕的关系，防止事态恶化。他不久听说司徒赵温写信斥责了李傕，非常担心赵温的话说得太急切刻薄，让李傕接受不了，后来听说李傕没有计较，才放下心来。刘协始终明白，受到李傕劫持后，想法维持和对方的正常交际关系，完全是自身和朝廷安全的需要。

（2）含混附和。李傕时常来刘协面前说郭汜的坏话，刘协随着他的意思来应答，不出声，不表态，大约是笑着哼哼哈哈一下，给予含混附和。李傕为此非常高兴，觉得自己颇得皇帝欢心，当面称呼刘协为"明陛下"，有"英明"之意吧，出去后对人讲："明陛下真是贤圣君主。"其实，刘协这里仅仅只是对他做出和悦与认可的表象，他什么话也没有说出来，他内心并不赞同李傕丑化对方和回避自我恶行的做法，但要避免对这位恶魔的刺激，维系正常交往的关系，就只能含混附和，这样既不给他任何口实，又给他一些自我满足的喜悦。

（3）调解对峙。鉴于城内两股势力的军事对峙，刘协让朝臣出面和解李傕与郭汜的关系，太尉杨彪、司空张喜、尚书王隆、卫尉士孙瑞等十多人一同到郭汜军营，竟被郭汜扣留，郭汜招待他们，要一块商议攻打李傕的事情。杨彪斥责说："将军您应知道人世间的事情，群臣彼此相斗，一人劫持了天子，一人扣留了公卿，这怎么行呢！"郭汜大怒，要持剑杀死杨彪，中郎将杨密等人劝阻，方才作罢。不久之后，刘协还打发谒者仆射皇甫郦去说和李、郭两人，并想让郭汜放出被扣官员。两次调解都是刘协针对时局主动采取的措施，虽然没有产生效果，但表现了刘协在困境中的积极努力。

（4）回避是非。皇甫郦是名将皇甫嵩的侄儿，他在凉州作战多年，与李、郭二人较熟悉，且有口辩之才，刘协打发他去调解是有考虑的。但黄甫郦在李傕营中话不投机，遭到李傕呵斥后，怀着满腔怒气回来汇报，一到门口就说："李傕不肯奉诏，言语很不恭顺。"刘协听见他声音大，怕李傕听到，就赶快命令他离开。刘协在这里的警惕性是很高的，朝廷要维持和李傕的正常关系，就绝不能在宫殿说出不利李傕的话语，他一见面就料到了皇甫郦调解的结果，让皇甫郦赶快离开，是不允许他表达出对李傕的不满言论，避免让李傕听闻到话语中的是非，这是对朝廷的保护，也是对皇甫郦本人的保护。为了消除皇甫郦与李傕发生过冲突的消极影响，刘协还特意派使者持节拜李傕为大司马，位在三公之上。李傕升了职，还以为是自己平时祭祀鬼神的结果，竟不明白刘协回避是非、消除矛盾的细致心思。

（5）问计高参。李傕曾请来羌、胡几千人帮助自己攻打郭汜，私下许给他们御物彩缯与宫女。有一天，那些羌胡人来到刘协一行人的住处窥看，并打问："天子住在里面吗？李将军答应送给我们宫人美女，不知在不在里面？"刘协听到后非常担心，他一时想不出办法，就让侍中刘艾把宣义将军贾诩叫来说："您以前忠于国家，恪尽职守，得到了提升和尊荣，现在羌胡的人在外面很多，您应该想个对付的办法。"贾诩于是大摆酒宴，款待羌胡人的首领，许诺给他们爵位，并奖赏财物，外面的人不久全部离去了。刘协知道贾诩的才能，且能把握他的立场，在关键时候借其智力，解决了问题。

（6）伺机出离。李傕、郭汜两人在长安对峙了几个月，死了几万人。这年六月，他们的伙伴张济从弘农来长安进行调解，张济在长安东边的函谷关驻军，来长安后提出让朝廷迁到弘农去。刘协心里想返回旧都洛阳，回洛阳要经过弘农，他于是借机打了个马虎眼，提出离开长安。决定作出后，刘协派使者向李傕请示了十多次，终于得到同意，他们当即发车上路。刘协的朝廷在190年初被董卓胁迫来到长安，至今已经5年，在这里历经了许多艰险，终于找到了返还旧都的机会。

（7）亮出底牌。刘协的车驾从李傕的北坞出发东迁弘农，出了宣平门要过一座桥，郭汜军队的几百人挡在桥上问："这是不是天子的车？"车辆不能前行，李傕军中跟随的几百人持戟在前，双方即将交战。侍中刘艾大喊："这就是天子的车驾！"让人将车帘子揭起来。刘协对外面郭汜的士兵讲："你们各位怎么敢如此迫近至尊？"郭汜的士兵纷纷向后撤退，车驾过桥后，官兵一同高呼"万岁"。过桥时在两军即将展开械斗时，刘协和身边的人紧密配合，他及时亮出天子的底牌，制止了一场短兵相接的搏斗，保护了自己，也保证了事情的顺利。

（8）绝食抗争。当天晚上，车驾走到霸陵，饥饿问题尚未解决，却为行军路线发生了争执。郭汜要求北走高陵，朝廷公卿和张济要走弘农，大家开会商议，竟作不出决定。刘协派使者去告诉郭汜说："弘农离郊祭之处和祖先宗庙较近，没有别的意思，将军不要猜疑。"郭汜仍然不同意。刘协于是一整天不吃饭，郭汜只好说："暂去附近县城再商议吧。"很快就到达了新丰县继续东行。行走路线直接关系着要达到的目的地，刘协在关键时候用绝食的办法相抗争，一时也达到了目的。

（9）缒岸渡河。刘协一行在李傕、郭汜反悔后的追击中，这天晚上走到了黄河岸边，船少人多，且岸高十余丈。身边的人用十多匹绢打结成座椅，让刘协缒岸而下，又阻止其他人登船，死伤了很多人，不能上船渡河的吏民和宫女都被李、郭的追兵掠去。刘协一行过了黄河，出了关中，才算摆脱了李傕、郭汜的控制，结束了关中数年的恐怖与危机。

史书上说，"当初刘协进入关中时，三辅地区的户口超过几十万，自从李傕、郭汜互相攻战，刘协东归之后，长安城中四十多天没有人。强壮的人四处逃散，瘦弱的人相互吃掉，两三年间，关中缺少人迹"。传说中的"人吃人"看来是确有其事的。少年刘协亲身经历了关中的苦难，在朝廷被劫持的恐怖日子里，他谨慎处事，委屈求和，依靠自己的聪明应对了不少难题，协同东汉朝廷一起走出泥潭，希望在关东获得喘息。

0.2（2）士孙瑞的智识

在王允组织密谋集团对董卓实施斩首行动的过程中，他身边有一个重要的人物士孙瑞，士孙瑞参与了王允的行动，但没有王允那样的悲凉结局，他一直受到朝廷和同僚的尊重，其智识得到史家司马光的赞赏。

士孙瑞，复姓士孙，名瑞，字君荣。据《三国志·董卓传》引注《三辅决录注》所记，士孙瑞是扶风（今陕西扶风杨凌一带）人，家中世代都出身学门，他少年时就传承家业，博学通达，无所不晓，举孝廉出仕，其后成为朝廷高官。根据史书多处散记的资料，士孙瑞在188年底作为鹰鹞都尉，带兵在陈仓参加讨伐叛将王国的战斗，刘协为帝时任执金吾，负责朝廷的警卫与京城治安。191年迁都长安不久，他参与了司徒王允组织的反董卓密谋团队。

王允将士孙瑞调任为南阳太守，命令他率领一支军队出武关，与左将军杨瓒的另一支部队相配合，两支部队声称讨伐袁术，实际上是要伺机对正在赶往长安的董卓采取行动，若行动成功，他们就护卫献帝刘协回返洛阳。因为董卓制止了两支部队的这一行动，计划流产，王允遂将士孙瑞推荐为朝中的尚书仆射，主管朝廷尚书台，负责皇帝的文书奏章等事务。

192年春，关中连下了六十多天雨，士孙瑞和尚书杨瓒跟随王允去登台祭天，祈请天晴，他们再次说到谋诛董卓的计划，士孙瑞说："自从年底以来，太阳不出，阴雨连季，月亮侵犯执法星界，彗星连续出现，白天阴晦夜晚晴朗，阴阳错乱，雾气交侵，天象表明一种运数会很快结束，谋变的事会成功。时机不能推迟，您应当赶快动手。"王允赞同士孙瑞的意见，于是暗中结交了吕布，安排其为内应，开始实施对董卓的斩首。

谋杀董卓的计划，献帝刘协事先并不知道，当天董卓坐车到场后，王允和士孙瑞才向刘协作了秘密汇报，士孙瑞本来就负责皇帝的文书事务，他立即起草了杀死董卓的诏书交给吕布，让骑都尉李肃带领十多位勇士在宫殿北门配合吕布行动，当吕布在殿门前得手后，他又把准备好的免罪诏书派人驰马送到斩首现场，促使董卓的跟随者及警卫者放弃对抗，并迅速将事件通告宫廷内外，稳定了人心。斩首行动从推动实施到完成结束，都有士孙瑞的功劳。

然而，善于"变脸"的王允在斩杀了董卓后立刻端起了架势，他"多自夸伐"，夸大自己的功劳，同时感觉到自己成了朝臣中的最高权力人，不仅当场收捕了发出叹息的蔡邕，而且对其他人"每乏温润之色"。士孙瑞从王允的行为变化中看到了事情的复杂性，内心感觉到了不安，他索性不讲自己在斩杀董卓事件中所做的事情，把后台的功劳全让王允去占有。王允大概也乐于如此吧。在接下来的论功行赏中，吕布被授奋威将军，赐给符节，享受三公待遇，并封温侯。而士孙瑞的功劳在双方的你情我愿中被归在王允名下，他没有被封侯。

士孙瑞在王允的行为变化中看到了什么呢？他看到了王允掌政的极不稳固。自189年来，宦官张让——大将军何进——丞相董卓，现在又到了司徒王允，朝廷中的权臣像走马灯一样变换，国家政治三年间犹如翻烧饼反复无常。国家政权的奠基稳固需要一种海纳百川的大气派，需要除旧布新的大思路，而王允的"变脸"型人格注定做不了开拓性的事业，他的小肚肠很可能搞坏和丢掉已经到手的政治成果，因而，王允不可能是政治斗争最后的成功者，他只是一个过渡人，眼前的官场"烧饼"还得翻下去。看到这些，士孙瑞暗暗地吃了一身冷汗，为了避免自己在政局反复中充当他人的陪葬品，士孙瑞坚决地把自己在斩首行动中的功劳做了"封口"，王允要自夸功劳，随他去吧！好在密谋性的活动根本没有更多人知道内情。

士孙瑞同时明确告诉自己十五岁的儿子士孙萌：王允必败，京师不可居。他毫不犹豫地作出决定，让士孙萌带着家属离开长安，到荆州去投靠刘表。这反映了他对时局极端清醒的认识，表现了他在昏乱社会中超人的智识。几百年后的史家司马光组织人撰著《资治通鉴》，写到此处感叹说："《易》称'劳谦君子有终吉'，士孙瑞有功不伐，以保其身，可不谓之智乎！"对他的智识特意做出赞赏。

两个月之后，李傕、郭汜等人率十多万军队攻陷了长安，王允被杀，士孙瑞没有什么事儿，和其他公卿一样照常上班。其后他为朝廷三老、光禄大夫。每当三公缺位，士孙瑞常在被推举的人选中。朝中太尉周忠、皇甫嵩、司徒淳于嘉、赵温、司空杨彪、张喜等任职三公，大家都恭敬地拜让士孙瑞。非常可惜，士孙瑞在195年跟随献帝刘协离开长安东返，当年十二月到达弘农附近时，被乱军所杀。

刘协后来到了许都，他追忆在长安的艰难岁月和诛杀董卓的功劳，非常怀念士孙瑞，封他的儿子士孙萌为澹津亭侯。士孙萌，字文始，同样很有才学，与王粲是亲近的文友。士孙瑞做人低调、名气不大，但具有极高的智识，他们父子是关中扶风的英俊。

0.2（3）危难见忠诚的段煨

献帝刘协与众多朝臣在长安五年间一直想返回旧都洛阳，但在董卓之后受到李傕、郭汜的控制而无法实施。195年六月，驻守弘农的西凉军阀张济来长安调解李、郭二人的冲突，同时提出移都弘农的建议，弘农位于长安去洛阳的中途，刘协对张济的建议立即表示赞同。他们一行人于当年七月离开长安，与临行新封的骠骑将军张济、后将军杨定、兴义将军杨奉、安集将军董承，以及陪送的车骑将军郭汜，以及各自所带领的士卒一同向东行进，其间各人的心思不同，想回洛阳的人并没有亮出他们最终的目的，大家都往弘农行进。

大约一个月后，郭汜提出让刘协和朝臣们向北前往高陵，大家商议后仍难决断，刘协以绝食手段抗争，郭汜无奈妥协，决定先到附近的新丰县。《资治通鉴·汉纪五十三》《后汉书·董卓传》《三国志·董卓传》多处记述说，去了新丰后，郭汜又密谋想要胁迫大家返回西边的郿地，那是几年前董卓给自己修建郿坞之处。侍中种辑把郭汜的密谋告诉了大家，几位将军都不同意向西返回，他们在郭汜及其党羽高硕等人开始行动时，把刘协送到杨奉的军营保护起来，并合力冲破了郭汜军队的围堵，几天后走到了华阴县，遇到了在此驻守的宁辑将军段煨。

段煨，字忠明，武威姑臧（今甘肃武威市）人，名将段颎的同族兄弟。段煨原为董卓手下将领，在董卓撤离洛阳时奉命屯兵华阴，为阻挡关东的袁绍联军。据称，段煨在华阴驻军期间重视农耕，不让士兵抢掠百姓，维护了地方的安宁。当时他听说献帝刘协与朝廷一行到了本县，马上就送来粮食衣服及公卿百官需要的物品，并想迎接大家进驻他的军营。

随行的后将军杨定与段煨以前结有怨恨，他的党羽种辑、左灵等人声称段煨有反叛之心，不能去其军营。太尉杨彪、司徒赵温、侍中刘艾等人则坚持说："段煨不会反叛，我们愿意用性命做保证。"而董承、杨定胁迫弘农郡的监察官员督邮向刘协报告说，郭汜等人就在段煨的军营中。刘协心生猜疑，不敢去段煨军营，当晚在路边露宿。

杨奉、董承、杨定准备攻打段煨，让种辑、左灵向刘协讨要诏书，刘协说："段煨的罪行并没有迹象，你们就派人去攻打，还想命令我下诏书吗！"不管种辑如何请求，直到深夜，刘协仍不同意下诏书。杨奉他们领军攻打了十多天也没有攻克，这期间段煨供给朝臣们的饮食和御膳一直没有中断。刘协这时下了诏书，让侍中、尚书去告诉杨奉、杨定等人，命令他们与段煨和解，杨奉等人只好停战，奉诏回营。

刘协一行东行后，李傕、郭汜后悔放走了他们，这时又打着援救段煨的名义领兵追来，准备劫持刘协重回长安，而张济一路上与杨奉、董承不相和睦，这时又与老搭档李傕、郭汜打成一片，当刘协车驾十二月到达弘农时，他们三位一块追来，与杨奉、董承的军队大战于弘农东涧，双方死伤众多，尚书仆射士孙瑞正是在这里为乱军所杀害。

事实上，刘协的朝廷东迁回归，在弘农一带与各种势力进行了错综复杂的较量。华阴守将段煨出面迎接，他是出于真诚，还是谋图反叛，有两种截然不同的意见。刘协在情况不明时宁愿露宿路边，也不轻易进入其军营，同时也拒绝写出攻打段煨的诏书，他要避免误入陷阱，也不愿伤害真诚，关键时候表现了处置事情的高度谨慎。当他十多天一直受到段煨未曾中断的御物供应时，开始感觉到了对方的温暖之情和忠诚之心，于是立刻写了诏书，让杨奉等人停止进攻。在刘协那里，诏书是可以写的，但不能随便乱写，少年刘协在这里的态度和行为的确值得赞赏。

驻守华阴的段煨原是董卓的部属，但他与李傕、郭汜在根本立场上有明显的不同，他始终没有参与李、郭追击拦截朝廷一行的军事行动，在朝廷危难时候供给衣食御物，且从不间断，向他们奉献了自己最实际的忠诚。三年之后，曹操以朝廷的名义派谒者裴茂、都督段煨与关中诸将前往讨伐李傕，段煨的军队攻入其老巢黄白城，李傕兵败后被灭族，其首级传到许都示众。段煨被朝廷授予安南将军，调任镇远将军，北地太守，被封侯，又升为大鸿胪、光禄大夫，直到209年寿终正寝。这些荣誉职位表明了朝廷对他一生行为和功绩的肯定。

日久显人心，危难见忠诚。段煨怀着满腔热忱迎接逃亡中的朝廷一行，他受到冤仇者的中伤，因为出身于董卓部队，也曾受到刘协的猜疑，但段煨依靠他的忠心不二，经受住了中伤与猜疑的两重考验，联系他驻守华阴期间对老百姓的友好态度，能够看到他不同于西凉军阀的可贵品格。他后来受命讨伐李傕并取得完全胜利，更显示了他优秀的作战能力和一贯真诚国家的政治立场。段煨在史籍中出场不多，但却具有闪光的形象。

0.2（4）看不清的董承

献帝刘协从长安返回洛阳，有一位全程陪送的将军董承。董承抱定的目的地和刘协相同，他在东行途中付出了不少努力，而最终却没有好的结局。董承的事迹较有影响，但他的能力、品质、个人抱负和出身等许多方面都有看不清的地方。

董承开始是董卓女婿牛辅的部曲，后在李傕手下为将，195年七月被封为安集将军，随即与刘协一同东行。一块儿上路的还有骠骑将军张济、兴义将军杨奉、后将军杨定，以及陪送的车骑将军郭汜。据《资治通鉴·汉纪五十三》《后汉书·董卓传》等处所记，当年十月，一行人为行军路线发生争执，郭汜想让刘协与朝臣一行去高陵，旋又想让返回鄠地，董承、杨奉等人不同意，坚持往弘农方向行进，在刘协和朝臣们的支持下，郭汜堵截兵败后不得已去找李傕。

不久车驾行进到华阴县，宁辑将军段煨送来行程中最需要的粮食和御用物品，并请大家去他的军营休息。段煨的这一邀请，引发了同行队伍中未能预料到的矛盾分歧和连锁行为：①杨定因与段煨以前结有怨恨，他的党羽种辑、左灵等人声称段煨有反叛之心，不能去其军营。②太尉杨彪、司徒赵温等朝臣坚持说段煨不会反叛，他们愿意用性命担保。③董承、杨定胁迫弘农郡的监察官员督邮向刘协报告说，郭汜等人就在段煨的军营中。④刘协心生猜疑，不敢去段煨军营，当晚在路边露宿。⑤董承、杨奉、杨定准备攻打段煨，让种辑、左灵向刘协讨要诏书，要以诏书表明他们攻打段煨的正当性。⑥刘协拒绝在情况不明的情况下写出对段煨定罪攻打的诏书，十多天后他感到了段煨的忠诚之心，即写下了让停止攻打段煨的诏书，董承、杨奉等人只好停战回营。

这里就产生了一个问题：杨定等人因往日怨恨而中伤段煨，杨彪等人因以前熟悉而担保段煨，刘协因情况不明在猜疑段煨，这都情有可原，但董承究竟是什么原因让他站在了反段煨的立场上？那时候，他又是胁迫督邮谎报情况，又是派人索要诏书，亲自带兵攻打，为什么要不遗余力地与真诚的段煨相对抗？段煨出面后发生的事情并不复杂，为什么董承在关键时刻不能清醒地和刘协站在同一立场上？

接下来的事情是，李傕与郭汜借口救援段煨领兵前来，实欲劫持刘协西向返回。而张济因与董承、杨奉不合，亦率兵会合李傕、郭汜前来追赶刘协。张济原来说的是迁都弘农，刘协也是这样答应才得以离开长安的，现在到了弘农，大家因为行程目标问题已经公开摊牌了。双方于十二月在弘农东涧展开过激烈交战，杨奉、董承的军队力量不济，死伤众多。他们一方面假装向李傕等人求和，另一方面利用杨奉出身黄巾白波军的故旧关系，暗地里派人前去河东郡招纳白波军将领李乐、韩暹、胡才及南匈奴右贤王去卑，得到数千骑兵，合力大破李傕之军，斩首数千级，刘协车驾得以继续东进。缒渡黄河、到达洛阳即是其后的事情。

到了河东，摆脱了李傕、郭汜的追袭后，几位陪驾将领即闹起了意气之争，其中董承与韩暹的矛盾最为突出。董承、张杨想让刘协还洛阳，杨奉、李乐却不同意。韩暹在闻喜攻打董承，刘协让人制止。七月，车驾终于到了洛阳，刘协住在原中常侍赵忠的宅第。八月，朝廷为各位将军升职封官，安排韩暹、董承负责洛阳的禁卫和皇宫安全。《三国志·魏书·武帝纪》中记述，当时兖州牧曹操派曹洪带兵来洛阳勤王，卫将军董承与袁术将官苌奴凭险据守，曹洪无法进军。后来，董承觉得韩暹居功自傲、专横骄纵，就暗中联络曹操来勤王。曹操亲自领兵到达洛阳，他向朝廷奏报韩暹、张杨等人的罪状，韩暹恐惧逃走。刘协认为他们有护驾之功，诏令一切不用追究，而董承被封为列侯。

这里产生了第二个问题：董承有没有独霸朝政的企图？韩暹属黄巾军余党，中途加入行进队伍，董承与这样的人闹起了义气之争，到底是韩暹过于专横排挤了董承的朝中地位，还是董承不允许有他人染指朝政。因为没有事态具体内容的记述，无法确定两人间的是非，而从刘协下诏让对韩暹"一切不用追究"的态度看，似乎韩暹也没有大错；但董承、韩暹各自不善与人合作共事的事实还是清楚的。另外，董承先前并不打算让曹操的军队进入洛阳，而为了驱逐韩暹，暗中邀请了曹操，他要借曹操的力量排除异己，且很快就达到了目的。但如果他是要借此实现自己独霸朝政的企图，在此就不能不为他的智商着急。曹操在洛阳被封为司隶校尉，录尚书事，他即开始实施迁都许地的计划，董承只能无条件跟随去许都，他大概连表态发言的机会也没有。

李乐、韩暹等白波军将领，在渡过黄河之前帮助董承、杨奉他们打败李傕军队后不久，李傕等人又率军追来，双方展开了更大的冲突，朝廷一方处于不利境地，当时虎贲羽林不足百人，皆有离去之心，已经没法与对方交战了。当天晚上董承、杨奉等人历尽险难，让主要人员偷偷过了黄河。史书上说：刘协过河时"同济唯皇后、宋贵人、杨彪、董承及后父执金吾伏完等数十人"。第二天刘协坐牛车到了安邑（今山西运城夏县），先后收到了河内太守张杨送来的贡物食品和河东太守王邑送来的衣料。刘协派使者去河西与李傕郭汜讲和，让他们放遣晚上未及过河的公卿百官，并归还所掠去的宫人与乘舆器物。

这里产生了第三个问题：从过河人员上看，刘协的女眷当时只有伏皇后、宋贵人，而没有董贵人。董承后来成了刘协的丈人，200年发生"衣带诏"事件，可见他把女儿嫁给刘协，是发生在一到许都的四年间，是在曹操控制朝政之后。那时候，曹操对朝廷控制到什么程度，董承应是亲眼可见，不需要别人诉说介绍。他在自感曹操专横无度的背景下，把女儿嫁给刘协为嫔妃，是看中刘协并为了女儿的幸福，还是另有借此实现自己政治抱负的企图？

与上面问题相联系的是，董承199年在许都升任车骑将军，可以开府。《资治通鉴·汉纪五十五》中说："董承称受帝衣带中密诏"，据此联络了左将军刘备、偏将军王子服、长水校尉种辑、将军吴子兰，想要密谋诛杀曹操。刘备当时并无自己的势力，董承依靠这些人能够成事吗？几年前司徒王允在长安组织了对董卓的斩首行动，有武将吕布的参与，事成后尚且被李傕等人翻盘，曹操没有董卓那样的恶行与民愤，他的集团势力和个人精明都胜过董卓好多，怎能不顾后果出此下策？而且，资质聪明的刘协会写下一个毫无实现把握的杀曹诏书给自己留下受追究的把柄吗？事实上，董承始终没有把诏书拿出来让人看，他只是对人"宣称"。200年初事件被曝出后，董承密谋集团中身在许都的人全被曹操杀害并灭族，有孕在身的董贵妃也未幸免，但对刘协本人却并未牵连，这样的处置，使人们有理由怀疑所谓"衣带诏"只是董承自作聪明的一个假托。

还有另一个问题：董承是出身凉州兵的将领，陪送刘协回洛阳前一直在牛辅、李傕手下干事。《三国志》的注者裴松之在《蜀书·先主传》中提到该人时自注："董承，汉灵帝母董太后之侄"。此处没有引用任何资料。董太后的侄儿在汉灵帝时期应该属于皇亲贵戚，何以能在边军牛辅的手下做事，而西凉军中的将校也大多都是他们本地人。一个出生河间国的贵戚大老远去凉州边境做军队中的将校，总是不大现实的，人们因此会怀疑裴松之这条独注的可靠性。既然董太后的籍贯不适于董承，那他就不一定是冀州河间（今河北献县）人了，他到底是哪儿的人？总之，那位颇有影响的董承，他身上有许多看不清的东西。

0.2（5）被忽悠了的杨奉

陪送献帝刘协走完返洛全程的还有一位将军叫杨奉。杨奉原是黄巾将领，黄巾军被官军打败三年后，其余部于188年在西河白波谷（今山西襄汾永固镇附近）再次起事，号称白波军。杨奉是白波军的重要将领，曾与董卓属下的牛辅部队长期作战，后来投降凉州军阀李傕，并跟随李傕进入长安。195年六月，杨奉与军吏宋果谋杀李傕，事泄未成，遂领军反叛。当年七月被封为兴义将军，随刘协与朝廷官员离开长安一同东行，和安集将军董承一样，杨奉一直陪送刘协至196年七月到达旧都洛阳。

据《资治通鉴·汉纪五十四》《后汉书·董卓传》《三国志·董昭传》等处所记，刘协车驾到达洛阳，即为几位将军升职，封安国将军张杨为大司马，杨奉为车骑将军，韩暹为大将军，领司隶校尉，都被赐予代表天子权威的符节和黄钺。他们安排韩暹、董承二人留守洛阳，负责保卫洛阳与皇宫的安全，张杨返回野王，杨奉驻军梁地（约今汝州西部）屯兵守卫京师。

几位将领未到洛阳就互相疑忌，留守洛阳的董承觉得韩暹专横骄纵，暗中联络兖州牧曹操来京城，他是想借此排挤韩暹。曹操率兵八月到达洛阳后，即向朝廷上奏韩暹的罪状，韩暹恐惧之下，单人匹马奔投了梁地驻军的杨奉，曹操被刘协封司隶校尉，录尚书事。曹操本想把刘协与朝廷迁到自己占有的地盘上，但碍于杨奉军队在梁地的守卫，一时没法行动。

当时有一位济阴郡定陶才士董昭，数月前在刘协到达安邑时奔投了朝廷，被任为议郎，他慕名曹操，多次暗中替曹操广结人脉。董昭认定朝廷几位将官中杨奉的兵马最强，但缺少外援，就以曹操的名义给杨奉写信，大力称赞了杨奉护送天子的功劳，并说："我与将军相互倾慕，将军应当在朝廷主持事务，我则作为外援，如今我有粮草，将军有兵马，互通有无，足以相辅相成，我们生死与共，祸福同当。"杨奉接到信后十分高兴，对其他将领说："兖州的军队，近在许县，有兵有粮，朝廷正可以倚仗他们。"于是诸将联名上表推荐曹操担任镇东将军，并承袭他父亲曹嵩的费亭侯。董昭所做的这些事情，曹操当时并不知道。

到洛阳后董昭被改任掌管文玺虎符的符节令。曹操到来后请董昭坐下说话，征询他对后续事情的意见，董昭告诉他："现在洛阳的各位将领，都有自己的打算，未必服从您。如今留在洛阳辅佐朝政，做事情不方便，只有请天子移驾到许县才最好。"曹操同意这一设想，但表示最担心驻军梁地的杨奉会阻拦迁徙。董昭把前面代笔给杨奉写信一事告诉了曹操，并说："任命您为镇东将军、封费亭侯的事情，都是杨奉的主意。"

针对杨奉缺少外援党羽，喜欢与各方交往的心理特点，及与曹操已经具有良好关系的现状，董昭提出了解决迁徙问题的两条策略：一是，立即派使者给杨奉带去重礼表示感谢，使他高兴和安心。二是，告诉杨奉洛阳无粮，想让朝廷暂时去鲁阳过渡一下，鲁阳运输便利，可以解决粮食匮乏问题。董昭还告诉曹操说："杨奉这个人有勇无谋，一定不会疑心，在使者往来期间，事情就已经办成了。"曹操听了非常高兴，立即实施董昭所提的两条策略，同时安排刘协的车驾东出轘辕关，很快在八月底就到了许县，改称许县为许都。刘协到达曹军营寨后，任命曹操为大将军，封武平侯。并在许都建立了祭祀皇家祖先的宗庙与汉家社稷，完全做出了一种长久留驻的打算。

在这里，董昭是献帝刘协任命的朝廷官员，但他以自己熟悉朝内情况、谋事精准无误的特点，为初到洛阳的曹操献上了最完美的行事方案，其明确的目的是要摆脱董承、杨奉等人对朝廷的把持，把国家政治放在曹操的控制下。他似乎并没有征求皇帝刘协的意见，就对朝廷的政治立足点做出了具有决定意义的选择方案，他大约认为，在当时天下众多割据势力中，只有曹操的价值理念才与朝廷的生存目标具有最大的契合性，而只有曹操的行事能力才能最大程度地实现朝廷的生存目标。适逢曹操政治集团的快速上升时期，这可能代表着当时大多数有为士人的基本认识。

董昭对杨奉的前后行动安排，包含对杨奉的两次蒙混与忽悠：第一次，他以曹操名义给杨奉写信，换来了杨奉对曹操的感激和信任。董昭知道，杨奉作为最有势力的朝臣，在当时朝廷政治运作中占有较大的影响力，因而在曹操毫不知情的情况下就为他在杨奉那里截获到了极其有利的政治资源。第二次，为了实现迁都许县的计划，他让曹操向杨奉虚告关于迁徙行动的目的和目的地，把真正的目的地掩盖起来，用暂去鲁阳就食的说辞来蒙混迁徙许县。鲁阳在今河南鲁山，因为从洛阳到许县，一开始走着与去鲁阳同样的路线，这就能无所阻碍地混过杨奉在洛阳之南的屯兵地。董昭让曹操在忽悠杨奉时送给他重礼，名义上是感谢此前的抬举提职，实际上则是买他高兴，强化他对友好关系的认可，使他在浓厚的人情面前丧失正常判断力，保证第二次忽悠的成功。果然，曹操的军队护卫着朝廷一行顺利通过了杨奉屯兵的关卡。当队伍过了鲁阳继续向许县前行时，杨奉可能察觉到了曹操迁徙朝廷的最终目的，史书上说："杨奉自梁欲邀之，不及。"他发觉后组织兵力邀击曹军，已经追之不及，难以阻遏了。董昭的方案取得了完全的成功。

过了两个月，即196年十月，曹操率领军队征讨杨奉，杨奉与韩暹兵败后向南投奔袁术，曹军攻拔了杨奉在梁地的营寨。197年春，杨、韩二人受派遣跟随袁术大将张勋去徐州一带攻打吕布，而在吕布的挑拨拉拢下，二人又领军队反打张勋，致使袁术这支部队全军覆没。由于吕布事后没能兑现提供粮食的承诺，他们二人又暗中联络刘备，想与驻军小沛的刘备联合起来攻打吕布。刘备假装同意，邀请杨奉来小沛城中商议，在酒宴之间，刘备安排人捆绑了杨奉，将其斩首。被董昭曹操忽悠之后，杨奉其时已沦落成了只知抢掠为生而毫无政治立场的匪寇，他再一次被刘备忽悠掉了性命。

0.2（6）好人张杨

献帝刘协从长安返回洛阳，一过黄河就遇到了河内太守张杨，立刻得到了物质上和军事上的有力支持。张杨两次出面，积极协助朝廷返回旧都，而与一路护送刘协的其他将领迥然不同，他并不谋求个人在朝廷中的权位。考察《三国志·张杨传》《三国志·吕布传》《三国志·董昭传》《资治通鉴·汉纪五十四》多处记述中有关张杨对人对事的行为态度，可以看到他是乱世中难得的好人。

张杨，字稚叔，并州云中（今内蒙古托克托东北）人，早年因武勇过人被并州刺史任命为掌领州内兵事的武猛从事。灵帝刘宏188年在京都设置西园八校尉，想让宦官蹇硕统领，为此征召天下豪杰用为偏将。并州刺史丁原派遣张杨去应征，蹇硕任张杨为代理司马。189年刘宏去世后，何进杀掉蹇硕，派张杨去并州募兵，张杨征召到千余人，留在上党（山西东南部）围剿贼寇。董卓掌控朝廷后，张杨领兵攻打上党太守，未能攻克，遂在各县骚扰活动，队伍发展到几千人。190年，山东各地起兵讨伐董卓时张杨与袁绍合作，在河内郡一带对付匈奴单于於夫罗，并与度辽将军耿祉交战，势力有所发展，朝廷封他为河内太守。

在上述多年的活动中，张杨似乎表现出了善于服从上司指令的性格特点，对丁原、蹇硕、何进都是如此，他在蹇硕军中代理司马时，应与中军校尉袁绍非常熟悉并受到影响，后来他与袁绍合作，又与董卓的朝廷相对抗，都是这一特点的反映。他在河内太守之任上历经过诸多事情，都体现出了他本有的为人心性。

（1）聘用董昭。定陶士人董昭原在袁绍手下干事，因为弟弟董访在敌对的张邈军中任职而受到中伤，袁绍准备治罪，董昭于是悄悄离开，想去长安刘协的朝廷求职做事。他专程到河内郡，想托张杨把自己此前任职魏郡太守的印绶转交袁绍。张杨见到董昭，应该是非常敬佩吧，马上拜他为骑都尉，想给自己留用，他对董昭非常尊崇。行伍出身的太守见到一位才俊之士，一种无法掩饰的倾慕之情立刻展现，至于袁绍的追究怨恨已经顾之不及了。

（2）结好曹操。当时曹操自领兖州牧，他派使者到河内郡，想让张杨借道西往长安，建立与朝廷的联络关系。大概是因为没有得到袁绍的准许吧，张杨竟不同意。董昭对他讲："袁绍和曹操必然走向对抗，曹操现在虽弱，但的确是天下英雄，因此要结好他。现在正好碰上机会，他要通过我们这里上达朝廷，我们不妨上表荐举一下，事情如果成功，将来会是深重情分。"张杨于是同意了曹操的请求，并顺便向朝廷上表荐举曹操。事后张杨派使者到兖州告知曹操，曹操知道后送给张杨财物珍玩，开始与朝廷和西方诸侯经常往来。

（3）救援吕布。张杨和吕布都出自丁原门下，两人早先就认识。吕布在长安斩杀董卓后，张杨大概是多少消除了对吕布背叛丁原的芥蒂吧，关键时候给了对方应有的保护和援助。吕布192年六月在长安被李傕、郭汜打败后出关投奔袁术、袁绍，因为都不得意，遂去河内投靠张杨。当时李傕、郭汜向各处发布通告购买吕布的人头，张杨手下的将官受到李傕的特别传话，都想图谋对吕布下手。吕布听说后对张杨说："我和你是同州老乡，你杀了我没多大作用，不如把我出卖了，可以得到李傕、郭汜的奖赏和封爵。"张杨表面答应李、郭的请求，实际把吕布保护了起来。李、郭没有办法，大概是怕张、吕联合起事吧，其后发来大封皮的诏书，任命吕布为颍川太守。过了几年后，198年时曹操在下邳城围困了吕布，张杨还保持着与吕布的交好关系，他没有办法直接去救援，就率军前往东市，与吕布遥相呼应，试图吸引曹军分兵，减轻下邳城的压力。

（4）匡助朝廷。195年十二月，献帝刘协与朝廷一行人在杨奉董承等将领的护送下渡了黄河，到达安邑。张杨听到消息后立即从野王县（今河南沁阳）带着数千兵将赶来朝见，他送来大批的粮食和御用物资，并布防安邑和献帝刘协的住所，与朝臣商议将车驾送到洛阳，但几位跟随的将领不肯听从，他没有强迫这些将领，自己又返回了野王。196年正月，大约是回到野王一个月之后，随驾的董承受到韩暹的攻打，前来投奔张杨，张杨让董承先回洛阳修缮宫室，他带着粮食在半道上迎奉车驾，将刘协一行送到了洛阳。

张杨在安邑朝见刘协时，被封为安国将军，假节，第二次陪送到洛阳，受封为大司马，他是随同各位将领一同被提职的。到达洛阳后，他提出了两个要求：自己护驾有功，又安排人回洛阳修建宫室，因此这幢建筑应称为"杨安殿"。同时他还说："天子是天下百姓的天子，朝廷自有公卿大臣辅佐，我不必留在朝廷，应当在外面守卫京师。"于是留下带有个人标记的宫殿，主动回到了野王。

（5）宽容叛将。据称张杨"性仁和"，讲究仁慈亲和，没有威严残酷的刑罚，如果下属有人谋反，被他发觉，他会对着叛将痛哭流泪，总会给予原谅，并且不再过问。198年，他为了配合吕布防守下邳而出兵东市时，部将杨丑要配合曹操的军事行动，就在东市刺杀了张杨。古人讲"慈不掌兵"，张杨的仁慈，养成了部将的凶悍放纵，导致了悲惨的结局。

张杨以勇武过人而从军，又因仁慈掌兵而被害。他服从上司，忠诚朝廷，善以亲和之心待人，讲求朋友义气，在大乱之世谨守本分，没有个人野心，可以算作一位好人。

张杨也曾结好过曹操，但196年八月曹操一到洛阳，就向献帝刘协上奏韩暹与张杨的罪状，当时韩暹的罪错当然是杨奉所提供，而远离朝廷的张杨，他的罪错只能是因为对袁绍一贯的听命服从而引起。面对曹操的奏书，献帝刘协当即表态，韩暹张杨有护驾之功，对他们以前的事情不必过问。张杨虽然被弹劾有罪，但因为无所欲求，没有野心，关键时候还是得到了来自上司的保护。好人张杨没有个人强烈的政治目标，他无法在故旧关系与现实利益两者的纠纷中实现平衡，只能听任外在力量的摆布。

在出兵东市声援吕布时，杨丑刺杀了张杨以应曹操，不久，另一部将眭固又杀了杨丑，带领张杨部下准备投奔袁绍，由此可见张杨军队中外部政治力量渗透的严重性，以及派系斗争的尖锐性，这样的部队是无法实现任何政治任务的，这种状况大约与张杨长期以来的政治无欲相适应，也是军队主导人物没有政治目标的必然结果。

据相关资料说，曹操不希望这支部队投奔袁绍，就派遣将官史涣带领大队人马去截击。眭固正好领兵屯于射犬（今河南修武西南），眭固，字白兔，当时有个巫师告诉他："将军字兔，而此邑名犬，兔见犬，其势必惊，应该赶快离开。"眭固没有在意，被突然赶到的史涣军队包围击溃，眭固被杀，张杨的部队全部被曹军收编。事实上，没有政治目标的部队，几乎不可能有像样的军事训练，张杨的部队应是没有作战的经验和技巧，不懂危机时候的必要防御。曹操肯定不会让他们投奔袁绍，无论眭固屯兵或行进于何处，曹军都要把他们消灭收编。难道屯兵地叫作"吃草"，"白兔"眭固就能取胜吗？其实这与地名无关，是军事素质决定了双方冲突的必然结局。

0.2（7）危难时想到了吕布

献帝刘协与朝廷一行人自长安返回洛阳，于195年十二月渡过黄河，到次年七月方才到达，因为护送的几位将领间意见不合，负气相争，加之久战地区筹备粮食物质很不容易，为了确保返回旧都而不过于耽误，在当时极端困难之时刘协想到了吕布，写信召他前来护驾。

据《三国志·吕布传》引注《英雄记》所述，刘协一行到达河东后，朝廷用手写的标准字体致信给吕布，请他前来迎驾。吕布自192年六月在长安被李傕、郭汜的部队打败后即离开关中，去了山东。他先后投靠过三四人，后来谋求自己的独立发展。朝廷大约并不知道吕布当时的确切信息，希望他来护驾救困，但吕布当时正在徐州、下邳一带与袁术、刘备等对峙争斗，而且各家都严重缺粮，吕布无法抽身前往迎驾，于是他写了回信，派人送达朝廷，大概是说明情况，婉言辞谢，顺便也表达一番忠诚之心吧。朝廷收到吕布的回复书信后，任命他为平东将军，封平陶侯。

吕布在189年八月跟随董卓开始接近朝廷，到长安一年后又追随司徒王允杀掉董卓，被任奋武将军，封温侯，参与朝政，不到两月即逃离长安。刘协及朝臣与他有不多的接触，似乎没有不良的印象，大家知道他思想单纯些，但武艺高强，做事果敢，在返洛行程踌躇不前的时候想借助他的力量。尽管当时吕布没有前来，但朝廷似乎宁愿保持双方的关系。当时送给他的将军和侯爵封号都挺有意味：平东将军，是不常设的名号，应该表达了朝廷对吕布在关东地区军事活动的某些期冀。平陶在今山西文水县境内，距离朝廷当时的驻留地不远，将平陶作为其封地，虽然吕布当时得不到来自封地的实际的利益，但朝廷还是希望他能特别关注这些地方，留意朝廷的所在，颇有一片苦心。

非常不幸，朝廷给吕布所封将军和侯爵的文字凭证，使者在通过山阳界时竟不慎丢失了。山阳在今河南焦作东，或今山东金乡县附近，当时军阀割据，关卡较多，过界需要持证，盘检复杂，丢失了的东西再返还寻到是不大可能的。吕布知道朝廷给自己所封的名号和侯爵，但没有看到过，他应该是一直惦记着这事情。

过了大约一年，吕布在徐州仍然和袁术、刘备等纠缠不休，他听了陈珪的劝告，想与许都的曹操建立联系，随即派人去见曹操。曹操为了利用吕布牵制袁术，这次对吕布非常客气。使者说起上一年未能迎驾及丢失了朝廷封任凭证的事情，曹操即让人重新手写了封任证书，以朝廷的名义补送给他，并发诏书让吕布想法收捕袁术、杨奉、韩暹等人。曹操在半年前刚把朝廷迁徙到许都，这次发觉吕布非常看重朝廷的封任书，更加印证了朝廷在天下政治格局中的价值，也感到了自己迎接朝廷来许都的意义，他是非常自豪的，就慷慨地把吕布看重的东西补发给他，又以皇帝名义托付他对付袁术的作战任务。

吕布拿到将军和侯爵的文字凭证后非常高兴，他给曹操回信说："我是有过错的人，感谢你做出的慰劳和褒奖，诛杀贼首是我的本分，诏书让收捕袁术等人，我一定拼死效劳。"他又让使者给朝廷带去书信说："我本来应当迎奉大驾，知道曹操是一个忠孝之人，现在他在许都保护陛下，我就在外面守卫吧。我以前与曹操有过交战，如果带军队来许都守护，恐怕引起嫌隙和不便，所以我目前驻守徐州，后面如何行动将听从朝廷指令。"吕布对袁术此前一直保持既合作又抗争的矛盾态度，拿到皇帝的诏书后才基本下定了放弃合作的一面。他特别欣喜于朝廷对他的任命和看重，对上年未能及时迎驾似有歉意，而对曹操这次在其中发挥的作用当然是真诚感谢的。

一看吕布对来自朝廷的东西非常欣喜和激动，曹操派朝廷执掌皇帝乘舆的奉车都尉王则去徐州，带着诏书与刻就的平东将军印绶送给吕布。曹操还专门写信告诉他："上次在山阳界丢失的文字凭证之外，还应该有印绶补送。现在朝廷没有好金，我取自己家里的好金为你刻印；朝廷没有紫绶，我把自己所带的紫绶取来用上，这样我才觉得称心。现在袁术自称天子，他不会允许你与许都往来通使。朝廷信任你，这次派使者来送印相见，是要表明真诚。"吕布收到印绶和书信，派徐州名士陈登奉章谢恩，并用一段上好的绶带答谢曹操。

当时朝廷的高级官员讲究金印紫绶，用成色好的金子刻印绶，并配以紫色的丝带，这是身份高贵的象征。曹操为了笼络吕布，为他制定了印绶，派皇帝身边的工作人员作使者送去，同时附信说明，金料与紫绶都是本人的私家之物，用于表达对接受人的敬意。当时战乱年代，朝廷初到许都，府库没有好金与紫绶，可能是真实的情况；而曹操把自用私家之物的事实明白地告诉吕布，就是要让欣喜于虚荣与形式的吕布，在许都得到最大的满足，忘记昔日与自己在兖州交战的芥蒂，真正实现对许都朝廷的心理归属，以便结成反袁术的统一战线。从吕布的答谢反应和后来的现实行动看，曹操的目的应是达到了的。

刘协的朝廷在返回旧都时的危难关头想起了吕布，曹操在对付僭号称帝的袁术时也想起了吕布。前者是真诚的期盼，后者则是包含虚浮成分的诱惑利用。在196年起始的建安时代的初期，吕布集团在当时天下政治格斗的棋盘上不是一种无足轻重的力量。而事情当事人过分注重虚荣和形式的方面，往往看不清真实与虚假的区别，分辨不出自己真正的机会所在，难免留下一串惋惜。

0.2（8）东行同路不同归

195年六月，屯兵弘农的凉州军队将领张济来长安调解李傕与郭汜的冲突对峙，提出让献帝刘协和朝廷迁至弘农，弘农郡治在今河南灵宝境内，处在从长安到洛阳的中道上。一心想返回旧都的刘协为了摆脱李傕的挟制，对张济的提议表示赞同。同年七月，冲破千难万阻，刘协的朝廷在西凉军几位将领的陪送下离开长安向东行进，临行特意给几位将领封予名号，提升了官职。行程中历经许多坎坷磨难，196年七月终于到达洛阳。

事情过后可以发现，随同刘协从长安出发的人，与陪同刘协进入洛阳的人物是大有不同的，一年中发生的事情改变了许多人物的人生轨迹。看看几位主要人物的最后归宿，可以感受到人生同路而不同归的命运。

郭汜 他在长安时被封为车骑将军，一同行进到弘农附近时要求改变行程路线，提出前往高陵，旋又想西返郿地，挑起了纷争。他在弘农东涧抢掠了御物与宫人，劫持刘协没有成功后回军，被部将伍习所袭，死于郿，部众为李傕所并。

李傕 他在刘协一行离开长安时没有随行，自己引兵出屯池阳（今陕西三原），大概是要留守和保卫关中吧。但在东行队伍行至弘农发生内讧时，他领兵前来协助郭汜，在黄河西岸两次冲击朝廷一行，试图劫持车驾西返。刘协等人缒渡黄河后，李傕返还了抢掠的人员和御物，他退守自己在池阳的屯兵地黄白城。197年，曹操控制的朝廷派谒者仆射裴茂率段煨等将领前往池阳讨伐李傕，李傕兵败后被灭族，刘协发诏让将其首级传到许都，高悬示众。皇帝当年在长安被劫持至北坞军营受尽委屈，当时隐忍未发，借此平息了一腔愤怒。

张济 他在长安临行被封为骠骑将军，开府如三公，迁往弘农的意见是他提出的，当然包含着他的个人私心。大家一块儿走到弘农时，刘协一行并没有停止驻留的意思，行程目的地的分歧由此公开化，张济自此站到郭汜、李傕的一方，参与武力劫持朝廷的行动。劫持未成后张济回军，196年他因军中缺粮，出兵到荆州刘表统辖区南阳掠夺，攻打穰城（今河南邓州）时中流矢而死，侄儿张绣接管了部队，197年在宛城（今河南南阳宛城区）大败曹操军队，199年九月又投降曹操。张济夫人邹氏为曹操所纳。

段煨 他是受董卓安排一直驻守华阴县的凉州军将领，受封宁辑将军，在地方上有政绩和民望。听说天子车驾到达华阴，即送来粮食衣服及公卿百官需要的物品。当他邀请大家进入自己军营时，受到冤家的中伤和刘协的猜疑。在被几位将领联合攻打十多天的日子里，始终没有中断对朝廷的物资供应，刘协下诏让将领们停止攻打。朝廷一行继续东行后，段煨没有跟随，继续留驻华阴。197年他在朝廷命官裴茂的统领下前往池阳，攻入黄白城，消灭了李傕的势力，被朝廷授予安南将军，调任镇远将军，北地太守，被封侯，又升为大鸿胪、光禄大夫，安享晚年，209年去世。

杨定 他原是董卓的部将，在长安时是郭汜的追随者，随刘协离开长安前被封为后将军。走到华阴县，宁辑将军段煨请求大家进入军营，杨定因与段煨早先不和，遂与种辑等人诬蔑段煨谋反，并且联合几位将军一起攻打，十多天后被刘协制止。其后李傕等人不断追袭抢掠，杨定大概在两派争斗中不好站队，或者对返洛行程失去信心吧，他想离开队伍回到蓝田，被郭汜军队阻止，后来逃到了荆州，从此下落不明，据说被刘表的军队追袭致死。

杨奉 他在长安临行被封为兴义将军，当郭汜等将领在弘农附近纠缠相阻时，他暗地派人去河东郡召来白波军将领李乐、韩暹、胡才及南匈奴右贤王去卑，得到数千骑兵，与郭汜一伙对抗。到洛阳后他升任车骑将军，驻军梁地（约今汝州西部）守卫京师。曹操在196年八月底借口暂去鲁阳就食，以蒙骗手段通过他的驻地迁都许县，其后攻拔了他在梁地的营寨。197年他与韩暹投靠袁术，又投吕布，为军粮在四处抢掠，当年十一月被刘备诱杀。

韩暹 他是在中途黄河西岸受杨奉邀请参加行程的白波军将领，过黄河后在安邑被封为征东将军。路途中因意见不合，曾攻击和赶走董承，本人陪送刘协到洛阳后升为大将军，受命与先期到达的董承守卫京城与"杨安殿"。曹操到达洛阳后上奏他的罪状，他恐惧投奔梁地杨奉，次年跟随投靠袁术、吕布。杨奉被刘备诱杀后，他孤掌难鸣，带十多名骑兵逃向并州，途中被杼秋（安徽砀山县东）县令张宣所杀。

胡才 他是在中途黄河西岸受杨奉邀请参加行程的白波军将领，过黄河后在安邑被封为征西将军。196年因将领间意见不合，他准备进攻韩暹，为刘协所阻。胡才后来留在河东，为怨家所杀害。

李乐 他是在中途黄河西岸受杨奉邀请参加行程的白波军将领，过黄河后在安邑被封为征北将军。刘协一行自安邑继续东行，李乐仍留河东，约一年后因病而死。还有匈奴右贤王去卑，曾与李乐同来协助抗击李傕追兵，其后没有跟随去洛阳，也返回河东原地。

张杨 他受何进之命回并州募兵，在上党一带取得地盘后被朝廷任命为河内太守。献帝刘协与朝廷一行在195年十二月到达安邑，张杨立即前来迎驾，并提供了物质上的支持，其后返回野王（今河南沁阳）。不久随驾的董承受韩暹攻打前来投奔，他让董承先到洛阳修缮宫室，自己再去迎奉车驾，陪送刘协一行直到洛阳，先后被封为安国将军、大司马。他要求把洛阳新建的宫室命名"杨安殿"，本人仍回野王驻守。198 年为声援被曹操围困于下邳的吕布而出兵东市，被部将杨丑谋杀，另一部将眭固杀死杨丑，试图挽救局面，但被曹操军队击败，部众为曹军收编。

董承 他在长安临行被封为安集将军，在河东受韩暹攻击投张杨，曾先期到达洛阳修建"杨安殿"，被封车骑将军，与韩暹留守洛阳。阻止过曹军进京，在与韩暹无法合作时邀请曹操来洛阳，旋随朝廷迁于许都，其间将女儿嫁给刘协为贵妃。199 年他称自己有一份刘协所写让杀掉曹操的"衣带诏"，暗中联络了四五人筹划起事，被曹操发觉后处死并灭族。一同从长安返回的长水校尉种辑也被杀。

伏完 他的女儿于 195 年四月被献帝刘协立为皇后，本人即升任负责朝廷禁卫的执金吾，一直跟随刘协走完了从长安到洛阳的整个路程，官拜辅国将军。随迁许都后，他奉上印绶，大概是为避免与朝政执掌人曹操的冲突吧，改任中散大夫，迁屯骑校尉，209 年去世。据说女儿伏皇后在他生前写密信让想法杀掉曹操，伏完一直没有任何行动。214 年伏氏的图谋泄露，宗族一百多人全部被杀，一起走过返洛行程的伏皇后也未幸免。

东行同路不同归的事实，蕴含着观察世事的多种视角。不难发现，刘协一行人物东返洛阳的活动，是其中核心人物个人愿望的实现，但对后来天下政局的演变产生了重要的影响。曹操集团在国家政治棋盘中地位的跃升，及诸多政治集团间相互关系的偏转，正是产生于这一活动之上。上述十余人物人生的结局都与东行活动有直接或间接的关联，只不过当事人当时并没有认识到这一点，这是历史大势影响个人命运的曲折反映。同时，通过相互对比能够看到，在整个东行路途上，各位大约走着同样的路程，吃着几乎同样的饭食，但个人立场不同，心思不同，在关键时候就会立刻做出不同的选择，几位陪送将领的分歧冲突正源于此，粮食和物品供应不足的外在困难在此反而不是主要的问题。还能看到，同行队伍中因思想认识不一而发生过几场内讧和冲突，这些事件考验着人的品格和意志，上述十余人物的心性正是在各种事态的冲突变化中展现出来，他们的人生结局与关键时候的个人选择大约有直接关联。另外，杨彪、赵温等一批五年前来自洛阳的旧臣，以及伏完父女，东行时怀着和刘协同样的心情，他们在一年中与刘协最为配合，一直走完了整个行程。但一年的路程只是人生的一个阶段，无论任何特殊的人物，在动乱和变化的年代都始终需要有足够的警惕和智慧。

0.2（9）贾诩去了哪儿？

李傕、郭汜打进长安开始控制朝廷时，把为他们立下大功的贾诩荐举给朝廷担任尚书。贾诩任职期间因母丧曾离开朝廷一段时间。据《三国志·贾诩传》及引注所记，贾诩应是其后返回长安，在李、郭二人城内争斗时，他被李傕聘任为宣义将军。李傕劫持刘协与朝廷到北坞军营时他作过劝谏而未起作用；羌胡士兵窥探宫室想要抢劫宫人时，他奉刘协之命用策略手段排除过险情。那么，贾诩既然仍在献帝刘协身边活动，那刘协与朝廷一行从长安返回洛阳时，他去了哪儿？

从史书提供的资料看，贾诩参加了这一行程，大概因为队伍中成分复杂，各人心思不同，加之本人低调处事吧，他一直充当着不去出头、默默无声的人。在过了华阴，李傕、郭汜一伙在弘农东涧劫掠了司徒赵温、太常王伟、卫尉周忠、司隶荣邵等人准备杀掉时，贾诩才出面对李傕说："他们都是天子身边的大臣，你为什么要加害？"李傕这次听了他的劝告。

贾诩跟随刘协一行向东行进，路过段煨驻守的华阴不久，他离开了大队，留在了段煨处。贾诩是段煨的同郡老乡，早年他被反叛的氐人拘执时就假冒太尉段颎的外孙糊弄氐人避免了加害，段煨是段颎的族弟，贾诩与段煨年龄接近，都出身于凉州军，两人应该早先认识。段煨驻守华阴数年，民望不错，贾诩是想在这里找到他新的干事之处。他离开长安出行时就上交了朝廷的印绶，可见他留住华阴是早有准备的。不知道在董承、杨奉、杨定等将领率军攻打段煨军营时贾诩采取了什么态度，只知道他什么都没有说，在杨彪等人对段煨的忠诚出面作担保时，贾诩甚至也没有参与这一行动，他大概想让刘协等人从事情的客观进展中自己去得出结论。而事情过后，他留在了华阴段煨的军营，脱离了东行队伍。

贾诩一直就是知名人物，在凉州军中颇有声望，为段煨的将士所倾慕，大家对他的到来非常高兴。在刘协一行过了黄河继续东行后，贾诩还把他的妻子儿女迁到了华阴。然而，时间一长，贾诩感觉到了新的问题：就是段煨心生恐惧，他怕贾诩取代了自己在军中的地位。

段煨的恐惧情绪使贾诩深为不安，如何解脱这一困局呢，贾诩想到了正在统领凉州军另一队伍的张绣。张绣是驻守弘农的镇东将军张济的侄儿，张济在长安出发前升任骠骑将军，他没有在弘农截留下献帝刘协一行，近前领兵去南阳收掠军粮，在攻打穰城时阵亡，部队正由侄儿张绣统领。张绣此前在长安与贾诩有过深交，在李傕劫持朝臣去北坞时，曾劝贾诩跟他一块儿离开长安，说："这儿不是久留之处，您为什么不离开呢？"贾诩当时回答说："我承蒙朝廷恩用，从道义上不能离开；你和我不同，就自己走吧。"现在张绣统领了一支更具规模的部队，正活动在南阳宛城一带，贾诩于是做了决定，他暗中与张绣联系，准备前往投奔，想要以此摆脱在段煨这里遇到的困局。

贾诩临行时，有人问了他两个问题，一是，段煨待你这么好，你为何还要离去？二是，你走后，你的家人留在这里怎么办？贾诩回答说："段煨生性多疑，有猜忌我的心意，礼节待遇都很好，但不能依靠，时间长了会被他所害。而我离开这里他一定很高兴，他又希望我结好更大的外援，必定会善待我的家人。张绣没有谋主，也乐意得到我，这样家人和我都能得到保全。"张绣派人前来迎接，贾诩就跟着去了。到了宛城，张绣自己执晚辈礼节接待贾诩，而段煨在华阴也善待贾诩的妻子儿女。

贾诩在随刘协一行返回洛阳的中途脱离了朝廷，驻留华阴，不久去宛城投奔张绣的队伍，开始了自己新一段职场生涯。在贾诩转换职业的过程中，能够看出几个问题。

其一，他在行程中为何一直默默无言。贾诩从长安出发前就清楚一行人行程目的地的不同，料想到在弘农过后队伍内部将发生重大的内讧冲突。他向朝廷上交了印绶，已经做出了离开队伍、投奔段煨的决定，这其中可能包含着自我避险的考虑。贾诩有自己更为特殊的心思，他既不想捅开目的地这个暂未触及的是非问题，又想完全避免别人对他自己的关注，于是就只有默默地跟随大家行走。

其二，他如何看到段煨的内心恐慌。贾诩怀着对西凉将士的情分，和对段煨本人的敬意驻留华阴，希望有比长安更好的职场环境，但把一切安顿在华阴后才发现了新问题，史书上说：因为贾诩在西凉军中威望颇高，故此"煨内恐其见夺，而外奉诩礼甚备"。贾诩是从段煨对自己特别恭敬、礼节周到的外表上感到了对方内心的恐惧。本来都是老乡，年龄相近，不必过于客气呀，而礼节太多，表明对自己心有疑忌，核心问题是怕自己取代了他在军中的主帅地位；既然军中主帅有了疑忌之心，自己作为客人怎么会有安全保证呢？贾诩通过两人接触中的外在表象，敏感地看到了其背后的心机。

其三，他怎么料到张绣会欢迎自己。贾诩通过在长安与张绣不多的接触对话，看到了张绣与自己在价值理念上的更多相合处，以及双方在私人关系上的情投意合。张绣催促自己离开长安，表明他对李傕郭汜一伙把持的政治环境和职场氛围感到郁闷，并且也能看透和理解自己同样的郁闷心情，能够在恶劣的环境中相互交流思想，以真心相见。他由此感到了张绣与自己在心性上的契合，加上刚作主帅而对筹谋之人的急需，贾诩满有把握地认定自己必定会受到张绣的欢迎。他也相信，在规模更大的队伍中，自己的能耐将会得到更好的发挥。

0.2（10）关于"代汉"的敏感话题

在汉朝君臣流连颠沛地东行返京途中，朝廷与全国各州郡的联系几近中断，遭受李傕、郭汜一伙追击而溃散的事实更加证实了本身的软弱无力和威望殆尽，人们对汉朝统治的前景和天下的未来一定忧心忡忡，这个时候，社会上产生了"代汉"的话题。这一敏感话题是从朝廷内部开始的，提出在献帝刘协一行缒渡黄河后前往曹阳（今河南陕县西石桥沟）休整之时。

《三国志·魏书·武帝纪》引注《汉纪》说，当刘协一行人在曹阳商议下一步的行程路线时，侍中太史令王立对大家说："自从去年春天太白星在牛斗分界侵犯了镇星，越过天津星之后，火星又逆向运行守在北河位置，北河之地不能再侵犯了。"听到这话，刘协决定放弃向北渡河的方案，选择出轵关（今河南济源城西）东行的路线前行。

王立又对管理皇家宗族事务的宗正刘艾说："前次金星（太白星）守在天关星之位，与火星（荧惑）相遇，金火交会，这是王朝革命的象征。汉家的运数已经到头，晋、魏之地必定会有兴起的人物。"王立后来几次对献帝刘协说："天命有变化，五行之中哪个都不会经常旺盛，取代火的必然是土，承接汉朝天下的必定是魏。能安定天下的，应当是曹姓人物，以后只管委任曹氏就行。"不久朝廷自洛阳迁到了许都，曹操听到了王立所说的话后，打发人对王立说："知道你是忠于朝廷的，但天道深远，希望不要轻易多说。"

自西汉董仲舒提出"天人感应"，其后的人们即认定天象和人事是相应的，认为某种天象运行反映着某种社会变化，太史令应当是国家掌握天象演变现象并能做出精准解释的权威人士。王立在曹阳休整时提出了天象变化的两种现象，其中关于火星逆行守北河的现象，决定了刘协对后期行程路线的选择，他要用人事活动来避免天象的非吉化运行，表明当时人们对天人相应是非常在意的。王立提到金火交会的第二种天象变化，他认为这预示着人世间朝代更替的发生，尽管他就此向刘协说过好几次，但始终没有看到刘协的回应，或者，刘协的回应一点也没有被记录下来。

王立还结合五德转化理论说明了曹魏人物的后续继起。他将这些"推衍成果"说给刘协的目的，似乎是要让刘协顺应变化趋势，自觉地任用曹姓之人，但不清楚这样具体的、有针对性结论的推衍，究竟有什么更细微的依据，只知道《汉纪》为曹操的同时代人荀悦在许都撰著完成，在书中论及当年的敏感话题时，一定是要考虑到背后站着的权势人物。

与王立论说相同时的，还有来自袁术"代汉"的谶语。谶语是人们认定能够预示社会未来变化的某些语句。此前，"代汉者当涂高"的谶语一直在社会上流行，这一谶语起源较早，据说在汉武帝时期就曾流传。《后汉书·公孙述传》中提到，王莽统治后期，割据益州的公孙述想要称帝，大讲五行生克的运数，也用许多谶语为自己的行为制造舆论，包括古书《录运法》中"废昌帝，立公孙"的语句。当时光武帝刘秀写信对他说："图谶言公孙，即宣帝也。"西汉宣帝刘询有公孙病已之称，刘秀以此解释立公孙之语。他还对公孙述说："代汉者当涂高，难道你的身材长得高吗？你不是我们国家的贼臣乱子，在动乱年代人都想当个君主，我也能理解，但天下的神器，不可以用力气去争夺，请你留意三思。"刘秀在这里没有给公孙述扣反叛的帽子，而是致力于从"理论上"驳倒他对谶语的解读，可见当时预言朝代变换的谶语在社会上影响之大，和某一谶语的起源之早。

袁术正是应用了"代汉者当涂高"的谶语来为自己替代汉室制造舆论的。据《资治通鉴·汉纪五十四》《三国志·袁术传》中记，当时占有淮南一带的袁术一心想要称帝为尊，他听说孙坚攻进洛阳时得到了传国玉玺，于是就拘留了孙坚的妻子，将玉玺占为己有。同时他将早先的谶语重新解释，宣扬说，"代汉者当涂高"，其中的"涂"，就是"途"，与自己的字"公路"相应。又说袁氏的祖先出于春秋陈国，是舜的后裔，舜是土德，汉是火德，以土代火，合于五行运转的顺序。他听到献帝刘协的朝廷败于曹阳的消息，就召集部下商议称帝事宜。尽管其时有些大臣出面劝谏，表示了反对意见，但袁术还是不久称帝了。

东汉朝廷自长安前往洛阳时，没有任何强盛武装力量的拥护和保卫，表现出了软弱无力、自身难保的尴尬状态，因而"代汉"的话题就被相继提起。一个极为敏感的朝代更换话题能够被一再提出，不论提出者的立场和心意是否相同，也不论话题包含的科学性与真理性成分大小，话题的提出其实就是一种信号，表明东汉朝廷本身对整个天下已完全失去了应有的控制力和影响力，仅剩下了一个徒具虚名、可以被人利用的空壳。

0.2（11）有人看上了朝廷空壳资源

汉献帝刘协与朝廷一行人从长安返回洛阳途中，显示出了软弱无力、自身难保的状况，因而"代汉"的话题一再被人提起，表明东汉朝廷对整个天下已完全失去了应有的控制力和影响力，仅剩下了一个徒具虚名的空壳。这个时候，少数明眼人看上了朝廷的空壳资源，看上了这一资源的利用价值。这包括袁绍的谋士沮授，曹操的谋士毛玠、荀彧等人。

据《后汉书·袁绍传》《三国志·袁绍传》所记，袁绍在191年得到了韩馥的冀州，做了冀州牧后，雄心勃勃地表示要安定社稷、匡济黎民，他向属下征求实现理想的方法，冀州别驾沮授分析了袁绍所处的优势，当时就向他提出了"收英雄之士，拥百万之众，迎大驾于长安，复宗庙于洛邑，号令天下，诛讨未服"的战略方针，他并且认为："运用这样的方法与天下争锋，没有谁能够抵挡！几年后建立理想的功业并无困难。"这是在董卓强迫朝廷迁都长安的第二年，是在刘协与朝廷返回洛阳的前四年。袁绍对此方案赞赏说："这正是我的想法啊！"立即对沮授提职升官，让他监护各位将领。

到了195年冬，刘协一行人返回洛阳，遭受李傕一伙人的追袭抢掠后避于曹阳。沮授再一次去对袁绍说："现在我们冀州大体平定了，军队强壮，将士依附，我们去西边迎接朝廷，定都邺城，挟天子而令诸侯，畜士马以讨不庭，没有谁能抵御我们。"袁绍准备马上实施这个计划，但郭图和淳于琼两人说："汉朝王室衰败已经很久了，现在想让振兴实在太难了。况且接来天子，动不动就要上书请示，听从朝廷那我们就无足轻重，不服从那我们就是抗命，这不是好办法。"他们述说了迎接朝廷的不利方面，表示了反对意见。沮授再次强调说："现在迎接天子，在道义上是合理的，在时机上是适宜的。如不早定，必定有其他人抢先一步。"袁绍当年在洛阳反对董卓擅自废立，面对眼前两种不同意见，他想到立刘协为帝本来不是自己的初衷，于是就放弃了西迎朝廷的计划。

《三国志·毛玠传》《资治通鉴·汉纪五十四》《三国志·荀彧传》记述，曹操192年占有兖州后，任用陈留郡才士毛玠为治中从事，相当于州牧助理。当时朝廷尚在长安，毛玠向曹操分析了天下政治形势，认为袁绍、刘表等人虽然占有的人口多、兵马强，但都缺乏长远考虑，没有树基建本的筹划。他认为一个集团的军事活动要靠理义取胜，地位提升要靠财货实现。进而提出"奉天子以令不臣，修耕植，畜军资"的战略方针，以保证"义"和"财"的获得，进而取得霸王之业。曹操听从了毛玠的建议，他以屯田制的方式发展农耕，积蓄军资，并等待"奉天子"的机会。

大约在沮授第二次向袁绍提议的同时，兖州牧曹操也在商议是否迎接朝廷，在大多数人持否定意见时，荀彧以春秋晋国勤王为例，认为应当立即迎接朝廷，认为"忠义之人都会思念根本，普通百姓总会怀念旧情"。主张用迎驾行动来顺从人望，秉公行事，弘扬正义。同时提醒说，若不及时行动，毕竟会有人抢先迎接，以后会悔之不及。济阴定陶才士董昭甚至在先前未曾与曹操谋面的情况下，就以曹操名义写信给朝廷和守护洛阳的将军杨奉，为曹操迎驾许都做前期铺垫。

沮授、毛玠、荀彧等人先后提出了迎接朝廷、开拓事业的设想，其所不同的是，荀彧纯粹是从道义的方面说明迎接朝廷的必要性，认为扶助朝廷是作为任何臣子都应履行的本分，而曹操在董卓乱朝时就曾首倡义兵，且一直具有匡济天下的理想，自然应该出面做好这一迎驾之事。他鼓励曹操，不要因为有杨奉、韩暹等人的阻挠而动摇，要在积极辅助朝廷的事业中成就自身的威德和功业。而沮授、毛玠两人并未排除其中道义伦理的合理性，但他们更多是从自身功利的方面论述事情的必要性，并且是把集团利益放在主体的位置上做出考虑；在相当大的程度上，他们心目中的功利是对自己小集团而言，这实际上是把朝廷放在了客体位置上，成了被小集团所利用的角色。相比而言，荀彧的论述在道义上慷慨豪迈，事实上也推动了曹操的行动，但深度的实施过程中，多半会与曹操的行为相抵牾。曹操大概当时只能听从他的行动主张，而最后终究会难以接受他的基本理念。

沮授与毛玠的主张都包含有现实的功利性，两人的不同点，一是方案服务的对象不同，功利的归属自然不同。二是对功利的强调程度不同，在沮授的表述中功利性特征更为明显和纯粹；毛玠的方案则是把对朝廷的尊奉利用作为军事活动正义性的标识。三是方案的完整性不同。沮授考虑的是袁绍集团直接的军事活动，希望借此策略，能够取得无人抵御的军事效果；毛玠把这一措施作为集团树基建本的一个方面，他的整个方案中有经济建设活动与之相互配合。四是两个方案的实施情况不同。沮授提出的时间更早，个人强调的次数更多，但事情临近时并没有被实施；毛玠的主张似乎一经提出就被集团领导所推行，"修耕植，畜军资"的活动几年间从未停顿，"奉天子"的主张在最好的机会出现时即刻得到实施。以至于有史家认为，曹操所以能够消灭群雄，就在于坚持实行了毛玠的战略两策：把天子迎到许都，并屯田积谷。

还应该看到，毛玠关于"奉天子以令不臣"的设想，仍然包含有不小的漏洞，尊奉天子来号令不服从的臣子，这里的"不臣"究竟是对谁而言，是指不服从天子之臣，还是指不服从曹操之臣，两者的实指是不同的。作为公开的战略方针，在名义上只能解释为不服从天子之臣，但拥有力量的执行人是曹操，这其中会引起无休止的纠葛。缺乏运作机制的设定，实施中产生的摩擦和冲突不会很少。沮授的方案也包含着同样的问题。然而不管怎么样，毛玠的策略方针还是得到了实施和推行，东汉朝廷的空壳资源在天下政治运动中被聪明人赋予了可利用的价值。

0.2（12）对空壳资源的利用与再争夺

刘协与朝廷一行自长安返回洛阳途中，社会上一时出现了"代汉"的话题，冀州别驾沮授向州牧袁绍提出"挟天子而令诸侯"的策略方针，建议把汉朝廷的空壳资源拿过来利用于本集团的发展。袁绍因某种顾虑未采纳沮授的建议，兖州牧曹操则捷足先登，抢先一步，率军队进入洛阳，把朝廷迁徙到了自己控制的许都，开始实施了毛玠"奉天子以令不臣"的战略方针。

曹操一掌握东汉朝廷，就立刻运用这一资源对袁绍展开试探性较量。据《后汉书·袁绍传》《三国志·袁绍传》所记，曹操首先以皇帝的名义下诏书给袁绍，责备他地广人多，却热衷于自树党羽，不来迎驾朝廷，不为王家尽力而擅自讨伐。当时袁绍已几乎占有冀、青、幽、并四州大多地盘，正准备与公孙瓒作最后的争夺，他见诏书后感到了来自朝廷的压力，立即向朝廷上书，陈述了自己几年间的三项功劳：一是189年在朝廷配合何进应付局面，及后来斩杀宦官；二是自己起兵并结成同盟对抗董卓；三是在关东消灭黄巾军队及打败公孙瓒，安定了局面。书中诉说自己的"崩城陨雪"之冤和"剖肝泣血"之诚，表明自己尽忠为国的态度。袁绍的上书，表明这个势力最大的集团头目还是认可汉朝廷对天下名义上的统属地位，曹操于是再让朝廷使者去邺城（遗址在今河北临漳西，河南安阳北一带）面见袁绍，任他为太尉，并封他为邺侯。当时曹操已任朝廷大将军，袁绍觉得位在曹操之下是一种羞耻，因此上表要辞掉太尉之职，曹操为此非常担心，就把大将军的职位让给了袁绍，安排将作大匠孔融在197年持节去邺城向袁绍授给朝廷的新任命，赏赐他弓矢、节钺、虎贲百人，督领冀、青、幽、并四州，袁绍这才予以接受。

用皇帝的诏书责备袁绍，再让朝廷任职位给袁绍，曹操通过两个回合的较量，测试出了袁绍对朝廷能够持有的态度，也验证了朝廷空壳资源的现存价值。袁绍是从东汉朝廷走出来的政治人物，对自己曾经脱壳出来的政治机构仍然心存敬畏，他与曹操在此掰手腕的较量最终是以实力来说话的，但他同时也感到曹操手里刚拿到的那张王牌的分量。无论如何，只要朝廷的政治资源尚有价值，曹操就能借以获取道义上和舆论上的优势而以势压人。

袁绍每次接到诏书，总担心会有对自己不利之处，于是想要刘协和朝廷搬迁到靠近自己的地方，他派人去许都对曹操说，许地低洼潮湿，洛阳又残破不堪，应当将都城迁到鄄城，这是粮食更充足的安全之地。鄄城约在今山东鄄城，当时也属曹操地盘，但更靠近冀州一些。在前一轮的较量中，朝廷空壳资源的价值凸显，使袁绍感觉到了争取得到这一资源的必要性，他这时候大概真切地感觉到了，只有让朝廷更靠近些，自己才有更多的安全感，为此找出些假托的理由，想让曹操把这一空壳资源的功能让渡出一小部分，他想资源共享，价值分沾。但曹操拒绝了他的提议，坚持要把独特的资源独自占有，不愿分给他人共享。

谋士田丰对袁绍说："迁都的方案既然没有被接受,那就最好早点谋取许县,我们接来天子,利用天子诏书向全国各地发号施令,这是最好的办法。不这样做,终将会为他人所制,到时后悔也不起作用了。"在这里,曹操掌控朝廷已经三年多,而对朝廷空壳资源的谋取和再争夺仍然没有结束,田丰已经看到了这一资源在当时政治领域中的特有价值,预料到资源为他人掌握会对庞大集团产生极端的不利性,于是建议使用抢夺的方式占为己有。袁绍当时正筹谋彻底消灭了公孙瓒集团和平定整个幽州的军事行动,因而没有采纳田丰的建议。

199年春,袁绍消灭了公孙瓒,已经完全占有四个州的地盘,拥有几十万军队,故此生长了傲慢之心,给皇帝的进贡稀少简单。主簿耿包私下给袁绍上书说："汉的赤德衰落将尽,袁氏是虞舜崇尚黄德的后代,应当顺应天意民心。"袁绍把耿包的上书拿给幕僚部下看,大家认为耿包妖言虚妄,应当杀头。袁绍觉得部属的心意并不相同,不得已就杀了耿包来掩盖心迹。同时挑选出十万精兵、一万骑兵准备攻打许县,以颜良、文丑为主将,谋士审配、逢纪、田丰、荀谌、许攸都随军而行。袁绍大概从部属对耿包的态度中感觉到了朝廷资源的存量价值,这次下决心要实施田丰所提进攻许都的计划,必欲把朝廷抢夺在手,独霸和独享这一政治资源。

沮授这时出面劝阻,认为攻打公孙瓒历时一年,百姓疲惫而仓无积蓄,他说："应当先派使者向天子进献俘虏和战利品,我们自己致力农耕,休整恢复。如果不能通达,再表奏曹操阻隔天子,然后进驻黎阳,并分派精良骑兵抄掠其边境,使对方不得安宁,而我们得到安逸。"袁绍安排军队对许都作全面进攻,其中就包含着抢夺朝廷空壳资源的目的,沮授主张把这种方式转变为自我休整和对敌骚扰的徐图策略,这位最早提出"挟天子而令诸侯"策略的超级谋士已经感觉到,对朝廷空壳资源的抢夺已经丧失了最佳时机。他主张接受现实,换个方式去赢取,他的新方案仍然具有对朝廷作用的借用,只不过这次转而成为对朝廷资源占有者独霸地位的控诉,属于一种被动的方式。朝廷迁徙许都后几年间,围绕对朝廷资源的再争夺,彰显了这一空壳资源在当时政治领域中尚存的利用价值。

割据时代

0.3 辽东的变迁

东汉朝廷统治力的丧失和各地诸侯的坐大，导致了天下割据局面的出现，那些武力强大的地方势力，纷纷撇开中央政府的统属，擅自向外征讨，扩张自己占有的地盘，建立起独立的政权，社会由此进入了割据时代。公孙度建立辽东政权就是这一背景下的产物。

0.3（1）公孙家族的兴盛

公孙度，字升济，本是辽东襄平（今辽宁省辽阳市）人，他的身世颇有些奇异之处。据《三国志·公孙度传》所记，公孙度的父亲公孙延，因为回避做官到了玄菟。玄菟郡为西汉武帝所设，其疆域屡有变更，东汉时向西移至辽东，公孙度随父亲到了玄菟，本人做了郡吏。当时玄菟太守公孙琙的儿子公孙豹，十八岁就病逝了，公孙度少年时也叫豹，又与公孙琙的儿子年龄相仿，公孙琙一见到他就非常喜欢，安排他去上学，并为他娶了妻子，又举荐他任尚书郎，后来升为冀州刺史，因为谣言而被罢免。青年时代的公孙度一踏入职场就遇上了他的"贵人"，个人的才能、职位和职场经验很快得到了提升。

董卓手下的中郎将徐荣与公孙度是同乡，经他向董卓推荐，公孙度做了辽东太守。因公孙度出身于玄菟小吏，所以辽东郡的人都很轻视他。为了扭转这一现状，公孙度在太守位置上做了两件事：一是，镇守襄平的县令公孙昭，任公孙度的儿子公孙康做伍长。公孙度上任后将公孙昭收捕，笞杀于襄平。二是，他追究郡中豪强大户人家的违规行为，然后按法惩办，计有一百多户被搞得家破人亡，整个郡中为此震惊恐惧。在上述两件事情中，公孙昭举荐年轻人做伍长，是否有讨好郡守的意思不得而知，但公孙度笞杀公孙昭，却是要以此表示自己的清正无私，作给大家看，为后面的事情做铺垫；他追究豪强大户的违法行为并且大开杀戒，是借用行政刑罚手段震恐人心。他要让全郡的人都明白，自己是以清正无私的态度处理事情的，对任何违法行为都会毫不避情地给予坚决打击，他在全郡人的震恐中提升了自己的威望。其后他组织本郡中的力量，东征高句丽，西征乌丸，威震海外。

当时社会上有一句谶语："孙登当为天子。"190年，内地正处在关东群雄与董卓集团相对抗的动乱中，公孙度解释前面那条谶语说："我姓公孙，字升济，升就是登。"他认为谶语正好是应兆自己的，于是对亲信部下柳毅、阳仪说："汉朝天下必将覆灭，我要与你们各位图谋作王了。"其时襄平县延里祭祀社神的地方出了一块大石头，长一丈多，下面有三块小石头为足。有人对公孙度说："这块石头与汉宣帝时的祥瑞冠石相同，生出的地方与您父亲的名字相同，又是在祭祀土地社神之处，表明您会拥有土地，且有三公作为辅佐。"公孙度听了更加高兴。

公孙度分辽东郡为辽西和中辽两郡，各设太守，渡海收取东莱各县，置营州刺史；自封为辽东侯、平州牧，追封父亲公孙延为建义侯。他还为汉高祖刘邦和光武帝刘秀两位汉祖立庙，按照古制在襄平城南设坛，在郊外祭祀天地，亲耕藉田，治军阅兵，乘坐銮驾，戴九旒冕，出行打着旄头旗帜，以羽骑开道。公孙度占有的地方不大，但他分郡设官，自封尊位，俨然已是一方君主，一切都是皇帝的作派。东汉朝廷迁到许都后，曹操上表任公孙度为武威将军，封永宁乡侯，公孙度说："我在辽东已做了王，要永宁侯干什么！"把朝廷给的印绶藏于武器库中，似乎不屑于接受。

公孙度自此割据辽东，成一方君主。原河内太守李敏，在郡中知名度很高，他不赞成公孙度的割据行为，又唯恐公孙度加害自己，于是带领全家迁居到了一处海岛。公孙度得知后大为恼怒，掘开李敏父亲的坟墓，打开棺材焚烧尸体，又诛灭了李氏宗族。公孙度狂妄自大，不守礼法，恣意践踏传统的社会秩序和人伦道德，史家陈寿说他"残暴而不节。"但因僻居辽东，山高皇帝远，这种状况一直延续了许多年。

公孙度创建的辽东割据政权存在于汉朝末年的东北地区，五十年间历经了公孙度、公孙康、公孙渊三代统治，对民众的压榨不会减少，但客观上维持了一方安宁，对促进东北地区的开发、扩大和加深与周边民族的交流，应该有正面的意义。它是东汉末期特殊背景下的产物，又彰显了当时天下政治格局的复杂性和多样性。其政权内部也经历了不少相互争斗的风云激荡，而在与内地不多的来往中，依然在一定程度上影响了整个社会的政治演变。

0.3（2）公孙家族的衰与亡

公孙氏在辽东的崛起发生在东汉朝廷董卓乱政不久，公孙度利用同乡徐荣在董卓手下任中郎将的关系，经徐荣向董卓推荐，大约在190年做了辽东太守。辽东辖境约为今辽宁大凌河以东，公孙度统辖该地后进行了分郡设官、组织军队和收拾民心等方面的努力，在朝廷迁都许昌的建安初年，就俨然已是一方君主了，对曹操封给他的武威将军和永宁乡侯已是不屑一顾。《三国志·魏书八》记述了此后几十年间辽东发生的主要事件，介绍了公孙家族的历史演变及其最后结局。

在建安九年（204年）中原袁、曹两家在河北进行最后决战之时，公孙度在辽东去世，他的儿子公孙康掌控了政权，汉朝廷所送永宁乡侯由公孙度的弟弟公孙恭承继。207年曹操在平定河北后远征乌桓（又称乌丸），攻破柳城（今辽宁朝阳南十五公里），袁绍的儿子袁尚、袁熙领残部奔投辽东，公孙康权衡利弊，最后斩杀了袁氏兄弟，将其首级送给曹操（参见0.9.20《奔袭远方的征战》），这当然是一种向中原政权示好的表示，曹操遂封公孙康为襄平侯，拜左将军。

公孙康死后，他的儿子公孙晃、公孙渊年龄尚小，辽东众臣遂立公孙恭为辽东太守。史书上没有记录公孙康去世的具体时间，只叙述说：曹丕建立魏国做了皇帝后，派遣使者前往辽东拜公孙恭为车骑将军，封平郭侯，同时追赠公孙康为大司马。由此信息大体可以确定，辽东的这次政权交接大约发生在219年和220年上半年间。

辽东第三任君主公孙恭因患生殖系统疾病而动手术做了阉人，身体虚弱不能治国。228年，长大成人的公孙渊胁逼公孙恭退位并将其囚禁。公孙恭的职任和爵位是由魏国朝廷所任命，公孙渊的夺权行为属于绕过朝廷而自立。当时魏国已是明帝曹叡执政，侍中刘晔建议乘公孙渊夺权后立足未稳，出其不意地予以攻击，用最小的代价将其平定（参见1.5.5《曹叡的国家治理》下）但曹叡后来选用了安抚的方法，拜公孙渊为扬烈将军、辽东太守，对其自立政权给予了认可。

公孙渊掌权后从海路与东吴拉上了关系，于是周旋于魏、吴之间，采取阳奉阴违的手法，以求在两国间获取自身的最大利益。孙权一度派使者携带金玉珍宝去辽东，并立公孙渊为燕王；公孙渊垂涎东吴送来的珍宝，认为东吴远而曹魏近，害怕曹魏讨伐，又诱斩了吴使，将使者首级献给魏国。曹叡于是拜公孙渊为大司马，封乐浪公，还让他继续持节任辽东太守；而公孙渊派去洛阳的计吏返回后说了一些联魏不利的话，魏国使者到来时，公孙渊带领甲士包围了使者居住的学馆，然后才出来拜见使者，数次对宾客口出恶言。可能是偏远之地文化落后、执政者能力有限的缘故吧，公孙渊治理辽东时的政治外交常常显得非常幼稚。追求自身利益当然是各家外交的目标，但公孙渊的对外交往行为一直缺乏长久的战略性设定，常常一叶障目，不辨方向，没有应有的策略和方式，总是以欺瞒对方的动机开始，其后以被对方算计的结果告终。

237年魏明帝曹叡派幽州刺史毌丘俭等携带书信印章去征召公孙渊，公孙渊闻讯，立刻发兵，在辽隧（今辽宁海城一带）阻击毌丘俭，并与之展开激战。毌丘俭见形势对己不利随后退兵。公孙渊于是自立为燕王，并设置百官，遣使持符节，授予鲜卑单于印绶，给边疆少数民族加封晋爵，并引诱鲜卑人去侵扰北方。又再次称臣于吴，希望得到外援（参见1.5.11《应对南北两面之战》）。238年，曹叡从长安召回太尉司马懿，令其率兵四万讨伐公孙渊，魏国大军六月到达辽东，在辽隧遇到阻拦后甩开敌军，直抵襄平（今辽宁辽阳），包围数月后一战成功，公孙渊和儿子公孙脩逃跑途中被杀，被囚禁的公孙恭得到释放。其后辽东、带方、乐浪、玄菟四郡全部平定（参见 1.5.25《对辽东的战争》上），魏国北方的一股强敌被彻底消除，国境向东北部大大扩展。

史书上记述，在司马懿出兵辽东前，公孙渊家中经常出现一些怪异现象：狗带着头巾穿着绛色的衣服跑上屋顶，厨房做饭时把小孩子在锅中蒸死，襄平城北的市场生长出了肉，周长达好几尺，并有头有眼也有口，没有手足却能摇动。对这些怪异事情占卜，占辞说："有形不成，有体无声，其国灭亡。"这些说法已经很不吉利，公孙氏的割据王国在司马懿大军前来讨伐时果然灭亡了。

早先公孙渊的兄长公孙晃为公孙恭的任子，即因为叔父的爵位而在洛阳任职为郎官，他听说公孙渊夺取了叔父的太守之位，感觉公孙渊终究不能保持家业，于是几次上书朝廷，请求国家征讨公孙渊。曹叡认为公孙渊已经掌权，因而采取了安抚的方法。后来公孙渊反叛，朝廷按照国家法律收捕了公孙晃。公孙晃在前面有上书请求国家征讨公孙渊的请求，希望以此能免于刑罚，然而他们是亲兄弟，他知道公孙渊被打败后必然会牵连到自己。等到公孙渊的首级送到洛阳，公孙晃自己感到必死无疑，他与儿子相对啼哭。当时曹叡也想让公孙晃活下来，但执法部门认为不可以赦免，最终杀掉了公孙晃。

另有引注资料说，曹叡不忍心在市场上将公孙晃公开处斩，准备在监狱中杀掉，大臣高柔上书劝阻，曹叡并没有听从，他派遣使者带着金屑，让公孙晃和妻子吞饮下去，并赐给他们棺木和殡葬财物，这是一次兄弟反叛而受到牵连的典型事例。也有史家认为，公孙晃多次上告兄弟公孙渊必定反叛，显然不是同谋作逆之人，因为包括曹叡在内的魏国君臣想要对公孙氏家族斩草除根，但在市场上公开行刑则没有什么罪名，于是就安排在监狱中让吞金而死。

公孙家族自公孙度于董卓乱政时的 189 年占据辽东，后经过公孙康、公孙渊，共历三代统治，割据约五十年后灭亡。五十年间辽东与中原的分合转化，促进了东北地区的开发，加深了内地与周边民族的交流，最终扩大了中原国境向东北部的扩展。

0.4 燕都变乱

在东汉政治统治走向衰落时期，各地区的反叛、分裂不时发生，朝廷统治力薄弱的边境地区以及与少数民族的接壤区，是这类事情的易发地。北方燕都的蓟城（今北京城西南隅）是继辽东割据后最早变乱的地区。

0.4（1）蓟城出了小"天子"

当东汉朝廷发生政治危机时，北方蓟城出现了占据城郭自称"天子"的事情。据《后汉书·刘虞传》《后汉书·公孙瓒传》《资治通鉴·汉纪五十》所记，约187年时，车骑将军张温率军队征讨西北边境边章的反叛，军中调集有北方幽州乌桓族的三千骑兵，当时中山相张纯想带领这支部队，张温没有同意，坚持把部队交给了涿县令公孙瓒。军队到了蓟中，因为军粮被克扣拖欠，这些士兵都叛乱返回了本国。张纯因忿恨没让自己为将，就私下对同郡老乡、前泰山太守张举说："现在乌桓的士兵已经反叛，他们都想作乱；大西北凉州的反贼起事，朝廷没法禁止。另外听说洛阳有一人的妻子生下的孩子长着两只头，这是汉朝国运已经完结、天下要出现两主的征兆。你如果与我共同率领乌桓的民众起兵，想必能够成就大业。"张举赞同他的看法。于是，他们联络乌桓的头领丘力居结成联盟，攻下了蓟城，准备脱离汉朝。蓟城为古燕国之都，约在今北京城西南部宣武门到和平门一带。

张举和张纯一伙在蓟城抢掠百姓，烧毁房屋，杀死了守护乌桓的校尉箕稠、右北平太守刘政、辽东太守阳终等，部队达到十余万，屯住在肥如（今河北卢龙县西北）。张举自称"天子"，张纯自称"弥天将军安定王"。他们还向各州郡发出文书公告，说张举一定会取代汉朝，并通告汉朝天子让位，命令东汉朝廷的公卿百官前来奉迎张举。张纯又使乌桓峭王等五万人部队进入青、冀二州，攻破清河、平原（今山东德州市），杀害当地官吏和百姓。

二张在蓟城的反叛一开始受到了公孙瓒的打击，公孙瓒率领一支乌桓骑兵在蓟城一带追击讨伐，因为平叛有功升任骑都尉。张纯又和丘力居等侵犯渔阳、河间、渤海，进入平原，大肆杀人抢掠。公孙瓒追击至石门（今辽宁朝阳市西南），双方展开激战，叛军大败，丢弃了妻子儿女，越过边塞逃走，他们所抢掠的男女人口全被收回。公孙瓒继续向纵深追击，因为后继无援，反而被丘力居等人包围在辽西管子城长达二百多天，粮食完了吃马，马完了煮盾上的皮革吃。当时雨雪又多，坠坑死亡的十之五六。叛军部队的士兵也饥饿困乏，远退到了柳城。

188年，汉灵帝刘宏启用刘虞为幽州牧，让他前往北方对付二张的反叛。刘虞此前曾多年担任幽州刺史，在当地民众中有较高威望，他受命后到达蓟城，精简了部队，广泛布施恩惠。丘力居等听说刘虞到来，非常高兴，各自派遣翻译来面见刘虞主动要求归降。刘虞还派遣使者通告峭王等人，朝廷将对反叛者宽大处理，允许他们自新向善，不予追究。同时悬赏通缉张举、张纯。二张逃到了塞外，其余的也都投降溃散。张纯次年被他的宾客王政杀死，首级被送到蓟城，张举此后下落不明。

张举张纯二人利用乌桓骑兵的叛逆意向，在朝廷统治力薄弱的边境区域起事反叛，他们感到了东汉朝廷走向衰弱的趋势，但却过高估计了自己的力量，一个连首婴儿的出生也被看作天下两主的预兆，这种推论的荒谬性反映了两位反叛首领的认知水平；何况，即使天下两主的局面必然要出现，那怎么能说明你张举必定会成为一尊"天子"？其实，汉朝统治力在当时的下降和衰落是事实，但这并不表明汉朝已到了必然覆灭之时，大多数人们对汉朝统治的希望还没有最后破灭，内地中原相当多的政治势力还是朝廷的支持者，他们仍和朝廷保持着一定程度的联系，宁愿在朝廷的支配下去消灭异己势力。

蓟城的小天子在东汉政治走向衰弱的特定历史阶段出现，又应军事战斗力和政治影响力的不堪为敌而消亡，其存在时间不到两年，既反映了当时天下政治的复杂纷乱，也验证了东汉朝廷政治影响力的现实存在。这一持续不长的事件，对当时欲行叛立并想与朝廷抗衡的政治人物，都会产生重要的警示作用。

0.4（2）拒绝被人抬上帝位的明白人

汉朝的宗室刘虞在189年初消灭了蓟城小"天子"张举一伙的自立反叛，被汉灵帝刘宏拜为太尉，封为容丘侯。数月后刘宏去世，旋即何进被杀、宦官受诛、董卓进京、新帝废立、迁都长安，发生了使人眼花缭乱的政局变幻。到了191年正月，关东的几位将领竟然决定要把刘虞推上帝位。

据《后汉书·刘虞传》《资治通鉴·汉纪五十二》《三国志·公孙瓒传》及其引注所记，董卓掌控朝廷后派遣使者授予刘虞大司马职位，另封襄贲侯，后来董卓杀掉了太傅袁隗，立即征召刘虞来朝廷做太傅，可是因为道路阻塞，朝廷的文书没能送到。刘虞属于皇家宗室，在民间又有威望，关东各州郡与董卓对抗的将领们商议说，现在皇帝年幼，被董卓控制着，又远在长安，关塞相隔，不知生死，幽州牧刘虞是宗室中才德出众的人，应该立他为皇帝。渤海太守袁绍、冀州刺史韩馥出头号召，坚持要把刘虞抬到皇帝的座位上。

韩馥、袁绍等人让刘虞做皇帝的理由很多，一是，现任皇帝刘协不是灵帝刘宏的儿子，应该效仿西汉时期周勃、灌婴诛废少主，迎立代王刘恒的事例。二是，刘虞的德行功劳和治理政务的能力在华夏族找不到第二位，在当今皇家宗族中没有人能赶得上。三是，光武帝是定王的五代孙，以大司马职务统领河北之地时，耿弇、冯异劝他上皇帝尊号，最终取代了更始皇帝。现在刘虞为汉恭王的支属，也是第五代孙，以大司马领幽州牧，这与光武帝正好相同。四是，当时天象上有四星会于箕尾二星分界间，有谶语表明圣人将出现在古燕国一带。五是，济阴郡的男子王定得到了一枚玉印，上面有字为："虞为天子"。六是，代郡曾出现两颗太阳。鉴于这么多的原因和理由，他们认为将刘虞立为皇帝理所应当。

韩馥与袁绍特别想得到袁术的支持，他们写信给袁术陈述这些理由，希望联合行动，共同尊奉大司马刘虞为皇帝。袁术本来就有自立为帝的心思，他不希望国家有一个年龄大的皇帝，所以用冠冕堂皇的话予以拒绝。袁绍并不死心，单独给袁术写信说："如今西边名义上有一个年幼的皇帝，而并没有皇家血统。公卿百官都诣事董卓，但不能相信这些！只要派兵去守住关口要塞，就会把他们全都困死。我们在东边拥立一个圣明的皇帝，就可望实现天下太平，这有什么怀疑的？我们自家的亲人被杀掉，想想伍子胥是怎样为父兄报仇的，难道可以向这样的皇帝称臣吗？"袁术回信说："皇帝聪明睿智，有周成王那样的资质。贼臣董卓乘国家危乱，用暴力压服群臣，这是汉朝的一个小厄运，你说皇帝没有皇家血统，这岂不是诬蔑吗！你还说我们全家被杀，但这事是董卓做的，不是皇帝所为啊。我满腔赤诚，志在消灭董卓，不知其他事情！"袁术坚持己见，予以拒绝。

当时曹操不赞成立刘虞为皇帝，他说："我们这些人所以起兵，而且远近之人无不响应，是由于我们的行动是正义的。如今皇帝幼弱，虽为奸臣所控制，但没有昌邑王刘贺那样可以导致亡国的过失，一旦改立别人，天下人谁能安然接受！你们向北边迎立刘虞，我自尊奉西边的皇帝。"他明确表达了尊崇献帝刘协的立场。

韩馥与袁绍得不到过多将领的支持，于是自己行动。他们派遣前任乐浪郡太守张岐等人，带着他们的提议到幽州，向刘虞奉上皇帝的尊号。刘虞见到张岐等人，厉声斥责他们说："如今天下四分五裂，皇帝在外蒙难，我受到国家重恩，未能为国雪耻。你们各自据守州、郡，本应尽心竭力为王室效劳，却反而策划这种逆谋来玷污我！"他认为国家有正统皇帝，人臣不应该考虑另立天子的事情，坚决拒绝坐上帝位。韩馥等人又请求刘虞主持尚书事务，代表皇帝封爵任官，刘虞仍不接受，他打算逃入匈奴将自己隔绝起来，袁绍等人这才作罢。

东汉朝廷被董卓控制迁于长安后，由于道路远阻和地方割据倾向的出现，本来就发生了对关东地区控制力极大降低的趋势，以袁绍为盟主的关东义军一直与董卓势力处于对峙状态，他们要在关东之地另立皇帝，重树旗帜，想以此与长安董卓把持的汉朝廷相抗衡，这应该是他们为开展自己政治斗争所选择的一种服务方式。然而，他们把新立皇帝的选择范围限制在汉家宗亲之内，这清楚地表明，在当时的社会背景下，只有刘汉朝廷才具有号召民众、统一人心和组织政权的政治影响力；尽管这样，他们同时还必须用天象表征、谶语预兆、祥瑞印证等多种手段向全社会表明自己政治行为的合理性。

人们能够从中看到，无论哪种用以说明自己行为的手段多么深奥复杂、方式多样，但归根到底都是为自己特定的政治目标服务的；其论证自我的方式手段具有多大的蛊惑性，只不过反映着该政治组织主要人物的思想水平和调动舆论的能力而已。韩馥袁绍他们列举了何以立刘虞为帝的许多理由，其实能够说服人心的并不多，至于刘协不是刘宏儿子的说法，是有意歪曲真相，没有多少人会相信，虚假的理由反而暴露了自己一方对天下至尊的恶意诬蔑，达不到好的效果。

袁术和曹操都不赞成立刘虞为皇帝的提议，两人的意见似相一致，但有着根本不同的出发点，袁术因为迷信着"代汉者当涂高"的谶语，并自认具有手握传国玉玺的保证条件，正筹划着自立皇帝的图谋，他希望关东地区出现权威中空，以便自己能乘时填充；对于将年龄为长且具民望的刘虞立为皇帝，当然会持反对态度，袁绍无论如何都叫不醒装睡的袁术。袁术在这里并未向袁绍说出自己内心的真实想法，兄弟两人间应该没有真心的交流，有的只是对自我利益的争取和相互间的虚假应酬。曹操当时刚在兖州立足，并且通过河内太守张杨与西迁长安的朝廷建立了初步联系，他表示要一直尊奉西边的皇帝，不能完全排斥其中包含有自己的打算，但也反映了他谨慎的处事态度和政治立场上的应有定力。

当韩馥和袁绍把他们在关东重立皇帝的方案报告给当事人刘虞时，大大出乎他们意料的是，当事人刘虞竟坚决拒绝坐上皇帝之位，刘虞对传统伦理纲常的遵守和对朝廷的忠诚应该是发自内心的。他知道刘协的朝廷虽然被权臣董卓一伙暂时控制，但其从承传统序上和伦理规范上讲，还应该是汉室唯一合法的朝廷，他也明白袁绍韩馥一伙要把自己抬上皇帝之位的真正目的是要为他们的政治目标服务，他完全理解自己在根本利益上只能是和刘协的朝廷保持一致，任何分裂对峙的行为都会给自己带来灾难性的后果，也将导致自己名声扫地。有鉴于此，他不仅以大义斥责想要另立皇帝之人，还表明宁可避身匈奴，也不让别人把自己抬上皇帝之位。至此，袁绍韩馥他们重立皇帝的一场闹剧只好尴尬收场。刘虞此后仍然忠于职守，上交赋税，外族有送给朝廷的贡物，因为道路不通，刘虞都替他们传送到京师，他在幽州牧的位置上更加恭敬地对待朝廷。

隐藏于社会政治局势纷乱状态中的根本点是，各个政治集团的头目都在寻求服务自己政治目标最为有效的战略手段。人们常常贪求眼前的利益得失，为个人权位争夺忘乎所以，幽州牧刘虞则从中看到了事情的实质，因而坚决拒绝被人抬上皇帝之位，在这里他是一个明白人。

0.4（3）明白人有懵懂处

在献帝刘协的朝廷被董卓挟迁到长安去的政局转折时期，袁绍、韩馥等将领坚持要在关东扶持幽州牧刘虞做皇帝，此前刚剿灭了蓟城小"天子"的刘虞以坚定的态度拒绝被人抬上皇帝之位，使袁绍等人的冲动性幻想最终破灭，在这里他是一个明白人。然而，历史的过程及其当事人身上常常包含着自相矛盾的要素，刘虞正是这样的一个人物，明白人有他的懵懂之处。

刘虞，字伯安，东海郯（今山东郯城北）人，是东海恭王刘强的第五代孙子。刘强是光武帝刘秀的长子，因母亲郭皇后被废而主动让出太子之位，被封东海王。据《后汉书·刘虞传》《资治通鉴·汉纪五十二》《三国志·公孙瓒传》及其引注所记，刘虞举孝廉出身，后来升为幽州刺史。刘虞以仁爱之心治理地方，做事总考虑民众的利益，周边鲜卑、乌桓等当地少数民族都按时朝贡，没有敢于侵扰边疆的。184年黄巾军起事，刘虞转任甘陵（今河北邢台一带）相，他安抚战乱中的百姓，很得民众的欢迎，不久朝廷征召他为宗正，负责皇家的宗族事务。187年，原泰山太守张举和原中山相张纯利用乌桓士兵的叛乱，联络头领丘力居攻下蓟城，自称"天子"和"安定王"，公开与朝廷对抗。朝廷觉得刘虞在幽州一带很有威信，就任命他为幽州牧，让他去对付二张的反叛。

刘虞在幽州牧的位置上不到一年，就彻底消灭了二张的反叛势力，恢复了地方秩序；191年，渤海太守袁绍和冀州刺史韩馥等人试图在关东地区另立朝廷，他们想推举刘馥做皇帝，刘馥以坚定的方式成功阻止了袁绍韩馥的图谋，继续推行他爱护百姓的善政，得到了朝廷和民众，包括少数民族民众的一致称赞。

刘虞受任冀州牧时，公孙瓒已在蓟城一带追杀讨伐张举张纯的反叛，有些小胜但不能解决问题，而辽西管子城一战更是损失惨重。朝廷派刘虞去征剿二张，让他节制公孙瓒的部队，两人于是有了上下级的关系。然而，在两年多的幽州地方治理中，刘虞却与骑都尉公孙瓒结下了解不开的梁子，最后发展成为相互对峙的仇杀。刘虞与公孙瓒的结怨大体因三方面原因：

一是平叛方式不同。公孙瓒在平叛中致力于征战，力求在作战中扩大自己的势力，他常放纵部下侵扰百姓；刘虞则在平叛中注重政治瓦解的手段，他用安抚的方式分化叛军以孤立首恶，并注意维护百姓的利益，他们在军事行动的配合上难免有些分歧。

二是在与袁术的交往中产生了隔阂。刘虞在拒绝了韩馥袁绍等人扶立称帝的请求后，即刻派自己的助手田畴和鲜于银抄小路到长安去见献帝刘协，大概是想表白忠心，建立联系吧。献帝刘协当时在长安一心想回归旧都，见到幽州的来使非常高兴。当时刘虞的儿子刘和在长安朝廷为侍中，刘协就让刘和瞒过董卓离开长安，自武关出关中，去通知刘虞领兵来接回自己。刘和经过南阳时被袁术扣留，袁术告诉刘虞，让他派军队来和自己一同西进。刘虞就派出几千骑兵到南阳，让刘和带领着去迎接刘协。公孙瓒起先反对派军队到南阳，因为刘虞不听从自己意见，他就暗中告诉袁术让夺取这几千骑兵。刘虞损失了几千骑兵，后来知道是公孙瓒暗中捣鬼，从此对他更加愤恨。

三是在军粮供应上的冲突。刘和从袁术那里逃了出来做了袁绍的幕僚，公孙瓒当时正热衷于和袁绍的部队作战，刘虞觉得公孙瓒滥用武力，担心他将来势力更强难于节制，就不允许他出战，并减少了对他的粮食供应。公孙瓒对减少供粮一事非常气愤，让军队把刘虞准备送给少数民族的粮食物品抢了过来。两个人各有理由，同时上书向朝廷告状，朝廷一时没法决断。刘虞几次请公孙瓒来牧府相见，公孙瓒自称生病并不前来，他在蓟城修建高丘做好了防守。

193年冬，刘虞不顾几位手下人的劝谏，率领各处驻军十万人去攻打公孙瓒，出发前他告诫军士说："不要伤害别人，只杀公孙瓒一人就行。"当时有个牧府办事员公孙纪，他与公孙瓒是同姓相好，把刘虞的行动计划连夜报告给了对方，公孙瓒的部队分散在城外，他担心自己不能幸免，于是挖开东城打算逃走，但没想到刘虞的兵士不善打仗，又爱惜民房，不让放火焚烧，一时竟攻不下来。公孙瓒于是挑勇士数百人，趁风纵火，径直冲杀过来。刘虞随之大败，与他的下属向北逃到居庸县。

公孙瓒追击攻城，三天城陷，随即抓住刘虞及其妻子儿女回到蓟城，让刘虞负责签署州府的文书。恰好这时献帝刘协派使者段训来到，朝廷给刘虞增加封邑，让他督率六州事务；同时任公孙瓒为前将军，封易侯。公孙瓒趁机告发了先前袁绍韩馥想要另立朝廷的计划，诬陷刘虞打算称皇帝，他胁迫段训在蓟城的街市上斩了刘虞。公孙瓒还事先坐下祝告说："如果刘虞应该成为天子，就请上天降风雨相救。"当时干燥炎热，无风无雨，于是就斩了刘虞。公孙瓒让把刘虞的头送到京城，刘虞以前的下属尾敦在半路抢夺下刘虞的首级，带回去掩埋。刘虞在任时颇得人心，恩义遍布北部州郡，他被杀后，百姓无不为之悲伤。

刘虞在拒绝当皇帝之事上做了一回明白人，他一直爱护百姓的仁爱善政也值得大加称道，然而，总观他的地方治理，有两个重大的缺陷，一是不会打仗，二是不善做领导，两个缺陷相叠加，关键时候又不能准确判断事情发展的趋势，最后导致了可悲的结局。

首先，从军事方式上看，刘虞把地方治理的一腔仁爱之心推广到了军事活动中，他对二张反叛的平定，依靠宽大和抚慰的方式作出分化瓦解，借助于先前自己所获取的民望，达到了孤立首恶、制胜全局的很好效果。这种方式对于成分复杂的乌合之众很容易起到作用，但这是军事斗争的一种手段而不是全部手段，战场作战还有残酷无情、强硬打击的手段，后者甚至是军事斗争更为根本的依凭。能够针对现实情况将各种手段兼相使用的人，才不失为本领高超的将领。古人讲，"慈不带兵"，就是认为军事活动中无论对己对敌都要抛弃仁慈的幻想，要以战争胜利作为最高追求。刘虞不顾众人劝谏，带着十万军队去攻打准备逃跑的将领，顾忌太多，不敢采用残酷手段放手进攻，反倒被对方打败，足以说明他是一个不会打仗的将领。用政治分化的特殊方法平定二张反叛，对军事胜利具有偶然性，他把特殊手段作普遍化运用，在去擒拿公孙瓒的军事行动中为弱势对手所打败，就是他不会打仗的必然结果。

其次，从领导行为看，刘虞和公孙瓒各自在军事活动中表现为两种不同的打法，公孙瓒擅长于打恶仗、硬仗，两人若能积极主动地相互配合，才能构成更有战斗力的队伍。但事实上，他们双方在军事方式上一开始就互相不能理解，产生了意见分歧。无论两人个人意气产生的背景及具体情况如何，刘虞作为军事行动的主将，都负有更大的责任，领导活动中的一把手应该主动地沟通，引导和团结最主要的下属，在军事活动的实践中判断正误，消除分歧，确认更完备的行动方式，但刘虞对公孙瓒根本就做不到这些。在派给袁术的几千骑兵一事上，他不听劝告，做出了毫无安全把握的选择，当时有无借此拯救儿子刘和的私心作祟不好确定，但不顾二把手的反对，对富有野心的袁术送去几千骑兵，以及后来在没有做出任何说明的情况下就擅自扣发公孙瓒的军粮，却都是刘虞领导行为上明显的错误。一个团队中的一、二把手各自向共同的上司告状，当时刘协的朝廷在长安自顾不暇，他们难以解决幽州团队的问题，而州牧刘虞领导素质的欠缺也由此暴露无遗，明白人的懵懂处显而易见。

0.4（4）刘虞的民望从哪儿来？

在刘协的朝廷西迁长安后，关东反董卓联盟的将领们想在汉家宗室中推举一人另立为皇帝，他们选中了幽州牧刘虞，其中的一个原因是刘虞从事地方治理多年，在百姓中很有民望。刘虞的民望如何产生的，从《后汉书·刘虞传》《资治通鉴·汉纪五十二》《三国志·公孙瓒传》及其引注资料中，大体上可以看到问题的答案。

（1）起步基层，扎实做事。在当时世道衰乱之时，刘虞作为皇室宗亲并没有和朝廷执政者去套近乎，他开始仅仅担任了县属的户曹吏，主管县内户口名籍、婚庆、祭祀等事务。刘虞在低微的职位上修身治事、勤勉谨慎、忠于职守，不久就因工作认真被任用为郡属官员，后来举孝廉为郎，又升为幽州刺史。刘虞在幽州实行"清静简约""礼义化民"的方针，精简机构，节约开支，最大限度地减轻老百姓的负担，尽量让民众过上正常和安康的日子；同时以礼仪引导百姓，注重伦理精神的灌输教育，当地民众能够感觉到为政者的仁爱和关怀。刘虞是从最基层的工作干起，做好每一环节，一步一个脚印地向上升迁而成为地方高级官员的。

（2）推崇仁政，爱民为上。刘虞不久职务转换，被平调为甘陵相，他懂得老百姓的所需所求，在这一职任上坚持以仁爱之心安抚战乱中的平民，受到了黎民的拥戴。在此期间他曾经因病回家休养过一段时间，等到身体恢复时，恰好甘陵郡社会秩序又陷入混乱，郡内官员民众都怀念刘虞先前的治理，朝廷重新任命他为甘陵相，他上任后继续推行利民善政，甘陵很快得到治理。幽州与甘陵都靠近异族之界，刘虞以大仁为善之心妥善处理民族关系，很得当地少数民族的欢迎。当时周边鲜卑、乌桓等少数民族都按时朝贡，没有侵扰边疆的。甘陵郡前后治乱状况的比较，也说明了刘虞推行仁政治理的成效。因为他在地方治理上很有成就，朝廷将他征召为尚书令，后来觉得皇家宗族的事务更紧要，就调任他为宗正。

（3）破除卑尊，恭谦待人。刘虞因病回家乡休养期间，在生活中没有一点架子，完全和老百姓一样，他救济过同村和本乡的受难民众，和大家一起游玩取乐，不以自己名位高而有什么差别，当地民众都很尊崇他。乡里有什么诉讼官司，双方都不去找官方判案，而是自己来找刘虞请处理，刘虞也总是作出于情于理都很合适的说明和决判，无论大小人都会恭敬地服从，不会有什么怨恨。曾经有一位村民家里丢失了一头牛，牛的骨体和毛色都与刘虞家的牛很相像，于是就把刘虞家的牛错认成自己家的，刘虞也就让他把自家的牛拉走；后来这位失主找到了自家的牛，归还了刘虞家的牛并且道歉致谢。这些生活片段反映了他和老百姓的关系，能够从中看到刘虞在民众面前完全放弃了等级卑尊观念，亮出了同情和仁爱之心，他是一位是非分明而无偏私、善于主持公道、能够谅解他人过失的谦谦君子，这些行为和心性本身就具有对普通民众的不小吸引力。

（4）注重经济，开放市场。刘虞后来被委派担任幽州牧，他平定了张举张纯等人的叛乱，同时非常注重地方的经济事务。幽州地处偏远，边境事务要耗费很多钱粮，过去每年要把青州和冀州的赋税两亿多划拨过来，以补充幽州钱粮的不足。但因当时道路不通，运送不到的情况时有发生。刘虞实行宽厚政策，注重农业生产，鼓励农民耕作和种植，并且开放了上谷地区和胡人的贸易，允许渔阳富饶的盐铁贸易。这样一来地方收成很好，百姓喜悦，谷子一石才三十钱。青州、徐州士绅百姓躲避黄巾之难，跑到幽州这里来的有百余万人口，刘虞对他们都收留慰问，并送上抚恤关爱，为他们安排生计，流民都忘了自己是流落他乡之人。

（5）崇尚节俭，不积私财。刘虞虽然贵为上公，但天性节俭，不积私财。灵帝刘宏在位时，南边宫殿发生火灾，当时州郡官员上任时，朝廷要求他们到西园拿出赞助宫殿修缮的费用，一千万或者二千万钱不等，富有的官员用私家财物解决，有的官员会设法勒索百姓钱财，家中贫寒而又清廉谨慎的人没办法调剂出来，有的会因此而自杀。刘虞转任时，灵帝刘宏特许他不需要拿出这笔钱，刘虞家里的清贫在官场上是知名的。刘虞把生活俭朴看作一种高尚品格，经常穿着旧衣草鞋，衣服破了会补后再用，饭食没有两个肉菜，远近那些富豪人家一贯生活奢侈的人，都会受刘虞感化而改变他们的生活习惯。俭朴尽管属于私人生活的方面，但百姓亲近和爱戴这样的官员。

皇家宗亲刘虞通过自己的努力，从基层小吏一直干到了国家三公的高位。他带着亲民爱民的朴素之心走进职场，在实践中摸索出了许多实用的治政手段，解决了辖区民众的生活问题，赢得了千万百姓的人心，形成了混迹官场之群不易企及的较高民望。《英雄记》中说，刘虞在博平县（今山东聊城境内）任县令时，推行平等公正、尊德纯朴的治理，该县境内当时没有了盗贼，也没有了灾害，相邻的县出现了蝗虫灾害，但蝗虫到了博平县界，飞过边界却不进入。这里所记录的传说当然有夸大不实之处，但从中可以看到，天人感应在此已被民众用来证明刘虞地方治理的成功，而人们对刘虞治理善政的确怀有热切的向往和推崇。

0.4（5）他没有战胜冲动的魔鬼

幽州牧刘虞长期在地方工作，他坚持推行符合百姓利益的仁爱善政，赢得了民众的尊崇和拥戴；他消灭了自称"天子"的张举一伙反叛，又拒绝别人把自己抬上皇帝之位，表现了对东汉朝廷的赤胆忠心，因而在当时积聚了较高的民望。然而另一方面，他却因为种种原因与骑都尉公孙瓒在守边平叛活动中积蓄起了难以分解的怨恨。如何化解和处理这一矛盾，当时成了对刘虞地方治理能力的最后考验。

公孙瓒的部队是由刘虞统属节制的，双方的对立其实是同一作战系统内部上下级之间的矛盾，无论从组织关系上讲，还是从他们各自控制的军队数量上讲，刘虞都占据着主导地位。如果能借助组织关系的程式，对这一矛盾进行有理性有节奏的及可控性的内化处理，应该是没有问题，至少不会使问题扩大。但刘虞对待这一矛盾却不是这样考虑，他主观妄为，意气用事，连出昏招：一是擅自减少对公孙瓒军队的粮食供应。粮食是军队的命根，这一处置方式促使对方对刘虞手头可控的物资作连续抢夺，原有的意气之争演变为双方的公开冲突。二是向上级告状。刘虞通过驿站使者把对方的抢夺行径报告给朝廷，大概是希望皇帝出面指责吧；但公孙瓒同时也向朝廷发去了揭发刘虞克扣军粮的告状信。刘协的朝廷远在长安，当时对付董卓而不能自顾，根本无力处置幽州的棘手问题，况且一时难以分辨事情的真相，只好抛开是非两边劝和。刘虞反映给上司的问题没有得到解决，反而使内部的纷争外溢于朝廷，失去了内部化解的可能。三是连续刺激对方的紧张心理。在告状无果的情况下，刘虞几次请公孙瓒前来州府，他在此没有说明前来州府是何种事务，端起架势相请，难免让对方怀疑有"鸿门宴"的味道。公孙瓒自称有病，并不前来，这应是受请者自然的反应，但连续相请实在是强化了公孙瓒的戒备心，他在蓟城修筑高丘而居其上，正是一种明确的预防措施。刘虞的这些处置方法，没有对事态产生任何化解作用，反而导致了问题的外在化和扩大化。

  在三招均不见效的情况下，刘虞想出了最极端的昏聩招数，即出兵讨伐。据《后汉书·刘虞传》《资治通鉴·汉纪五十二》《三国志·公孙瓒传》所记，刘虞把攻打公孙瓒的打算告诉了州府官员魏攸，魏攸说："现在天下人都仰望您，人心归顺，您也需要谋士和武将的辅佐，公孙瓒的文武才力都可以借重，虽然有些小的过错，本来就应该容忍。"魏攸肯定了公孙瓒的长处，认为他是刘虞守边治政仍然可以借重的人才；魏攸在这里还是坚持把双方的矛盾做内化处理，他其实也是向刘虞自身提出了更高的要求，即让他开阔胸襟，容纳有缺点的人才，这是解决问题很好的思路，刘虞当时听从了这一意见，停止了他军事打击的计划。

  过了一段时间，魏攸去世了，而刘虞积下的怨恨却没有消除。193年冬，刘虞率领各处驻军十万人去攻打公孙瓒，下属将领程绪摘掉头盔上前劝谏说："公孙瓒虽有罪过，但罪名不明确。您没有先行告诫促使他改正，而在内部互相伤害，这对国家不利。再说我们作战胜败难料，不如把军队驻扎下来，向他显示武力，公孙瓒定会因惧祸而来谢罪，这正是不战而使人屈服。"刘虞认为程绪临战阻碍计划，将其斩杀示众。他领军队冲进蓟城，由于他的军队不善作战，打不了硬仗，反而被对方趁风放火而取胜，公孙瓒追至居庸县（今北京昌平西北），抓获了刘虞及其全家。他把刘虞带回蓟城让签署州府文书，恰好朝廷在长安刚处斩了董卓，派使者段训来幽州给刘虞和公孙瓒升官封邑，公孙瓒趁机诬陷刘虞，说他先前受袁绍韩馥的支持曾打算称帝，胁迫段训在蓟城的街市上斩杀了刘虞。

可以看到，刘虞的身边不是没有高人，魏攸、程绪在军事行动前提出的建议，都蕴含着很高的策略价值，当然需要主事人修炼出上佳的领导艺术来实施。前者让他从积极的方面容纳公孙瓒而才为己用，后者提出了不战而屈人之兵的取胜方式，他们大概都知道双方军队的作战素质以及主将本人的指挥水平，建议刘虞用政治斗争的手段制服对手，意在发挥刘虞本人的所长吧，但刘虞根本看不到自己的用兵之短，理解不了两位劝谏人的思想主旨，他控制不了脑子中冲动的魔鬼，处死程绪后，主动挑起这场不可挽回的内部残杀，最终向对手送死。

斩杀了刘虞后，公孙瓒向朝廷上表请求任段训为幽州刺史，同时派军队去搜查刘虞的内宅。搜查中意外发现，经常穿着旧衣草鞋，以生活俭朴而闻名的刘虞，家里堆满了绫罗绸缎，他的妻妾都穿戴着华丽的服饰。刘虞的生活俭朴到底是真还是假，他是否是一个外示俭朴内实奢靡的伪君子，这一问题一直引起人们极大的关注与疑惑而无法开解。后世也有史家认为，在家中搜出的绫罗绸缎，应该是公孙瓒事先放置进去用以败坏刘虞清廉名声的奸谋。从刘虞一生的行为表现观察，史家的说法很有道理，遗憾的只是不能得到任何事实上的证明。

刘虞在地方治理上积有丰富的经验，其中许多方式对后世人们具有积极的启发，但他不善于组织军队打硬仗，缺乏团结下属容纳人才的政治胸怀以及实施思想沟通的领导方式，关键时候又为情绪左右，战胜不了自我冲动的魔鬼，最终毁灭了自身，也留下了品格存污的嫌疑。

0.5 震荡的西部政局

相对于京都洛阳而言，西部地区指函谷关以西的广大地区，主要包括关中、汉中，以及更加僻远的凉州和西南益州之地，这些地区地理位置接近，但又山险隔绝，它们的政治演变各有自身的特殊性。

0.5（1） 刘焉对益州的圈占

188年初，被打败的黄巾军余部又在河西白波谷起事，他们向太原郡、河东郡进攻，大有死灰复燃之势。朝廷太常刘焉向灵帝刘宏建议说："各地发生叛乱，是由于刺史权威太轻，不能制止暴乱，同时所任用的人也不合适，致使百姓叛离。应该改设州牧镇抚一方，并在中央选派清廉的重臣来担任。"这一建议提出不久，益州刺史郗俭、并州刺史张懿、凉州刺史耿鄙均遭寇贼杀害，朝廷感到地方军政确实需要加强，于是采纳了刘焉的建议。

把刺史改为州牧，这一变化非同小可，涉及中央和地方间的权力划分。西汉时就实行郡县制，全国大约设置有四十个郡，太守是一郡的最高长官，俸禄二千石，属于较高级别的官员。汉武帝为了加强中央对地方的监管，将全国分为十三个区域，称为州，每个州设有刺史，负责对州内各郡长官的政务行为巡查监督，并向中央报告；刺史的俸禄六百石，属于级别较低的官员；其活动范围大，但不属于郡上面的管理机构，没有固定治所，只有巡视监察权；东汉后期曾赋予了某些刺史的行政统属权，但没有改变其职位低权威轻的状况。刘焉提议把刺史改为州牧,州牧属于俸禄二千石的高级官员,并且是凌驾于郡守之上的一级行政机构;同时为了对付地方反叛,州牧还统领地方军队,成了兼掌行政和军事双重职能的最高地方长官,该职位后来又派生出了世袭继承性,权势更是不可小觑。刘焉这一提议牵扯到国家行政机构及运作机制的调整,实际上强化了地方治理的权力,加重了州牧在国家政治棋盘中的分量,这一变革对其后天下政治局势的演变产生了重要影响。

刘焉,字君郎,江夏竟陵(今湖北天门)人,是鲁恭王刘余的后代,刘余是西汉景帝刘启的儿子,这一皇家支属在东汉前期自鲁地(今山东曲阜一带)迁徙到竟陵居住。据《后汉书·刘焉传》《三国志·刘焉传》《资治通鉴·汉纪五十一》所记,刘焉年轻时在州郡任职,因为皇家宗亲而为郎中,离职后住于阳城山(今河南登封东北),专心于学问和教学。不久被举荐为贤良方正,逐步升任南阳太守、宗正,后来任掌管皇家宗庙祭祀礼仪的太常。刘焉想要逃避内地的灾难,他自己起先谋求担任交趾(五岭之南,今越南红河三角洲一带)牧,但侍中董扶私下对刘焉说:"京城洛阳将要发生大乱,根据天象,益州地区将出现新的皇帝。"刘焉于是改变主意,要求去益州。后来朝廷任命刘焉为益州牧、太仆黄琬为豫州牧、宗正刘虞为幽州牧。这几位官员均以他们在朝廷原有的官秩级别出任州牧,州牧权力的加重由此开始。当时朝廷侍中董扶与太仓令赵韪都辞去官职,随同刘焉去了益州,益州治所其时在今四川德阳东北。

益州贼寇马相自称"黄巾",聚集起几千为劳役所苦的百姓,先杀了绵竹令,又杀了向百姓横征暴敛的刺史郗俭,接着攻打蜀郡、犍为(今四川乐山市),一个月内攻破了三个郡。马相自称"天子",部众达十多万人,他又派兵攻克巴郡,杀了太守赵部。原本在犍为驻防的益州官员贾龙组织手头的几百士兵,并纠合当地的官吏和百姓打败了马相,派人迎接刘焉到任。刘焉上任后即任贾龙为校尉,安排他驻守绵竹。刘焉在益州安抚民众,推行宽容恩惠的政策,内心在作他个人的打算。

刘焉上任益州牧的三、四年间,他为实现自己内心的目标默默地做了一些事情：一是，任命与自己往来密切的张鲁为督义司马，让他与别部司马张脩率兵进入汉中，杀了汉中太守苏固，切断斜谷，杀死来往的使者。各路诸侯讨伐董卓时，刘焉也一直无意参与，他曾给朝廷上书说："贼寇将道路截断，以后不能与朝廷联系了。"斜谷是关中与益州联系的主要通道，切断这一通道，并杀掉使者，放弃对朝廷政治事务的参与，其心迹已隐约可见。二是，设立严厉的刑法，寻找理由处死了州内王咸、李权等十多位豪强；不久犍为太守任岐和贾龙一起反叛，刘焉一举打败了他们，将反叛的人全被杀死。刘焉借用刑罚杀戮树立自己的权势与威严，自此他在州内意气强横。三是，他制造了天子的乘车和一千多辆辎重车私自使用。刘焉想把这些事情做得默无声响，但这些事情的发生及其包含的目的是无法隐瞒的，当时荆州刘表就曾给朝廷上书，说刘焉在益州的乘车器物和服饰僭越了身份，提醒朝廷注意。

刘焉有四个儿子，刘范为左中郎将，刘诞为治书御史，刘璋为奉车都尉，他们都跟随献帝刘协到了长安，只有任职别部司马的刘瑁随刘焉在益州。献帝刘协知道了刘焉在益州的某种动向，就派刘璋前往益州晓谕刘焉，大概是要让他收敛自己的行为吧，但刘焉却将刘璋留下，不让回长安去。194年，征西将军马腾与刘范商量杀死李傕，刘焉也许是想借机接回身居长安的儿子，派了五千蜀兵前往相助，结果被打败，刘范和刘诞均被杀死。刘焉因为失去两个儿子非常哀痛，又恰逢居住地发生大火，城邑客舍被烧得荡然无存，给自己做好的车子辎重在府库中也被全部烧毁，他只好搬到成都居住，不久背生毒疮，病势恶化而死。益州官员赵韪等人在选择刘焉的继承人时，看上了刘璋温和仁慈，特意将他扶立，后来朝廷下诏书任命刘璋为监军使者，领益州牧，任命赵韪为征东中郎将。

刘焉让朝廷改刺史为州牧以强化地方的政治权威，虽然分占了中央的军政权力，但在各地反叛频发、中央又无力解决时，朝廷也只能迫不得已地应允实行。刘焉本是要借此远离内地、在遥远的交趾郡创出自家的基业，但听说天象预示着益州的龙腾吉象，随即改求去益州任职，对任职地的挑选更换就已大致表明了他去地方任职的目的所在。出身于皇家亲族的刘焉未必忠诚于皇室，但他绝对是个聪明而有抱负的人。

刘焉在益州牧的职位上平叛乱、助百姓，做着朝廷希望做好的诸多事情，但他同时实施自己的计划目标，他利用蜀道之难的地理形势而切断与外界的联系，大树自己在州内的权威，不断踩踏政治规矩的黄线，碎步朝前地趋向内心的政治目标。他向朝廷宣称过益州的隔绝，想方设法要让长安的儿子们离开朝廷回归益州，行动的目标指向其实极其明确，他要把自己占据的地盘隔绝起来，由半独立状态推向自己最终的成功。刘焉离世时，已经划就了自家的一大块疆土，而守护基业、等待机会装入自家囊中的后续事情，要由儿子刘璋来接替完成。

0.5（2）刘璋治益州

东汉宗亲刘焉约在188年放弃朝中太常的高级职务，前往蜀地担任益州牧，他派部属张鲁与张脩领军占取汉中，切断了汉中与关中的通道斜谷，并在当地树植自己的权威，希望把蜀地变为自己独立割据的地盘。194年，他在长安的两个儿子刘范和刘诞均被李傕杀死，刘焉非常哀痛，又恰逢居住地德阳官舍发生大火，损失惨重，他搬到成都居住后背生毒疮，病势恶化而死。当时刘焉身边尚有刘璋和刘瑁两个儿子，益州官员赵韪等人觉得刘璋温和仁慈，特意将他扶立继位，后来朝廷下诏书任刘璋为监军使者，领益州牧，任命赵韪为征东中郎将。

刘璋，字季玉，《三国志·刘二牧传》及其引注，及《资治通鉴·汉纪五十六》记述，刘璋继位作了益州牧后，占据汉中的张鲁觉得刘璋懦弱，就不再顺从，他杀死别部司马张脩，吞并了他的队伍。刘璋见张鲁如此骄横，于是将居住在成都的张鲁母亲和弟弟一并诛杀，两人自此变为仇敌。刘璋多次派遣部将庞羲等攻打张鲁，但都被张鲁击败。张鲁的队伍大多屯集在巴西郡，刘璋因此任命庞羲为巴西太守，让他驻守阆中抵御张鲁。庞羲未请示刘璋，就召集汉昌的賨民为士兵，有人向刘璋诬告庞羲图谋不轨，刘璋起疑。赵韪屡次劝谏刘璋，刘璋不加理睬，赵韪也怀恨在心。刘璋治政几年时间，即与赵韪、庞羲等部属发生矛盾，汉中的张鲁也脱离益州而与刘璋相对抗，都因为刘璋不能明辨是非听信他人谗言。

益州的治理中还发生了当地民众与东州兵的冲突。当初，南阳郡及关中三辅地区的百姓因避难而流亡到益州数万家，刘璋的父亲刘焉把他们都收编为部队，称为东州兵。刘璋性格宽厚而仁慈，没有威信，东州兵侵掠益州当地居民，刘璋不能禁止，于是当地居民与外来东州兵之间就产生了很深的隔阂。赵韪一向深得民心，约201年时，他利用益州人对刘璋的怨恨起兵反叛，率军数万人进攻刘璋。赵韪还给荆州牧刘表送去厚礼并结盟。蜀郡、广汉郡、犍为郡都起来响应赵韪，赵韪领着益州兵众将刘璋围困于成都，而东州人唯恐赵韪与益州兵众成事后他们受到屠杀，于是协助刘璋力战，赵韪的兵众失败，退至江州，被东州兵追上杀掉。

巴西太守庞羲觉得刘璋可能误会自己，非常害怕刘璋前来进攻，就派遣郡中官员程祁向他的父亲汉昌县令程畿索兵，程畿拒绝出兵相助，并劝庞羲对待误会必须显示出真诚，而不能由此生出异心（参见2.10.2《陈寿对蜀书的补充》），庞羲后来向刘璋送上重礼，说明情况并作道歉，刘璋遂提升程畿为江阳郡太守。汉朝廷在许都听说益州局势混乱，任命五官中郎将牛亶为益州刺史，想让牛亶代替刘璋主政益州，征召刘璋入京担任卿，刘璋拒绝接受，并不前往。

当时张鲁在汉中推行宗教式的治理，据说颇得民心，朝廷先前已任其为镇夷中郎将，兼任汉宁太守，允许他向朝廷进贡，汉中实际上属于半独立的割据状态（参见0.5.3《张鲁对汉中的占取》），朝廷虽然无法征讨，但这种情况也是不能长期允许的。208年，刘璋闻讯曹操征讨荆州后准备平定汉中，便派益州官员阴溥前往谒见曹操，以表明心意。曹操加封刘璋为振威将军，璋兄刘瑁为平寇将军，刘瑁患癫狂病去世。

刘璋又派别驾从事张肃给曹操送去三百兵卒及其他多种御用物品，曹操封张肃为广汉太守；刘璋再派别驾张松前往荆州谒见曹操，曹操此时已平定荆州，击溃了刘备，没再对张松加封任用，张松因此心中有怨。正碰上曹军在赤壁失利，且因瘟疫而死亡颇多。张松返还成都后就极力诋毁曹操，劝说刘璋断绝与曹操的联系。他对刘璋说："刘备与您为宗室兄弟，可以与他结交联盟。"刘璋认为说得对，就派法正去与刘备结好，随即又让法正和孟达送去数千兵卒帮助刘备。法正返还后，张松又劝刘璋说："现在益州将领庞羲、李异等人都居功自傲，且心怀异志，如不能得到刘备的帮助，益州将外受强敌攻击，内遭乱民骚扰，必定陷于败亡。"刘璋又听从了张松之言，211年派法正去迎请刘备入蜀。

刘璋的主簿黄权向刘璋陈说迎请刘备的危害，从事王累将自己倒悬在城门上向刘璋劝谏，刘璋拒不接纳，指示所到之处招待刘备，所以刘备在益州就像进入自己的地盘一样。刘备先至江州北，再由垫江水路到涪县，距离成都仅三百六十里路程。刘璋则率领步、骑兵三万多人前往与刘备相会。刘备所率将士依次前迎，大家欢聚宴饮百余日。刘璋将大批物资提供给刘备，让他去讨伐张鲁，然后两人告别（参见2.1.16《进军西蜀》）。

次年底，刘备军队自葭萌向南进攻刘璋，一路节节取胜，至214年，刘备进军围困成都数十日，当时成都城内仍有精兵三万，食用物资足可支一年，城中官民都决心死战。但刘璋说："我父子在益州二十多年，没有对百姓施加恩德。现在攻战三年，百姓抛尸草野，都因我所致，我怎么能安心呢！"于是开城投降（参见2.1.17《占领成都》），部属无不伤心流泪。

刘备将刘璋迁往荆州南郡公安县，将他的财物和所佩振威将军印绶全都归还他。219年东吴攻杀关羽，夺取荆州后，孙权任命刘璋为益州牧，让他驻于秭归。刘璋死后，南中豪强雍闿占据南部益州郡反叛，归附东吴。孙权又任命刘璋之子刘阐为益州刺史，驻在交州与益州的交界处。225年蜀汉丞相诸葛亮平定南中之地，刘阐逃还东吴，任御史中丞。其先，刘璋长子刘循娶庞羲之女为妻，刘备安定蜀地后，庞羲被任为左将军司马，当时刘璋听从庞羲意见留下刘循，刘备乃封刘循为奉车中郎将。所以刘璋的两个儿子刘阐、刘循分别在吴、蜀两国。

当年刘焉想要逃避东汉战乱去交趾任职，听善观天象的侍中董扶说"益州地区将出现新的皇帝"，于是改变主意去益州担任州牧，后来的情况是，益州果然出了蜀汉两代皇帝，但与刘璋父子无缘。刘璋生性懦弱，遇事缺乏主见，对是非关系没有准确的判断力，并不是能够担当大任的政治人物。刘璋绝对不是一个坏人，他的人生再次证实了在政治领域"才不堪任必受累"的事实。

0.5（3）张鲁对汉中的占取

东汉朝廷的衰落和天下治理秩序的紊乱刺激了不少人物的政治抱负，在益州牧刘焉到任后苦心经营自己的一方地盘时，沛国丰县（今江苏徐州境内）人张鲁也趁势占取了与益州毗邻的汉中之地。据《后汉书·张鲁传》《三国志·张鲁传》所记，张鲁的母亲长得漂亮，还懂得神鬼之术，与刘焉家往来密切，刘焉在188年上任益州牧后，即任命张鲁为督义司马，与别部司马张脩率兵进入汉中，出其不意地攻杀了太守苏固，并切断斜谷通道，杀死来往的使者。张鲁的这些行为是为益州脱离朝廷而做的准备，应该是接受刘焉安排，或得到刘焉默许的活动。

然而，张鲁在占取了整个汉中不久，就杀死了与他一同攻取汉中的张脩，并收编了他的部队，汉中遂被张鲁一人掌控。张脩是刘焉委派的将领，刘焉当时派两位将领攻取汉中，既有互相协作之意，也应包含有互相监督之意，他是想要避免一人坐大汉中的局面出现。张鲁并未请示刘焉，也未说明原因就擅自杀死张脩，独自掌控汉中，其私下用心也是不难料想的，只是他本人当时并没有公开宣称而已。

张鲁曾是刘焉的爱将，无论如何他对刘焉还能够做出一些友好的姿态来应付。194年刘焉生病去世，他的儿子刘璋继位做了益州牧，张鲁因为刘璋懦弱，就不再顺从，刘璋非常恼怒，遂把张鲁留在益州的母亲和弟弟等亲属一起杀死，同时派部将庞羲等人攻打张鲁，但张鲁总能够多次取胜，庞羲无可奈何。张鲁的部队大都部署在巴郡地区，刘璋因而任命庞羲为巴郡（治所在今重庆垫江）太守。张鲁瞅机会袭击攻占了巴郡，终于在汉中巴郡地区称雄。尤为特别的是，他承袭应用了家传的道术，在汉中坚持推行带有宗教属性的治民方式。

张鲁，字公旗（祺），他的祖父张陵客居蜀地，在鹄鸣山（今四川省崇州西北)中学道,撰写符书来迷惑百姓。凡是接受他道术的就交纳五斗米,所以人们称其为"米贼"。张陵把道首的地位传给儿子张衡,张衡又传给张鲁。张鲁占有汉中后,把他的道术用在了地方治理上。对张鲁的治民方式,史书上主要叙述了涉及组织管理、生活保障和民间医疗的三方面:①他自称"师君",那些来学道的人,最初称为"鬼卒",入门信教的称为"祭酒"。各个祭酒都率领部众,部众多的叫"理头"。不设官长,由祭酒进行管理。对教徒都要考核他们的诚信,不允许欺哄蒙骗。触犯法规的人先赦免三次,后面再犯才执行刑法。②各位祭酒都在路边造起义舍,与驿站相同,义舍内放着米肉供应给来往客人。取食的人吃饱为止,声称贪多的人鬼就会使他生病。③张鲁的治病办法主要靠病人坦白认错。祭师拿着九节杖为病人祷告,生病者本人叩头思过。祭师把病人的姓名和服罪的话语写在三份符上,一份上达天,一份埋于地,还有一份沉于水。然后喝下祈祷的符水,病好了就表明病人真心信道,病没好就说明病人信道不诚。《典略》中说,张鲁推行的治病方法"大都与黄巾相似",但张鲁作了一些附加和说明。

据说当时辖区民众和少数民族都心悦诚服地归附张鲁,朝廷无法征讨,于是任命张鲁为镇夷中郎将,兼任汉宁太守,允许他向朝廷进贡,这等于认可了他的半独立性割据和治民方式。后来有人从地下挖出一块玉印,众人认为是吉祥征兆,便想推举张鲁为汉宁王。张鲁的功曹阎圃劝谏说:"汉川的民众,超出十万户,四面地形险固,物产丰富,土地肥沃。我们如果辅佐天子,就会成就齐桓公、晋文公的霸业,这是上策;仿效窦融,少不了享受富贵,这属次一等的策略。现在接受诏命任太守之职,掌控一方,您的地位权势足以独断决事。如果急着称王,必定引来大祸。"张鲁听从了他的建议,没有称尊为王。211年,韩遂、马超发起变乱,关内民众从子午谷投奔汉中之地的有好几万家,张鲁的管辖区一时成了周边民众的避难地。到215年时,张鲁对汉川的占取与治理已经将近三十年。

在东汉政治大变乱的年代,张鲁占取了物质富饶、地势易守的汉中巴郡之地,这是汉高祖刘邦当年的受封地和发迹地。张鲁用他敏锐的感知力把握了攻取占据的机会，靠他不错的军事作战能力夺取并保有了这一宝地，运用他家传的宗教思想意识推行出独特的治民方式，根据下属所提正确的政治策略而较为持久地保障了地区的稳定安全，在群雄纷争的天下维持了一块和平福地。无论张鲁的治民方式包含怎样的愚昧性，但他毕竟切合闭塞地区底层民众的均平意识和某些心理需求，在治民方式上做出了一种历史性的实验，也在一定程度上抑制了弥漫于割据纷争时代的欺诈不诚行为。

0.5（4）收复汉中

天师道的第三代传人张鲁在190年前后占取了秦岭南麓的汉中，几年后又占有了巴郡之地，他隔断往来关中的通道，在辖区内推行了具有宗教性质的治民方式，一直保持着朝廷不得已而认可的半独立状态，维持了地区将近三十年的安定。215年，汉丞相曹操在基本平定了北方其他割据势力，并在消灭了董承密谋集团而稳定了朝廷局面后，这年七月打通陈仓道，带领十万军队出散关进逼阳平（今陕西勉县西），这是汉中盆地西边的门户。张鲁政权面临着是否守战的重大选择。

张鲁政权已二十多年没有打仗，他以宗教方式组织起来的社会也一时无法组织起富有战斗力的军队，难以与曹操的部队相抗衡，大概是考虑到这些情况，张鲁就打算以汉中之地向曹操投降。据《资治通鉴·汉纪五十九》《后汉书·张鲁传》《三国志·张鲁传》及诸多引注所记，当时张鲁的弟弟张卫不愿意放弃汉中，自己率领几万军队坚守关口阻止大军前进。曹操不久击败了张卫，进入汉中。张鲁听说阳平已经陷落，准备叩头称臣投降曹操。部下阎圃劝他说："现在危急时去投降，这功劳太小了；不如暂且凭依巴中之地，然后寻机出降，功劳一定会更大些。"于是张鲁率众奔往南山，进入巴中。曹操很顺利地进入了汉中的治所地南郑（今陕西汉中市南）。

张鲁逃离南郑前，身边的人提出，把宝货仓库全部烧毁，张鲁说："我本来就想归顺国家，这愿望没能实现。现在出逃以避曹军锋芒，并非有恶意，仓库里的财物都是国家的。"他安排人封好仓库才离开。曹操进入南郑后看到这种情况，对张鲁的行为很赞赏，又因为张鲁本来就有归降之意，便派人去安慰晓谕他。九月，巴郡的三个头领朴胡、杜濩、任约领着各自众属来归附朝廷，他们分别被任为巴东太守、巴西太守、巴郡太守，都受封列侯。张鲁大概由此感到了朝廷招降的诚意吧，他在十一月带着家属出来归降。魏公曹操亲自出面迎接，任命张鲁为镇南将军，以宾客之礼相待，并封他为阆中侯，食邑万户。

曹操这次出征名义上是代表朝廷来收复汉中，除军事力量强大外，政治上和道义上都占有无可否认的优势，收复的进程似乎也很顺利。但据史料记载，实际情况其实更为复杂，其间发生过以下两个插曲。

曹操此前听凉州和武都的投降之人说张鲁的汉中很容易攻下来，又说阳平城下的南北两山相距甚远，不容易据守，他相信了这些话，就带兵前来。但到了跟前自己亲自一看，根本不是那么回事，因而叹息说："别人臆度的情况，能合于心意的很少。"张卫依凭山势据守，地势险要，曹操的精兵虎将施展不开，军队攻打阳平山上的许多屯军处，打了三天，不能如期拿下，原来设想攻下城后就地取粮，结果进攻遇阻，军队断了粮草，士兵伤亡还很多。曹操一时灰心丧气，准备安排好断后的军队即行撤兵回归，就派大将军夏侯惇和许褚去安排山上的士兵下来返回。但山上的士兵夜间返回时迷了路，辨不清方向，误打误撞地走进了汉中军队的营寨，张卫的士兵不知就里，惊慌之下纷纷跑出营寨而溃散；又据说当天夜里有几千野麋惊恐乱撞，冲坏了张卫的营栅，汉中兵士惊慌逃跑。曹军将领高祚见状后到处鸣响鼓角，张卫误以为大军掩杀而来，也随士兵逃跑了。曹军方面的辛毗、刘晔看见这一情景，急忙告诉夏侯惇和许褚说："我们的士兵已占据了敌人营寨，张卫的士兵跑散了。"夏侯惇听了并不相信，自己亲自去看了，回去报告后曹操让继续进军，大军很快拿下了阳平城，才有后来的事情。事实上，汉中居秦岭山表，进入的通道崎岖而狭窄，地势险要，粮草难以供应，攻取该地不是想象的那么容易。曹操进攻阳平城的成功，包含一些偶然因素，其中偶然性所起到的决定作用，甚至被当时某些人认为是"天祚大魏",觉得是上天在帮助曹操成功。

另据相关资料,张鲁逃入巴中时,刚取得益州不久的刘备也派黄权领兵进军巴郡,试图寻找和联络张鲁投靠益州,跟随张鲁的功曹阎圃提出两条选择:可以北降曹操,也可以西结刘备。张鲁听到这一建议后勃然变色说:"宁为曹公做奴,不为刘备上客。"于是他领着家人出去投降了曹操。后世读者多不明白,张鲁此前并没有与刘备和曹操两人发生直接交往,为什么一提到刘备有那么大的怨愤。其实,这其中没有无缘无故的爱恨,曹、刘双方的军事力量不同,所代表的道义权威不同,这些对张鲁都不是主要的问题,张鲁所以愤恨刘备的有两个要点:一是,刘备在211年受邀请进入蜀地协助刘璋抗曹守疆时,一开始就有攻下汉中以壮大益州的计划。益州别驾张松提给刘璋的建议就是:"邀请刘备进川来讨伐张鲁,打败了张鲁,益州就会强大,即使曹操来进攻,也不用担心。"刘备进川后的首个军事行动就是北到葭萌(今四川广元西南)驻军,准备进攻汉中,只是后来他与刘璋的关系恶化,才改变了用兵方向。张鲁对刘备无缘无故地前来侵犯汉中当然心存不平。二是,马超于211年在关中被曹操打败后辗转逃到了汉中,张鲁一见非常喜爱,提升马超为"都讲祭酒",还准备把自己的女儿嫁给作妻,后来因手下杨白等几人反映马超的个人问题而未嫁女儿,随后两人也发生了其他隔阂,马超逃出汉中到武都、氐中,214年投靠了刘备,受到了刘备的重用。在张鲁看来,自己对待马超是不错的,是马超辜负了自己,也是刘备挖走了自己的人才。张鲁被曹操纳降后回到南郑,即亲手杀掉了马超留在汉中的庶子马秋,可见他对马超出逃一事的芥蒂有多深。鉴于有攻打汉中和挖走马超的两件事情,张鲁遂对刘备生出了巨大的厌恶和反感,因此有对阎圃那样情绪化的语言表达和行动选择。

曹操受降张鲁并取得了汉中后,他不愿得陇望蜀,当年十二月撤兵回邺城,留下夏侯渊镇守汉中,一代天师在汉中的统治至此结束。张鲁随曹操回到中原,五个儿子与阎圃均被封为列侯。曹操还为儿子曹彭祖娶张鲁的女儿为妻,两家结成亲家。张鲁死后谥号原侯,儿子张富继承了他的爵位封号。相比于其他割据人物，张鲁应是享受到了更大的尊荣，他对汉中的占据和治理成了该地永远不会磨灭的记忆。

0.5（5）名闻三辅的马腾

三辅是长安旧都京畿地区三位官员分工管辖的京兆、左冯翊、右扶风三个地区，治所开始都设在长安，其总的区域相当于今陕西中部，大致相同于关中地区。在东汉政治大变乱的年代，三辅之地冒出了一个知名的莽夫马腾，他带领着一支强悍的骑兵，并不追求对土地人口的圈占，采用了某种特殊的生存方式，一时成为西部不可忽视的政治力量。

马腾的部队长期活动于三辅，与当时北方的大多政治集团都有过交集，而史书中没有关于他本人的独立传记，从《三国志·马超传》引注《典略》以及散见于史书多处的相关资料中，能够大体窥看到马腾一生活动的基本轨迹。马腾，字寿成，扶风茂陵（今陕西关中中西部）人，是东汉伏波将军马援的后代。他的父亲字子硕，在汉桓帝时曾为天水兰干县（治所在今甘肃天水）尉，是负责县内治安事务的官员，后来丢了官，留在陇西（陇山之西，治所在今甘肃临洮），与当地羌族混杂居住。他家贫无妻，后来娶了羌族姑娘结婚，生下了马腾。马腾少年时家庭贫寒，没有土地或畜牧产业，就从彰山砍下材木，挑到城里市场上售卖，以此维持生活。他后来的职场生涯大致如下：

（1）参加凉州地方军。马腾身高八尺有余，身材魁梧，面孔雄壮异常，性格贤良忠厚，受众人尊敬。汉灵帝末年，凉州（今甘肃武威）刺史耿鄙任用奸吏，贪污民财，引起民众的怨恨，王国、韩遂等人于187年联络氐、羌族的民众起而反抗，州郡招募有勇力的人前往征讨，马腾应招参加了队伍。他在战斗中表现优异，被任命为军中小官员，带领部众单独出战，因为军功被任军中司马，又升为偏将军、征西将军，时常驻军在汧、陇之间（今陕西千阳陇县一带）。大约191年时被朝廷任命为征东将军。其时董卓刚将朝廷迁于长安，马腾受任将军应该与凉州军阀董卓的安排有关。

（2）与官军相冲突。马腾驻军关中西部的汧、陇之间，这里的粮食不足，他约在192年间向官方反映自己军队缺乏食物，要求驻军于关中东部的池阳（今陕西泾阳西北），随即将驻军地迁到泾水岸边的长平观，约在长安西北五十里。附近的官方驻军将领王承担心马腾的军队到来后不利于自己，就出其不意地发动进攻，当时马腾没在军营，毫无防备，遂被王承击败，他领着军队向西撤走。其时李傕、郭汜占据长安，马腾曾和他们联合没有成功，旋又对峙争斗而告失败，当时三辅之地战乱不断，马腾退回关中西部后不再东来。

（3）与韩遂的合作与争夺。韩遂起先是追随王国反叛朝廷的将领，马腾开始参加凉州地方军，就是征讨王国反叛的，两人属于对立的阵营。而在移驻池阳之时，征东将军马腾与镇西将军韩遂却发生了亲密合作，他们结成了异姓兄弟，非常友好。这期间他们曾和朝廷的几位官员刘范、刘诞等人暗中联络，想要消灭李傕在长安的势力，但事情失败，朝中官员被对手所杀。马、韩两人的这一友好可能与董卓对韩遂的招安任将有关吧，他们当时都成了朝廷认可与任命的地方军将领，共同的利益和地位促成了这一合作；然而不久，两支部队下层将士之间的矛盾纷争，竟然就导致他们成了对立的仇敌。大约194年，马腾攻打韩遂，韩遂败走，其后纠合力量反攻马腾，杀掉了马腾的妻子，几年间双方互相攻击没有完结。在这里，与韩遂关系的反转反复，把马腾的狭隘眼光和低端素质无所遗漏地展现在了世人面前。

（4）为曹操控制的朝廷所利用。约196年的建安之初，曹操已将朝廷迁于许都，鉴于马、韩二人连年争夺不休，朝廷派司隶校尉钟繇持节前往关中，与凉州牧韦端调解两支军队间的纷争。曹操还在官渡之战前特意嘱咐钟繇，准许他使用不拘旧制的灵活方式，要保证"朝廷无西顾之忧"。钟繇到达长安后，写信给马腾、韩遂，向他们陈述利害表明态度，两人都愿意休战和好，各自送来儿子做人质。约204年，马腾还拒绝了袁尚的拉拢，派遣儿子马超率精兵攻击袁尚安置的河东部队，斩杀了守将郭援；其后马腾与钟繇、张既督率的其他部队一起，消灭了支持袁尚的并州刺史高幹及匈奴单于,打败了在河内为寇的张晟、卫固等部队,又把收编的降卒送给曹操以扩军。朝廷让马腾驻军关中东部的槐里(今陕西兴平东南),大概是作为对他军事合作的奖赏吧,还任命他为前将军,假节,封槐里侯。

(5) 留下军队自己去朝廷做官。大约208年,曹操在率大军南征前,他征召马腾来许都作朝廷的卫尉,主管皇宫禁卫事务,而把马腾随来的家属安排在王都邺城居住。马腾觉得自己年龄大了,就把关中的部队交给儿子马超掌控,自己去朝廷做官,去后被诏拜为偏将军,儿子马休为奉车都尉,马铁为骑都尉。211年,曹操安排军队出关中去讨伐汉中张鲁,马超怀疑是来进攻关中的军队,于是联合韩遂及三辅地区的十多支部队,共有十万之众,屯据潼关以抗拒曹军。这一军事对峙,关中军队自认为是自卫,而曹操的朝廷则认为是反叛,双方在此展开了数月之久的斗智斗勇,最终曹操打败并消灭了盘踞关中的诸多杂牌地方军,马超兵溃后逃入安定(治所在今宁夏固原)组织力量,事不成功,遂去汉中投靠了张鲁。而在潼关大战进行之际,朝廷发诏书收捕了马腾及其在邺城的家属,一并将其杀掉,据马超事后对人说:"阖门百口,一旦同命。"马腾的军队在三辅大地纵横驰骋了二十多年,至此全军覆没,他个人和全家的情状也相当惨烈。

马腾出身贫苦,富有勇力,他以贤良忠厚的性格,在驻守地"北防胡寇,东备白骑,待士进贤,矜救民命"。史书上给了他很好的评价,在众多的地方军阀中,他没有去做伤害百姓的坏事,而是依靠自己的军队保卫了地方的安全,大体上赢得了百姓的爱戴。然而,不同于历史小说渲染的那样,马腾并没有对朝廷和皇帝的满腔忠诚,也不是侠肝义胆的英俊,没有参与朝廷"倒曹"的密谋。从他长期活动的轨迹上看,斯人政治意识淡漠,不能把握自己的定位,缺乏确定的理想与目标。他长期活动在关中之地,却并不追求对土地人口的圈占,没有建立任何行政组织,毫无地方治理的意识。他凭着朴素的生存技巧,让自己的军队长期游走于边境土匪和地方武装之间,试图在左右两边选吃高草。政治识辨力的不足使他在某种名利的诱惑下,把自己和全家老小的性命作了政治抵押品;而手头的军队因为受某种特殊生存方式的左右,最终丧失了其存在的价值,演变为社会赘瘤，被政治运动的规则所淘汰应是迟早要到来的终局。

0.5（6）韩遂的职场生涯

韩遂是东汉末期活跃在三辅地区的地方军首领，他统领着一支几乎不受政府控制的军队，这支军队曾受到各级政府的招安和利用，而它始终以自身的生存为目的。史书中没有关于韩遂本人的独立传记，从《三国志·张既传》引注《魏略》以及散见于《后汉书》《三国志集解》《资治通鉴》各书多处的相关资料中，能够看到其一生活动的轨迹与某些片段。虽然韩遂的军队具有和马腾军队相类似的属性、地位及兴亡节点，但他的职场生涯则大为不同，颇有奇趣。

模糊的出身和职场初始　韩遂，又名韩约，字文约，金城（今甘肃兰州西南）人。他曾和曹操有一次在两军阵前交马叙谈，说到父亲当年和曹操同岁孝廉。不管同岁孝廉者的年龄差距会有多大，但这表明了韩遂父亲的身份，韩遂本人应该是出身于金城并不贫寒的世家子弟。综合各种记述不同的资料也能够发现，韩遂开始供职于凉州（又称西州）郡府，在当地有很好的声誉。他曾受督军从事边允的派遣去洛阳办事，朝廷主事的何进早就听说韩遂之名，特意请他来相见，韩遂向何进提出诛杀宦官的建议，何进表示没法实施，韩遂于是要求返回凉州。可以窥见，韩遂有不错的出身，初始的职场位置和取得的成绩也都很好，他去洛阳受到何进的召见是年轻人一段少有的经历，提出的建议合于当时职场大多人的理念。

沦为叛首　在中平元年（184年），黄巾到处起事，有个叫北宫伯玉的湟中地区志愿从军者，当时称为"义从"，他与当地人王国，联络先零羌人在地方起事，他们杀了护羌校尉泠徵，又到官府提出要见边允、韩遂等人，太守陈懿劝两人去相见，叛军一共带走了十多人，到了护羌营寨，太守陈懿即被杀掉。这些起事反叛者以边允、韩遂的名义发布通告，陇西地区的许多人都以为边允、韩遂是反叛的头领，各州都发布告示，以千户侯的出价来购求他们的头颅。两人为了避免尴尬和误会吧，边允就改名为边章；韩遂以前叫韩约，为此改为现名。那些起事反叛的北宫伯玉等人要

借助边、韩二人的声望来组织力量、开展行动，诱骗和劫持了两人，韩遂一时成了洗刷不清的反叛首领。

独掌十万军队 北宫伯玉等人起事不多久，各地都招募勇士组织起了平定反叛的队伍，凉州刺史耿鄙带领六郡组建起来的部队与其交战，扶风茂陵人马腾就是其中的成员。在双方的持续交战中，反叛的部队并没有被打垮，他们攻烧州郡，反击官军。到187年时，专任军政的韩遂在自己的队伍中杀掉了北宫伯玉，边章病逝，也有资料说是被杀，总之，韩遂一人掌握了这支反叛起事部队，当时已达十万之众。而平叛者一方，耿鄙本人因过去长期贪污民财，在民众和士兵中没有威信，凉州别驾联络反叛部队杀掉了耿鄙，军中司马马腾也参与了这次行动，最后掌握着这支军队。这样一来，平叛的军队也带有了反叛的属性，双方成了同一性质的军队，时而还能建立起合作关系。

与马腾的合作与争夺 189年，凉州军阀董卓控制了朝廷并且不久迁都长安，他招安了韩遂的部队，并以朝廷名义对韩遂和马腾作了任命。两人同时驻军于三辅之地，有着共同的利益和要求，一度关系友好，结为异姓兄弟，与官家军队冲突过，后来还与李傕、郭汜争夺过，也曾抗击过外族军队对三辅的侵扰；不久，两人又因部属间的矛盾发生冲突，194年马腾的妻子丧命于韩遂之手，双方攻战不绝。后来，曹操迎献帝刘协于许都，他在官渡之战前安排司隶校尉钟繇去关中协调和解了两人的关系，在204年，韩遂与马腾还协助曹操消灭了袁氏父子在并州的残余势力。

与马超合作抗曹 曹操与三辅将领建立了友好关系后，提出让他们来朝廷做官，同时要求把家属一并带来，马腾在208年就这样做了。次年韩遂因事派心腹爱将阎行去邺城见曹操，曹操专门托阎行带给韩遂书信重提此事。阎行认为，三辅地区民力疲惫，应该依附朝廷，建议按曹操说的去办，而韩遂坚持说："再观察几年吧！"他没有去朝廷做官，却打发儿子和阎行的父母去了邺城。211年，曹操率领军队出关中，其时韩遂去西部征讨武威太守张猛尚未返回，而马超已推举韩遂为都督，率领三辅多支部队在潼关抗拒曹操，韩遂在返回后认可并参与了马超在潼关抗击曹操的行动。数月后三辅军队被打败,各自溃逃。韩遂从华阴一直逃至湟中(今青海西宁境内)。他在当地羌族人中有威信,希望在这里组织军队,东山再起。

嫁女给阎行的伎俩 韩遂在潼关兵败时,听说自己送到邺城的儿子都被杀掉,而阎行的父母却未被杀;又听说曹操还曾给阎行写信报告其父母的平安,让阎行想法为他父母尽孝。韩遂于是怀疑阎行对自己并不忠诚。为了促使阎行和自己保持一心,他提出把自己的女儿嫁给阎行,并且强迫阎行接受。阎行不得已做了韩遂的女婿,消息传出,曹操果然以为阎行与韩遂关系亲为一家,一时产生了杀其父母的想法。在这里,韩遂想要嫁女儿给阎行,想要密切和阎行的关系,这都无可指责,但他把嫁女一事作为误导曹操、诱使曹操杀掉阎行父母的伎俩,就属于与人不善的道德问题,也是对女儿毫无责任的利用式对待,这里完全暴露出了他人格和品质的不完善。

和阎行的公开冲突 韩遂盲目地相信,阎行娶了自己的女儿,曹操必会杀其父母,阎行就成了一心跟随自己的属下了。他在组织力量时感到人手不足,就让阎行代理西平(约今青海西宁湟水流域)郡守,哪知阎行组织起了自己可以调动的力量,即与韩遂相对抗,阎行试图杀掉韩遂去投降曹操。韩遂伤心地对身边人成公英说:"男人们受困,莫非都是由婚姻引起吧!"阎行在一天夜里发动进攻,没有取胜,他感到力量不足,无法勉强,就带着家人离开湟中,去投靠了曹操。其后,韩遂还与夏侯渊有过交手,被其打败。215年被部下杀害,时年七十多岁,几位将领斩下他的头颅送给了曹操。

韩遂在黄巾军起事的当年遭受劫持,从凉州郡府办事员被动地投身从军,其后掌握了一支规模不小的军队,又从反叛的队伍中转变成了政府认可的地方军。他长期活动于三辅之地,与马腾父子的军队不断摩擦又交集甚多,走着几乎相似的路径。他本人早先有着较好的出身并且享有很好的声誉,而长期的军政争斗活动反而限制了他的胸怀和视野,使他在偌大的年纪上仍然没有养成更为完善的心性,人生的结局是悲凉的。

0.6 江淮之乱

长江与淮河之间的南部地区,由于此前经济的发展和人口的增长,到东汉末年已经显示出了兴盛的迹象,因而也成了政治骚动的生长点。其中袁术的政治闹剧和孙坚势力的快速崛起搅动了江淮政局的动荡。

0.6（1）袁术的称帝闹剧（上）

东汉朝廷政治统治力的衰落导致了州牧势力的壮大和地方割据现象的频发,圈定一方土地谋求独立发展的政治势力其时为数不少,而真正占据一方公开称帝为尊的,是号称四世三公、家世显赫的南阳太守袁术。这位东汉末期的"官四代"公子哥,在献帝刘协的朝廷尚被各方认可尊奉,而自己的政治势力尚未一支独大的情况下,就大造改朝换代的舆论,打出一些虚妄不实的牌子跳出来与天下为敌,演出了一场滑稽的政治闹剧。

袁术,字公路,汝南汝阳人,他的上祖袁安、袁京、袁汤、袁逢连续四代都做过朝廷司空。据《后汉书·袁术传》《三国志·袁术传》中相关资料所记,袁术是袁逢的嫡子,少年时以侠气出名,经常与玩伴们飞鹰走狗田猎游玩,后来有很大改变。他被举孝廉,多次调任后任河南尹、虎贲中郎将,跟随何进参与过诛杀宦官的活动。董卓进京后被任后将军,不久因政见分歧,离开朝廷出奔南阳,南阳太守张咨被杀后,袁术被刘表荐举作南阳太守。参加过对抗董卓的军事同盟和讨伐黄巾余部的战斗,逐步占有了淮南之地,拥有东南部的广大地盘和众多人口。

袁术的割据称帝意图从朝廷西迁长安时就产生，当时渤海太守袁绍和冀州刺史韩馥联络关东各州郡提议另立朝廷，想把幽州牧刘虞推戴为皇帝，以便与董卓在长安控制的朝廷相抗衡。庶兄袁绍专门写信劝袁术支持该事，但袁术做了一些冠冕堂皇的回答，他拒绝拥戴民望颇高的刘虞做皇帝，也不赞成另立朝廷的做法，其真实的意图是想一直保持关东地区无至尊的权威真空状态，为他自己称帝留下空间。献帝刘协与朝廷一行从长安返回洛阳的195年终了之际，在懂得天象和运数的社会圈子中产生了"代汉"的话题，认为汉朝的天下不久会被合于运数者所取代，袁术即在这时公开打出了自家的牌子，为自己称帝制造舆论。

袁术认为自己称帝是有充分根据的：一是，百余年来社会上流传的"代汉者当涂高"的谶语，正好照应着自己称帝。他认为"涂高"就是"途高"，正合于自己的字"公路"，由此认定自己出面"代汉"是早有预示的定数。二是，在袁术脑子中，他们袁家出自春秋陈氏，是舜的后代，承土德；汉朝本承火德。五行的运行顺序是火生土，天下流转的运数是火德之后为土德，那当然就是袁家代替汉家做天子。三是，袁术还有十分欣喜的一件事情：朝廷西迁时丢了传国玉玺，被当时首先冲进洛阳的孙坚军队士兵在城中一枯井中打捞出来，这是天下权柄得以持有和传承的凭证，它目前正好在自己手中。鉴于这些原因，他很有把握地认定，自己称帝为尊是顺应天意、合乎人间程式的。

当时他听说刘协和朝廷在返回洛阳途中被李傕等人的军队打败，正无奈地居于曹阳，大概感到"代汉"时机成熟了吧，就立即召集部下商议说："眼下天下纷乱，刘氏衰弱。我家四代为朝廷辅佐，百姓归顺，现在我想要应天顺民，你们觉得怎样？"众人都不敢回答。主簿阎象用周朝代殷的历史事实作对比，对他说："您家世代兴旺，但还比不上周朝的昌盛；汉室虽然衰弱，也没有到殷纣那样衰败的地步。"话说得婉转客气，但显然是不同意的，袁术默然无言。但他并不甘心，派人去邀请极有名望的张范，张范推辞说有病，打发弟弟张承前去对付。袁术换了个方式委婉地表达说："当年周室衰落，就出现了齐桓晋文这样的霸主；秦朝失政，就有汉朝接替。现在我占有的土地广大，人口众多，想学习齐桓公，模仿汉高祖，您说行吗？"张承告诉他："关键在德行，不在人多。"并表示反对僭越犯上、违背时势的做法。袁术听了很不高兴。当时在江东一带征战的孙策，名义上尚是袁术统属的部将，他向袁术写了一封长信耐心劝谏，最后说："现在不少人受图谶纬书的迷惑，把毫不相干的词句附会起来，只是想讨主子的欢心，不考虑成败。"这是从根本上否定了袁术称帝的思想依凭，特别提醒他应该从现实的角度考虑问题。在这里，袁术就公开称帝一事，前后接收到三次诚挚的建议，他非常希望得到别人的认可与支持，但在最为信任的人群中，没有一个赞同他的行为，都是从不同角度给予规劝。当时被图谶运数迷昏了头脑的袁术根本听不进去这些意见，一直持续推进着他的计划，孙策自此和他断绝了往来。

袁术曾看到庶兄袁绍在北方得到了不少名士和战将的支持，事业有渐次做大之势，大概以为这是分化了他们袁家的力量吧，他恼怒地说："这群竖子不跟随我，反而去跟随我们的家奴！"又写信给正与袁绍交战的公孙瓒，说袁绍不是袁氏所生，信息被公孙瓒全部用在了讨伐袁绍的檄文中。事实上，袁绍是袁逢的婢女所生，比袁术年龄稍大些，他们两人是同父异母的兄弟；而庶兄袁绍后来过继给他的伯父袁成作养子，其在当时原生家庭中的地位的确低些，但怎么讲也不会是"家奴"。袁术对兄弟关系的认识与处理，反映了他头脑中等级意念的根深蒂固，以及对现实政治状态及其个人政治素质的极端漠视，他要凭自我解释的谶语、主观附会的运数和诈抢得到的玉玺，来实现替代汉室的宏业。

东汉朝廷被曹操迁居许都的第二年（197年），河内人张炯送来了袁术应当称帝的符命，袁术得到了一次有力的支持，他终于按捺不住急迫的心情，在寿春（今安徽寿县）公开称帝，僭用名号，自称为"仲家"。随后任命九江太守为淮南尹，设立公卿百官，在城郊筑起皇帝祭祀天帝所用的祭坛，他还派使者将作了皇帝的事告诉吕布，要为儿子聘娶吕布的女儿作妃子，俨然一朝新立的皇帝。

袁术准备已久的称帝图谋终于实现了，这是他十分漠视现实政治而做出的自我选择，但皇帝的称呼不仅代表一种名号，而是反映着特定的政治关系。传统社会崇尚一统江山，信奉"天无二日"，又主张君臣关系的普在性。袁术的僭号行为公开践踏了东汉朝廷的尊严，挑战了现存各个政治势力的内在信仰，贬损了一个壮烈时代中天下众多精英高昂的雄心，纯粹是拉开了山林边惹豹引虎的闹剧。上山容易下山难，不具降豹伏虎的本领，如何能够就此脱身！

0.6（1）袁术的称帝闹剧（中）

汉建安二年（197年），袁术不顾身边多人的真诚劝谏，在寿春僭用名号，公开称帝，自称仲家，由此挑起了与东汉朝廷的公开对抗，表明了与天下各政治集团间的终极性纷争。这样，在政治利害上最相冲突的曹操，以及在袁术占领的南阳、淮南、九江一带最有地缘冲突的刘备、吕布和孙策，首先起来参与了对袁术集团的打击。据《资治通鉴·汉纪五十四》《后汉书·袁术传》《三国志·袁术传》及引注资料所记，其时曹操以汉朝廷的名义组织各集团力量，同时调动社会名流的参与，在关东地区很快组成了围剿袁术集团的统一战线。

说服吕布，孤立"仲家"　袁术称帝后，首先派使者韩胤把事情告诉了驻军徐州的吕布，并要求把吕布的女儿嫁给自己的儿子做妃子，大概是希望双方结成以婚姻关系为基础的政治联盟吧，吕布在犹豫之后决定让女儿随韩胤去寿春。徐州城里的名士陈珪与曹操有联系，他觉得吕布如果和袁术联合起来，当地的祸难会很难平定，就去对吕布说："曹操奉迎天子辅佐朝政，将军应该与他同心协力，共谋大事。如今要是与袁术缔结婚姻，必会招来不义的名声，后面将有危如累卵的困境。"吕布先前刚到徐州时袁术曾不肯接纳，想起这些往事吕布也很恼怒，他听了陈珪的劝谏，觉得根本不应该与袁术结为亲家，于是带人赶到半路追回了韩胤和女儿，拒绝了婚事，并给韩胤戴刑具送交曹操，曹操在许都街市上处斩了韩胤，并把他的人头挂起来示众。

曹操在这里是故意将处斩韩胤一事大肆张扬，意在刺激袁术与吕布关系的进一步恶化，同时他写信给吕布，对其拒绝与袁术合作的行为大加赞赏，还用皇帝诏书任命吕布为左将军。吕布非常高兴，派陈珪的儿子陈登前往许都，带着自己的书信去答谢曹操，曹操即任命陈登为广陵（今扬州市）太守，临分别他拉着陈登的手说："东边的事情就托付给你了。"从此陈珪父子就一直充当着曹操东方战略的配合者，而与袁术关系游移不定的吕布则成了对抗袁术的前哨队伍，"仲家"袁术至此成了毫无外援的孤立集团。

分化袁军，出击淮南 袁术派大将张勋、桥蕤等人带着数万步骑兵，分七路进攻吕布的下邳城，杨奉、韩暹是被曹操迁都许县时在洛阳赶走的将领，两人刚投靠袁术不久，当时也受袁术派遣一同随张、桥的军队进攻下邳。吕布在下邳城只有步兵三千，战马四百匹，兵力上难以抵挡，他采纳陈珪的建议，写信给韩暹、杨奉说："二位将军亲自护送天子返回洛阳，而我亲自杀死董卓，都为国家立下大功。如今你们怎么能和袁术一起反叛！不如大家合力击破袁术，为国除害。"并答应将所得袁术的军粮物资全部给他们。韩暹、杨奉收信后大喜，即暗中与吕布联合。吕布的军队立即出击，当逼近张勋营寨百步时，韩暹、杨奉的士兵同时倒戈，呼喊着冲向张勋营中，张勋等四散逃命，吕布率军追杀袁术十多名将领，其余士兵被杀死或落水淹死，几乎全军覆没。

吕布乘势与韩、杨合兵一处，水陆两路向袁术盘踞的寿春进军，一路上颇有斩获，到达钟离（今凤阳县临淮关）后又返回北岸，留下了痛斥袁术的通告信。袁术亲自率领步、骑兵五千人隔岸列兵，吕布的骑兵在北岸讥笑嘲弄一番后撤回。可以看到，吕布军队在反袁前哨阵地的胜利，所依靠的完全是政治分化的成功，袁术的行为犯了当时天下大忌，人们心中都明白他的反叛性质和难以成功的结局，追随者和投靠的人都在为自己准备着一条后路，关键时候的倒戈是难于避免、会随时发生的。吕布以不多的兵力在下邳战胜了三万袁军，并进入淮南耀兵扬武，就已表明寿春防守力的虚弱状况。

多面出击，袁术逃跑 曹操派朝廷议郎王誧持诏书去任命孙策为骑都尉，承袭父亲孙坚的爵位乌程侯，兼任会稽郡太守，命令孙策与吕布等人联合讨伐袁术。孙策想得到将军的名号以加重自己的分量，王誧就以献帝刘协的名义任命他为明汉将军。走到钱唐时，吴郡太守陈瑀暗中勾结祖郎、严白虎等阴谋袭击孙策，陈瑀被孙策部将吕范打败而逃跑；孙策其后继续进军，平定了宣城以东的土地，并招降了丹杨郡豪族首领祖郎。陈瑀与祖郎是投靠袁术的势力，他们的战败与受降使袁术力量更为削弱。

当年九月，司空曹操东征袁术。袁术听说曹操前来，就抛下军队逃跑，留大将桥蕤等据守蕲阳（今湖北蕲春县）作抵抗。曹操大破桥蕤之军，将桥蕤等将领全部斩杀。袁术渡过淮河，逃到淮北，从此走上了没落之路。当地陈国人何夔评价袁术说："天所帮助的是顺应民意的人，人所帮助的是诚信的人。袁术不顺应民意又不讲诚信，得不到天和人的帮助，怎么能够做成事情呢？"曹操以朝廷的名义调动孙策，出击袁术，自己又亲自领军征讨，似乎没有发生特别重大的交战，袁术就逃到了淮北躲避，真不知这个不堪一击的皇帝是怎么个当法。

穷途末路，自毙身亡 袁术尽管兵败落难，但生活奢靡的程度并不稍减，他自己吃着精美的饭菜，属下将士饥饿困苦，却毫不在意。到199年时，储存的物资都已耗尽，生活无法维持，于是烧毁宫殿，去投奔部将陈简、雷薄，遭到了陈简的拒绝，手下士兵又不断逃走。无奈之下，他派人把皇帝的尊号送给袁绍，说："汉朝皇室的气数久已丧失，袁氏应当接受天命为君王，符命与祥瑞都显示得很明白。如今您拥有四州的地盘，人口一百万户，我谨将上天的授命送给您，您定会复兴大业！"袁谭从青州来迎接袁术，需经过下邳北方通道。曹操派遣刘备及将军朱灵率军进行拦截，袁术无法通过，想再回寿春。六月，袁术到达江亭，离寿春还有八十里路，他住下来向厨师讨要饭吃，库里只剩下麦皮三十斛，做的饭难以下咽，他想用蜜水冲服，但根本找不到蜂蜜。袁术坐在竹席床上叹息说："我袁术竟落到这个地步！"气愤成病，吐血而死。

袁术的堂弟袁胤害怕曹操，不敢留在寿春，率领部曲带着袁术的灵柩与家眷，投奔驻在皖城的庐江太守刘勋。前任广陵郡太守徐璆得到传国玉玺，献给了朝廷。后来孙策攻破了刘勋，袁术夫人家眷被孙策所得，他的女儿做了孙权的夫人，儿子袁耀在吴国为郎中，袁耀的女儿许配给孙权的儿子。袁术的荒唐闹剧闭幕了，直到终了才能发现，他自己并没有稍微过人的实力，根本经不起像样的风吹雨打。曹操依靠尊奉天子的政治优势，调动资源，组织力量，就把这个敢与天下为敌的小丑般人物清理出了政治舞台，这其间包含道义的胜利，但绝对是职场上政治活动规律的体现。

0.6（1）袁术的称帝闹剧（下）

东汉末期的袁术自恃四世三公的家世背景和自我认定的图谶符瑞，于197年在寿春公开称帝，把地方军阀割据称雄的潜流推上了地面。他的称帝活动在周边几路政治集团的撞击下，199年六月就走入穷途末路，自毙身亡，终结了汉末政治舞台上的一出闹剧。史书上似乎是将袁术的短暂表演当作丑剧看待，仅仅展现了剧中人物的舞台轨迹，几乎没有正面展示导致其败亡结果的行为特征及其联系过程。袁术的闹剧是包含因果联系的客观活动，至今尚能从不多的史料中依稀捕捉到一些分割不断的联系。

嫉妒心强，诚信不足 关东十多路军队在190年联合对抗董卓时，袁术负责联军的粮草。《三国志·孙坚传》中记述，当时孙坚领军队在阳人（今河南临汝西）大败董卓军队，斩敌军都督华雄之首，为联军的进军立了大功。而有人在袁术面前说："孙坚打进洛阳将无法制约，这是前门驱狼后门进虎。"袁术因此中断了对孙坚的粮草供应，后来孙坚连夜驰马赶到百余里之外的鲁阳（今河南鲁山），向袁术陈述道理，袁术犹豫好久，无法拒绝，才向前线调发了军粮。《三国志·孙策传》中记述，孙策在父亲死后投靠袁术，作战非常英勇，袁术开始许诺孙策为九江太守，临事却任用了陈纪。后来袁术准备攻打徐州，想让庐江太守陆康支持三万斛米粮，陆康不同意，袁术非常恼怒，就派遣孙策领军去攻打陆康，他对孙策说："前面错用了陈纪，经常悔恨没有实现我的本意。这次去拿下陆康，庐江就是你的。"孙策攻打陆康，夺取了庐江，但袁术任用的太守却是他的老部下刘勋，孙策对此一直心有芥蒂，应该不是当事人非要当官做太守,而是所交往的人没有任何诚信。另外,袁术听说孙坚在洛阳得到了传国玉玺,就拘留了孙坚的夫人,他是用胁迫手段将玉玺占为己有的。

不能服众,缺少人才 孙坚和孙策父子早年都亲近并追随袁术,但袁术的处事行为不能赢取人心,最终都离开了袁术。袁术在实施他挑战天下的宏大野心时,与他略有关系的张范、张承辞绝离去,他也邀请兖州刺史金尚做太尉,金尚拒绝而逃,被他杀死了,谋臣几乎无有;战将有灵纪、刘勋、桥蕤等寥寥数人。另外,庐江人周瑜与孙策为友,二十四岁时曾与孙策一同到达寿春,袁术想任命周瑜为将军,周瑜经过观察后认定袁术终将一事无成,就找借口请求担任居巢县长。袁术依照他的请求做了安排,但周瑜经过居巢后,却东行返回自己家乡。鲁肃是临淮东城(今安徽定远东南)的名人,袁术听说后,就将他安排为东城县长。鲁肃发现袁术做事"无纲纪",大概是不守规则、没有条理和思路吧,觉得他干不了大事,就带着全家老小离开东城,到居巢(今安徽六安东北)会合周瑜,与周瑜一同东渡去追随了孙策。江东的这些杰出人才都曾和袁术有过交集,一度做过袁术的部下,不知道其间发生过什么事情,周瑜、鲁肃两人都发现了袁术难以长进的缺陷,认定他不会成事,不谋而合地抛弃了这个声名显赫的人物。也许当时袁术想要取代汉室的政治野心已经流露,也许他的处事方式根本不合于社会当时基本的价值理念,个人能力支撑不了自有的野心,只能产生可悲的结局。相信任何一位人才若能料到这样的前景,只能用脚投票,他们当时连一句客气话也不留下,表现了对任用者的极大轻蔑。袁术竟然弄不清宏大事情需要广大人才相配套这样简单的道理,任何对他的轻蔑态度都不是事出无因。

空有雄心,没有胆略 在东汉朝廷政治统治力衰弱的时代,想要割据称雄的人其实不少,他们大多数都采用隐晦渐进的方式,而袁绍则是打出牌子、一步到位。当然,汉朝并非不能取代,如果不考虑具体条件的适合性,也可以把袁术的行为视作富有雄心,但实现个人雄心,至少不能缺少对付严重事态应有的胆量。袁术称帝后,陆续遭受周边吕布、孙策集团的侵扰打击,这都不是大的考验。197年九月,曹操领着军队前来征讨,袁术这次理应做好打硬仗的准备，但遗憾得很，袁术闻听消息，就安排大将桥蕤等据守蕲阳抵抗，自己竟然抛下军队逃到淮北躲避去了。碰上难事就逃跑，对自闯的祸难没有一点责任担当和应对胆量，即使有正当的雄心，如何能保证实现！在几年间的军事较量中，袁术出场只有一次，那就是吕布打进淮南耀兵扬武后撤至淮水北岸，其时袁术领着五千士兵在南岸隔水列陈，是在炫耀自己敢于迎战的胆量吧，但只换来了敌方的讥笑嘲弄。这位世家豪族的公子哥始终没有在战场上亮出身手，没有在金戈铁马中出生入死的经历，看到的只是用躲避来对付一切艰难。没有胆量支持的雄心，纯粹是一种玩笑，有何胆略可言。

不善处事，纷争缠身 传统社会具有特殊的社会结构，治家和治政应该有一定的相通性，袁术的治政能耐有显露而不充分，他的家事却显示着一团糟的状况。他和兄弟袁绍的关系就一直被世人谈笑嘲讽，挑起事端的当然是自认地位优越的袁术，这里暴露出的是他狭隘自私的胸襟、不识大体的素质和反复无常的心机。而在他称帝之前，小家庭中的两位夫人争着做皇后，闹得不可开交，并且传得世人皆知。另据史述，他在扬州看上了一位倾国之色的女子，是早年朝廷同事冯方的女儿，将其娶进家中做贵人，最为宠爱。其他几位夫人心中不平，就对这位冯贵人讲："袁将军看重女人的志节，你进了袁家如果经常能忧郁愁苦，显出矜持志节，就必会得到长久敬重。"冯贵人信以为真，其后见到袁术就总是垂泪哭泣，袁术以为贵人有志节，更加疼爱。哪料到几位夫人瞅机会绞杀了冯贵人，把尸体悬挂到厕所房梁上，袁术看见后以为是冯贵人碰到忧闷之事而自杀，对其厚加殡殓。这一事情反映了袁术家庭中妻妾关系的阴暗和复杂，表明袁术是一位不善处事、糊涂不明和易受蒙骗的人，家事缠身对他应该是正常的状态。

劫持朝臣，自污己身 192年，李傕、郭汜在长安把持朝廷，他们委派太傅马日磾和太仆赵岐持节去安抚关东各方。《后汉书·孔融传》中说，马日磾去寿春见到了左将军袁术，他向袁术推荐了些地方官员，袁术提出要借他持有的符节观看，但拿去就不归还，并强迫他以朝廷名义任命自己军中的十多位将士。马日䃅对袁术说:"你先世诸公受朝廷任命是怎么做的,你这样催逼我任命官员,难道认为公府的官员可以靠胁迫得到?"袁术不归还符节,又不让马日䃅离去,强逼他担任自己的军师,马日䃅在饱受屈辱后于194年忧愤呕血而死,几年后遗体被送回许都。马日䃅是著名经学家马融的族人,他是代表东汉朝廷前来寿春的,袁术逼迫其任命自己军队官员,显示了他的荒唐和幼稚。同时,他谋划着另立朝廷,那是和东汉朝廷分庭抗礼的,但他的行为本身却表达着对东汉朝廷权威的十分看重。既然看重,何必另立?既然另立,何必看重?袁术的行为表明了他政治上的极不成熟,他胁迫朝臣,无论是作为汉朝的臣子,还是作为自封的"仲家",都是对自身品格和形象的污秽。

袁术的荒唐闹剧在两年间就收场终结了,从史书所述其衰落轨迹中,能观察到他在思想理念和行为方式上的诸多差失,能依稀看到他走向败亡的必然性,也能看到历史丑剧当事人在品质和人格上的种种缺陷。

0.6(2) 少年英雄孙坚

东汉朝廷政治统治力的衰弱,使社会现有政治秩序失去了最有权威的守护者,在政治领域践踏规则、恣意妄为的情况于是会不断发生,这些行为常有武装力量作为依凭和支持,而制止这些行为的发生也必须依靠军事的手段。这样,社会政治领域中各种重大问题的分歧都需要诉诸武力来解决,军事活动因而被推到了社会政治生活中最高的地位,同时成了政治活动的重要内容,一批能征善战的将才自然会应运而生。东汉末期的社会具备了征战将才生成的充分条件,在传统政治影响较为薄弱的江东地区立刻升起了孙坚孙策父子等惹人注目的将星。

孙坚,字文台,吴郡富春(今浙江富阳)人,相传是春秋时代军事家孙武子的后代。据《三国志·孙坚传》及《三国志集解》中相关资料所记,孙坚在青少年时代就表现出了异乎寻常的勇敢。他十七岁时,随其父一起乘船去钱塘(今浙江杭州)办事,途中碰上海盗胡玉等人乘船抢掠了商人财物,正在岸上分赃。商旅行人都吓得停顿下来,过往船只也不敢向前行驶。孙坚对父亲说："这些强盗可以捉拿，让我去干掉他们。"他父亲制止说："这事不是你能干得了的。"孙坚提刀上岸，边走边用手左右指挥着，假装分派下属人众对海盗包抄围捕的样子。盗贼们望见这情形，认为是官兵来缉捕他们，就扔掉财货四散奔逃。孙坚紧紧追赶，斩获了一颗首级带回，父亲非常惊异。孙坚因此声名大振，郡府里任命他代理校尉职务。

汉灵帝熹平元年（172年），会稽郡人许昌在句章（今宁波市境内）兴兵作乱，自称阳明皇帝，与其子许韶一起煽动周围各县起事，聚集起了几万民众。孙坚以郡司马的身份招募了精良勇士千余人，会同州郡官兵讨伐，击溃了许昌的人马。刺史臧旻向朝廷呈报了孙坚的功劳，孙坚被朝廷发诏书任命为盐渎（今江苏盐城）县丞，数年后，又相继改任盱眙（今江苏淮安西南）县丞和下邳（今江苏省睢宁县古邳镇）县丞。县丞是辅佐县令的官员，孙坚历任三县县丞，所到之处颇有声望，他与官吏百姓都亲近和顺。附近熟悉的故旧乡亲与任侠好事的年轻人都喜欢同他往来，经常与他相聚的有数百人，孙坚像对待子弟亲友一样接待施惠给他们，因而在当地赢得了声望，也团结了不少人才。

据相关资料所记，吴县巫门外距县十里处汉时尚有孙武子的大冢，孙坚被称孙武的后代，应该没有问题。孙坚的祖父孙钟，早年和母亲一块生活，非常孝顺，有一年遭遇了荒灾，只好以种瓜为业，有天三个少年来到地里讨瓜吃，孙钟很好地招待了他们，三人对孙钟说："这个山下风水极好，安葬在这里，后代会出天子。你下山后走上大约百步，回头看我离开的地方，就是可以修坟墓之处。"孙钟于是下山，那三人落后三十步跟随，当孙钟在山下回头时，看见三人乘白鹤一块儿飞去。孙钟死后就安葬在那个地方。后来这坟墓上多次发出光泽，有五彩云气上升天空，漫延好几里。村上的老人都议论说："这不是寻常的云气，孙家从此要兴旺了。"又据说，孙坚的母亲怀着孙坚时，曾梦见肠子从腹中拖出，环绕吴地阊门。醒来后很害怕，对邻居的老太太诉说。老太太说："说不定还是吉兆呢！"等到孙坚出生，果然容貌不凡，性情阔达，具有良好节操。

如果孙坚熹平元年时17岁，那他应该出生于155年，和曹操为同龄之人。孙坚和他的下一代后来做大了事情，成了南方江东的出名家族，因而就有许多穿凿附会的故事被回忆起来并流传开来，史家也宁愿把这些故事付诸笔端予以记录，以说明人物的出身不凡。孙坚祖父选定坟茔的故事和母亲的奇异之梦，无论其真实成分有多大，都是借以说明孙家人物与众不同，也表明他们的与众不同是先天就获得并已表现出来了的，这些无非都是传统社会中帝王神秘文化的表现形式而已。

然而，在现实的世界中，人们能够毫不失望地看到，孙坚的确是一位勇敢有为的青年，他能以一人之力征服一群海盗，毫发无损地斩获而还，凭借的就是自己的勇力、胆识和智慧。当时适逢年轻人快速成长的年龄段，而孙坚的爆发式成长完全超出了父亲的意料，显示了巨大的发展潜力。当地郡府对他择长而用，他没有辜负期望，在讨伐许昌的战斗中战功卓著；其后朝廷任他为县丞，一个二十岁左右的年轻人在辅助县令的职位上做得非常出色，并且经历了三个不同岗位的考验，赢得了很好的民望，这实在不是一般人能够完全做到的。曹操在二十岁时出任洛阳北部尉，一时在职场上赢得了喝彩；在同时期的南方，孙坚因英勇善战而在家乡已少年出头，显露英雄本色，同样赢得了众人的一片看好，一颗将星眼看在江东就要升起。

0.6（3） 南北征战显威名

孙坚是因作战英勇而被政府任命做官的，他代理过县尉，担任过郡司马，都是负责地方军政治安的事务，其后在县丞的职位上应该没有脱离统兵治军的责任，又丰富了地方工作的经验。他是朝廷诏书任命的官员，在中央是备了案、有名声的。184年黄巾军在全国四方起事，天下局势骚动不安，孙坚立刻被征用为国家军队的将领，开始在南北征战中大显威名。

当年三月甲子日，黄巾军各州暗中联络，三十六方一同举旗行动，他们焚郡烧县，斩杀官吏，各地警报连续不断，朝廷派遣车骑将军皇甫嵩、中郎将朱儁领兵征讨，孙坚被任命为朱儁部队的佐军司马，随军出征。先前在下邳县一直跟随他的青年都自愿随从参军作战，孙坚又招募了各路商人及淮河、泗水一带的精兵，合计一千多人，与朱儁的部队一起上了前线。当时汝南、颍川一带的黄巾军被官军打败，逃至宛城（今河南省南阳市）坚守。孙坚乘胜追击敌军时，在一个被称西华的小地方偶然失利，他受伤后从马背上掉下来，睡在草丛中，军中将士都不知道他在什么地方。孙坚所骑的骢马驰回营寨，卧倒在地上不断地呼鸣，将士们跟随着马去寻找，在草丛中发现了他。孙坚回营后休息了十多天，伤口稍有好转就继续参加战斗；在围攻宛城敌军时，孙坚带领军队独当一面，他身先士卒，登上城墙，众兵卒蜂拥而上，攻克了宛城。朱儁将孙坚作战行为报告给了朝廷，朝廷任命孙坚为别部司马，这是对本人统率有军队士兵的将领所给予的特别军职，秩级等同于俸禄千石的军司马。孙坚首战立功，得到了朝廷的褒奖。

内地的黄巾军一时被消灭后，边章、韩遂的叛军仍然在西北地区的凉州作乱，中郎将董卓在此征讨无功。186年，朝廷派司空张温代行车骑将军职权，前往讨伐，青年名将孙坚被安排做张温军队的参军事一职，相当于军政参谋、主帅秘书的军职。张温在凉州的军事行动进展得并不顺利。有一次，边章、韩遂的部队自关中退回榆中，张温派周慎率领三万人追击，孙坚向周慎建议说："叛军在城中缺少粮食，将从外面运粮。我愿领一万人去截断敌军粮道，您统领大军跟在后面接应，叛军必然会疲惫饥饿不敢应战，退回羌人腹地。到那时合力围剿，就可以平定凉州。"周慎没有听从，率全军将榆中包围攻打，而边章、韩遂则分兵驻守葵园峡，反而将官军的运粮道路截断，周慎恐慌无策，只好丢弃辎重撤军。孙坚在这次作战中提出的方案事后证明是不错的，他的谋划显得技高一筹，但在参军事的职位上似乎没有军队指挥权，他的建议不被指挥员接受，难以实施，只能空留遗憾。

孙坚曾跟随张温驻军长安，其时张温以诏书召董卓来长安商讨军务，董卓过了好久才来到。张温责备董卓，董卓回话很不客气。孙坚当时在座，他对张温耳语说："董卓不怕有罪而出言狂妄，应当依据应召不按时到来的罪名，执行军法杀掉他。"张温说："董卓一向在陇蜀地区享有威名，现在杀掉他，西进讨伐就失去依靠了。"孙坚说："您亲领国家军队，威震天下，为何依赖董卓？看董卓的言谈，并不想服从您，他轻上无礼，是第一罪。边章、韩遂闹事已一年多，应当及时进讨，而董卓反说不可，他沮丧军心，疑惑将士，是第二罪。董卓受任后没有战功，应召后又逗留滞缓，说话狂妄自傲，是第三罪。古代名将带兵临阵，无不果断斩处以树立威严。现在您对董卓留情，不加斩处，会使威严和军法受到伤害的。"张温不忍心动用刑罚，说："你暂先回营，免得董卓怀疑你。"孙坚于是起身离去。不久边章、韩遂听说官军大兵压境，其党徒部属多有离散，他请求投降。军队班师后，朝廷大臣认为军队并未与敌交战，不能判功论赏；然而他们听说孙坚指陈董卓三大罪状，曾劝张温斩杀董卓，无不叹息。孙坚回京被任为议郎，成了朝廷官员。

187年十月，长沙贼寇区星自称将军，聚众万余人围攻长沙城邑，朝廷任命孙坚为长沙太守，让其率军平叛。孙坚在长沙全郡已颇具威名，他到任后利用自己的行政职权，任用了一批优秀官员，并向全郡发出通告，让大家谨守秩序，除恶向善，擒获叛匪就交付官方。他组织将士拟定作战计划，不到一个月就平定了区星的反叛。当时周朝、郭石等人率领徒众在零陵、桂阳等地起事，与区星相呼应。宜春县受到叛军攻扰，县令派人向孙坚求救，长沙郡的主簿提醒孙坚不宜越郡征讨。孙坚回答："我做太守没有什么文德，只以征伐为功。越界征讨，是为保全郡国。倘若以此获罪，我无愧于天下！"于是，整顿部队起兵救援，叛军听说孙坚要来，闻风而逃。孙坚这次越境追讨，维护了三郡的安定。朝廷根据孙坚前后建立的功绩，封他为乌程侯。

一颗将星的升起，是要依靠内蕴的能量。一位将军在战场上的舍生忘死精神、面对两军阵战的筹谋胜算，及在情感上愿意对国家民众承担的责任，会决定其未来的高度和亮度。青年将领孙坚自征讨黄巾军起，先后随朱儁、张温两位军中大员进入中部和西北战场连年征讨，表现了英勇顽强善打硬仗的作战风格，显示了他判断精准、筹谋出众的军事才能；对区星和周朝等人反叛的迅速平定，表明了他军政一起的综合统属能力，反映了他为捍卫国家安宁敢将个人得失置之度外的热血豪情。不长时期的南北征战，孙坚的威名在不断提升，他也连续受到朝廷的褒奖，属军内出类拔萃的年轻英俊。对三十出头的名将孙坚，而更为严峻的考验尚在后面。

0.6（4）与董卓凉州军的较量

187年，三十出头的年轻将领孙坚被朝廷任为长沙太守，封乌程侯，其时他已经取得了当时同龄人很少能够企及的地位。189年，凉州军阀头目董卓乘东汉政局变乱的机会进入洛阳控制了朝廷，关东各州郡于次年兴义兵讨伐董卓。长沙太守孙坚坚定地参与了关东州郡的军事行动，与不可一世的凉州军队进行了正面较量。

孙坚率领军队在190年三月从长沙出发北上，经过荆州、南阳两郡的稍许盘桓，不久到达鲁阳（今河南鲁山），与当地驻军的后将军袁术相会合，袁术上表保奏孙坚代理破虏将军，并兼豫州刺史，孙坚的驻军之地鲁阳应是与董卓军队对抗的前沿。据《资治通鉴·汉纪五十一》《三国志·孙坚传》所记，有一次，孙坚派部属公仇称领兵回本州督办军粮，临行在城东门外为其设宴饯行，许多将士都会聚席间，未料董卓的数万步骑兵前来挑战，有数十名轻骑兵先到。孙坚一边敬酒谈笑，一边整顿军队，不许轻举妄动。后来骑兵逐渐增多，孙坚才慢慢站起身。他率领大家入城后才说："刚才我所以没有立即起身。是恐怕部队慌乱拥挤，使各位无法入城。"董卓的军队看见孙坚部伍严整，不敢进攻而退还。孙坚在这里处惊不乱，从容镇静，应对了一场偶发的危机。

191年，孙坚的驻军地向前推至梁县东部，时常遭到董卓军中徐荣、吕布等部队更加猛烈的攻击。孙坚平时戴着红色头巾，有一次他带着几十个骑兵突围时，敌兵看着他的头巾就包围追来，孙坚的将领祖茂戴上了那个头巾，掩护孙坚从小路逃脱。祖茂被追得无路可走，下马把头巾放在坟墓间烧坏的柱子上，本人潜伏在草丛中躲避才得以脱身。其后，孙坚再次收集自己的军队，在阳人（今河南临汝西）与敌人交战，大败董卓部队，将都督华雄等斩首。

斩华雄一战是关东联军的重大胜利,也使孙坚的部队名声大振。历史小说曾把该事记在了刘备部属关羽的名下,其实却是孙坚军队的战功。这一功劳当时引起了关东联军内部人士的嫉妒,有人对袁术说:"孙坚打进洛阳将无法制约,这是前门驱狼后门进虎。"袁术负责联军的后勤保障,他因此中断了对孙坚的粮草供应,后来孙坚连夜驰马赶到百余里之外的鲁阳,向袁术陈述利害,袁术无法拒绝,随后向孙坚调发了军粮。

董卓对他的长史刘艾说:"关东的军队屡次失败,都畏惧我,不会有什么作为。只有孙坚有点愚憨,他挺会用人,应该告诉各位将领,让他们知道提防。"董卓还向刘艾回忆了186年他和孙坚都在张温统领下平定边章、韩遂反叛时亲身经历的事情,介绍了孙坚请求领兵去截断叛军粮道,而主将周慎没有采纳的往事,说:"孙坚是个佐军司马,见解却与我大致相同,确实是可用之才。"董卓的表述中体现了他的自矜自傲,但也表达了他对孙坚军事才能的钦佩。董卓还对刘艾说:"可惜孙坚没有缘由地跟从了袁家那些儿子们,最终还会送命的!"这当然是由董卓的立场而得出的判断,但他对孙坚的惜才之情还不是虚假的。

鉴于对孙坚为将之才的看重,董卓派将军李傕劝说孙坚,愿意和他结成儿女亲家,并要孙坚把他子弟中想做刺史、太守的开列出来,由他推荐任用。孙坚说:"董卓逆天无道,今天不能灭他三族,昭示天下,我死不瞑目,怎会与他结亲!"孙坚继续进军,抵达距洛阳九十里的大谷。董卓亲自出击,与孙坚在几个陵园之间交战,董卓失败逃跑,他焚烧洛阳皇宫,退到渑池,在陕县布置防守,作西去长安的准备。孙坚则进入洛阳,攻打吕布,吕布败逃而去。孙坚于是打扫皇家宗庙,用太牢之礼祭祀,并把董卓挖掘的坟墓填起来,修复了各座皇陵。

孙坚的军队打扫皇家宗庙时,发现城南甄官署的水井上方每天早上都出现五色彩气,士兵们感到非常惊奇,没有人敢用井里的水,孙坚让人下到井底探看情况,结果捞到了汉朝的传国玉玺。本传引注《吴书》所记,打捞的玉玺上面刻着"受命于天,既寿永昌"八字,玉玺方圆四寸,有五龙交汇的图案，玉玺的一处有缺角，据说是两年前何进被杀后，宦官张让劫持少帝出奔，执掌玉玺的人将其投到井里，当时急难时这也属于一种保护措施吧。另有资料说，玉玺上面的缺角，那是当年王莽篡位后派人向他的姑母孝元皇后索取汉家玉玺时，元后气愤地摔到地上而撞掉，缺角正是真玺的特征。孙坚在洛阳做完了扫除祭祀等事情后，领军回到鲁阳。

在关东各州郡组织军队准备对抗董卓时，朝廷尚书郑泰就对双方的战斗力作比较说："崤山以东地区太平的时间已很长，百姓不熟悉作战；函谷关以西地区多年受羌人的攻击，连妇女都能弯弓作战。"他认为当时各地最能打仗的是凉州、并州的军队和羌、胡志愿军，而董卓掌握的正是这些部队。事实上，面对董卓凉州军当时在洛阳周边的坚守，以袁绍为盟主的联军部队曾经出击过，失败过，最终踌躇不前；满腔豪气的曹操曾率军队追击西撤的凉州军，在荥阳汴水被董卓部将徐荣打败，军队伤亡很多，本人为流矢所中，只好连夜退军。关东联军抗击董卓军队的总体战况并不如意，郑泰的分析应是有道理的，而无论双方对抗的总体状况如何，孙坚率领的军队却是局部战斗的胜利者，虽然不断遭受挫折，但这支军队夺宛城、斩华雄、败董卓、驱吕布，打过不少恶仗、硬仗，首进洛阳城，收获颇丰，在与凉州军的较量中取得了许多极好的战果。事实表明，孙坚统领的是关东地区最能战斗的部队，也是当时地方军队中最为英勇强悍的队伍。

0.6（5）将星的暗淡与坠落（上）

孙坚是东汉末期政局变乱之世在江东之地升腾而起的将星，他因自己的战绩取得了当时同龄人难以企及的地位。然而，将星的升起需要持续凝聚起内蕴的能量，在寻常人不胜其寒的高处，孙坚却一再显露了自身的薄弱点，升腾的能量难以聚合，最终从高空坠落下来，留给人们回味中的是感叹和惋惜。

孙坚在征战立功的同时就依势狂傲，借公济私。他在190年率军北上去抗击董卓，从长沙出发，经过荆州、南阳两地的盘桓，到达鲁阳与袁术会合，开始了与凉州军的较量。在荆州、南阳两地，他做了两件极有影响的事情。据《资治通鉴·汉纪五十一》《三国志·孙坚传》及其引注所记，孙坚在187年越郡讨伐零陵、桂阳等地的叛军周朝、郭石时，荆州刺史王叡也同时前往讨伐，王叡看不起武官出身的官员，或许是觉得孙坚年龄太轻吧，于是对孙坚说话有些轻薄，孙坚对此心有不满。这次王叡也要北上抗击董卓，他一向与武陵太守曹寅不和，曾扬言要杀死曹寅。曹寅害怕了，就伪造了一份朝廷行使者的公文给孙坚，写下王叡的罪状，要孙坚拘捕王叡，行刑后把情况上报。孙坚得到这份公文，就率军去荆州袭击王叡。

王叡听说有军队来到，就登上城楼观看，派人去问军队来此干什么，孙坚的前驱部队回答："军队久战劳苦，所得到的赏赐不够穿衣服，想到您这儿讨要些资金作军饷。"王叡说："我做刺史的难道还吝惜这些！"他打开仓库，让士兵自己进去，看还有遗留下什么值钱的东西。王叡下城楼看到了孙坚，惊恐地问道："士兵前来请求赏赐，孙府君来此做什么？"孙坚说："接到使者的公文，要处死你。"王睿问："我犯了什么罪？"孙坚说："你犯了'无所知'的罪。"王叡被逼无奈，最后刮下金屑，吞服而死。

孙坚离开荆州，继续北上进入南阳郡，部众已扩大到数万人。他通知南阳太守张咨提供军粮，张咨询问助手，大概是了解对过境友军的政策规定或惯常先例吧，助手回答说："孙坚是邻郡二千石官员，不应该向我们征调粮食。"张咨于是没有供粮。"孙坚到达后，向张咨进献了礼物，张咨次日回访酬答孙坚。饮酒中间，长沙主簿进来对孙坚说："前有文书传给南阳太守，但至今道路尚未修整，军用物资尚未备足，应该收捕南阳主簿问清原因。"张咨大惧，想要离开，但兵士围定四周走不出去。过了一会儿，长沙主簿又进来告知孙坚："南阳太守故意拖延，使贼寇不能及时讨伐，请将他逮捕按军法处置。"于是把张咨拖往军门外斩首。事后南阳全郡震惊，孙坚需要什么都能得到。

另有资料说，孙坚刚到南阳，张咨既不给军粮，又不肯出面相见。孙坚想要进兵，恐怕留下后方祸患，于是假称自己得了急病，全军一时震惊慌乱，迎请来巫医，祈祷祭祀山川之神，并打发亲近的人告诉张咨，说孙坚病重，想把兵权交给张咨。张咨想得到孙坚的军队，就带着五六百步骑兵到长沙军队营寨看望孙坚，孙坚躺在床上相见，没过多久，突然起身，拔出剑怒骂张咨，将其斩首。

时任长沙郡太守的孙坚在前往鲁阳抗击董卓军队的行军途中，相继斩杀了荆州王叡、南阳张咨两位官员，这应视作仗势欺人、胡作非为的恶劣行为。在荆州，曹寅伪造的假文书只是为孙坚的行动提供了依据，真正的动机是他要假公济私，官报私怨，王叡本是一同参加讨伐董卓的义军将领，属于朝廷任用的中高级官员，王叡在零陵、桂阳作战时不友好的傲慢态度当然是错误的，但这种错误还不到需要杀头惩罚的地步；即便需要诛杀，也不是郡守可以动手处置的。孙坚的滥杀行为不仅削弱了自己身在其中的联军队伍，而且践踏了他们联军要用战斗捍卫、东汉朝廷自身代表着的一套政治规则。另外，他对既往数年的事情纠缠不放，寻机报复，为人处事的心胸气度之狭小在此已经显现。在南阳，张咨似乎没有必须为长沙军队提供粮食的义务，战乱年代，各郡的粮食征用都极不容易，紧急时候向邻郡求情、借用，都是可以选择的方式。孙坚也是郡守，但却不愿设身处地去理解张咨的难处，采取杀人立威的手段达到目的，这也根本不是义军在控制区域可以采用的手段。

后世史家一直对孙坚在荆州、南阳的行动持谴责态度，认为"孙坚和王叡都是同举义兵的将领，他为什么要擅自杀掉荆州刺史和南阳太守？"感情上爱护孙坚的人无不为他的行为深表惋惜。南宋学人洪迈在《容斋续笔》中甚至提出："长沙是荆州的属部，郡守是受荆州刺史督统的官员，孙坚因私怨杀了上司。南阳太守张咨，是邻郡的二千石官员，孙坚身为郡守，乘一时兵威，残害邻郡太守，这难道是维护朝廷的行动吗？"当然，以孙坚本人的经历而言，他未必会运用洪氏那样的思维逻辑去思考不同问题间的相互关联性，但孙坚在国家中高层的地位上忘乎所以，以为凭借自己手头掌握的军事势力就可以在各地横行无忌，为所欲为，这肯定是头脑发昏的表现。在现实社会，有些出身底层的人物，他们非常适合在自己所出生的阶层中长久厮混，善于在其中凝聚起各类人众，能在其间游刃有余，但随着地位的快速变幻，他们一旦置身到自己并不熟悉的中上阶层，就极容易丧失自我，不能很好地把握自己，做出社会不容的蠢事，他们是宜低不宜高的可怜悯人物。

在当时的社会背景下，平民百姓聚集起来杀掉郡中太守，抢掠物资，朝廷和整个社会都会视作反叛。孙坚连续杀了刺史和太守，在南阳借势夺粮，他行为的性质属于什么，这里很难与反叛划清界限。他是受朝廷任命的官员，但却没有恪守相应政治行为规范的意识，往昔生活中的负面因素得不到置换，成为自身的拖累，致使星光减色。

0.6（5）将星的暗淡与坠落（下）

长沙郡守孙坚在前去征讨董卓凉州军的路上，率军队斩杀了荆州刺史王叡和南阳郡守张咨，他借公济私，擅杀朝廷官员，威逼粮草，公开践踏朝廷官员还在遵奉着的政治规则，纯属年轻得志后的依势张狂，而他的薄弱点还不止于此。

《三国志·吴书·妃嫔传》记述，孙坚的结发妻子吴夫人是吴郡人，迁居钱塘，早年失去父母，与弟弟吴景住在一起。孙坚听说她有才有貌，就想娶为妻子。吴家亲戚嫌弃孙坚轻佻狡诈，予以拒绝，孙坚既惭愧又怨恨。吴夫人对亲戚们说："为何怜爱一个女儿家而惹来祸灾呢？如果我遇到不好的丈夫，也是命中注定。"于是才答应与孙坚成婚。孙坚随朱儁征讨黄巾军时，他的长子孙策十余岁，推算下来，孙坚成婚应是十八岁前后，那是在他因擒拿海盗出名，被郡府任命为代理校尉之时。当时并非吴家心甘情愿地同意这门亲事，而是出于对孙坚怨恨报复心的一种恐惧，是吴家女子为免除家族祸灾而做出的赌注与牺牲。他们的恐惧心和免灾心都应源于孙坚在任职郡府时那种少年得志、惯于仗势欺人的习性；吴家亲戚当时应是了解过孙坚的为人，认为他"轻狡"，奸猾、诡诈，又轻浮、浅薄，拿不住自己，一出头就张狂。孙坚做了长沙太守而领兵擅杀朝臣的行为，应该是他少年时某种匪气的遗留。

可能是由于当时地缘接近的缘故，或者是对高门大户人家的仰视心理吧，孙坚对退驻南方的袁术一直保持着某种依赖，甘愿充当袁术的追随者。他杀掉了南阳太守张咨，盘踞附近的袁术立即占有了南阳郡，而袁术同时上表保奏孙坚代理破虏将军、兼豫州刺史。这里是否有互相利用的内情，不得而知，但孙坚在阳人之战斩华雄时，对袁术一度停供军粮的行为并没有实施报复，此后又照样接受袁术的安排去出征，表明他对袁术的确具有比王叡等人更多的耐心和气度。他对袁术的依赖导致内弟吴景、儿子孙策多年在袁术的阴影中谋求发展，走不出来。狭隘的眼光使孙坚识辨不出袁术的政治野心和为人的局限性，这也制约了自我事业的提升和持续的兴盛。

孙坚在洛阳郊区打败董卓、驱走吕布，在城中扫祭宗庙，并得到传国玉玺后引军返回，再次驻军鲁阳。不料，自董卓迁朝廷于长安后，关东各州郡出现了自相兼并的风潮。据《资治通鉴·汉纪五十二》《三国志集解》中相关资料，孙坚自己战前刚被袁术荐举代理豫州刺史，而袁绍却改派了会稽人周昂担任，周昂在孙坚追赶董卓时已经袭取了州府治所阳城（今河南登封东南）。孙坚回军鲁阳后知道了这事，不胜感慨说："我们同举义兵，是为挽救江山社稷。如今逆贼将被扫灭，我们自己却如此争斗，我跟谁勠力同心呢？"他甚至为联军内部的状况流下了眼泪，最后还是领军队赶走了周昂。在这里，孙坚为周昂的内部争夺而伤心，但有史家就发问，王叡也是同举义兵的将领，你孙坚为何要擅自斩杀？人们认为这种内部争斗是孙坚首先挑起的，其他人是效仿孙坚的所为，只是孙坚本人看不到自己的问题而已。

史家裴松之认为孙坚在义军各部中赢取了忠烈的称誉，但他把得到的传国玉玺私藏起来，不对其他人说知，这就是一种心怀异志的表现，不能称为忠臣。的确，在当时人们的心目中，承传几百年的传国玉玺并非文物，而是国家政权和王朝运数的象征，只有承载天运的人才可持有。按照这样的认识，安守为臣本分的孙坚拿到这一神圣之物，就应郑重地交付朝廷；而如果私藏起来，隐匿不交，就是生有自承天命的幻想，当然是心怀异志的表现。袁术后来以胁迫方式取得了孙家藏匿的传国玉玺，作为天命归己、可以称帝的依据，正表明了裴松之判断认识的正确性。孙坚当时的条件一时比不上袁术，但他也绝不是将玉玺当文物珍藏，不能排除他受到圣物诱惑而生成并被隐藏起来了的某种个人幻想，他其时并不是一位一心为国的纯臣。

191年，袁术派孙坚出征荆州攻打刘表，刘表派黄祖在樊、邓一带迎击。《三国志·孙坚传》及其引注中记述，孙坚击败黄祖，追过汉水，于是包围了襄阳（今湖北省襄阳市），黄祖逃窜至南面的岘山中，孙坚乘胜在夜间追赶，黄祖的士兵伏于竹木间暗中射箭，孙坚中箭而死。另有资料称，刘表的部将吕公领着军队顺着山路来袭击孙坚，孙坚受攻后带着轻骑上山追寻，吕公的士兵从山崖上推下石头，孙坚头部被石头砸中，脑浆迸出，当场死亡，时年三十六岁。孙坚的尸体为刘表军队所得，他生前在长沙荐为孝廉的桓阶去见刘表，请求归还孙坚的尸体安葬。刘表为桓阶的义举所感动，同意了他的请求。孙坚的侄儿孙贲率领部队投靠了袁术，被袁术推荐为豫州刺史。

三年后孙坚的长子孙策努力担当起父亲的遗业，他重树旗帜、组织军队，进军江东之地，用攻无不克的军事手段拔城拓土，几年间迅速创就了一片宏大的基业（参见3.1.1《"将二代"重整旗鼓》），并由弟弟孙权将其发扬光大。孙坚逝后三十八年，被儿子孙权尊为武烈皇帝。

孙坚自青年时代起就英勇善战，富有胆识和智谋，他在朝廷的任用下维持地方治安、征讨各地反叛，并挺身对抗董卓统领的凉州军，率领自己的军队在战场上奋勇拼杀许多年，表现出了极其英雄的气概，其间历经挫折而战果不俗，同时取得了当时同龄人难以企及的成就和地位，属于最被人们看好的青年将领，然而由于狭隘胸怀的限制和不良习气的拖累，一颗不断升高的将星难以积聚起自身的能量，最终坠落在了襄阳近郊的山涧。

0.7　刘表治荆州

在天下失去可以控制局势的共主、四周变乱纷起的年代，荆州反倒成了久无鼓角之声的一方安定之土。受任主政的刘表以他的特有理念在此实施保境安民的治理，保守了一隅平安之地，也埋下了日后争夺战乱的祸根。

0.7（1）匹马南下据荆州

在董卓乱朝、群雄割据和天下士人流离失所的时期，地处江汉平原的荆襄之地却保持着相对稳定的局面。汉室宗亲刘表以他学人儒士的身份出任荆州刺史，采取威德兼用、绝乱自保的方式，在中原南部、四方战乱的中央地盘上保持了将近二十年的安定，他对地方的这一治理可以视作特殊状态的割据。

刘表，字景升，山阳高平（今山东金乡西）人，是西汉景帝之子、鲁恭王刘馀的后代。《后汉书·刘表传》《三国志·刘表传》及其引注记述，刘表身高八尺多，身材俊伟，容貌谦和，年轻时广受好评，被人们列入"八顾"，指他们八人自身具有良好德行并能影响别人。刘表当年受党锢之祸的牵连被迫逃亡，184年党禁解除，他受大将军何进征召来朝廷做事，出任北军中候，为京师禁卫军的中级官员。其间历经了灵帝去世、董卓进京等政局变乱。

190年，长沙太守孙坚在前往鲁阳抗击董卓军队的行军途中杀掉了荆州刺史王叡，后来朝廷发诏书任命刘表接任荆州刺史，据说是因为他的贤能而升职。当时荆州刺史部下辖长沙、零陵、桂阳、南阳、江陵、武陵、南郡、章陵八郡。刘表受任之时，朝廷正迁往长安，而荆州频发宗党聚众反叛事件，吴人苏代自称长沙太守，贝羽自封华容县长，许多地方聚兵作乱；另有袁术驻军鲁阳（今河南鲁山），控制了南阳之地。当时荆州治所在汉寿（今湖南常德东北），道路上阻碍甚多，如何到达州府就职并掌控州内的治事权，就是很大的问题。

时年四十八岁的刘表尚不失英武锐气，他一人骑马南下，单独进入宜城（今湖北宜城南），请来中庐（今湖北襄樊西南）人蒯良、蒯越和襄阳人蔡瑁共同商议。刘表说："各地聚众为叛的太多，众心不附；袁术占据一方，为祸至今。我想募兵整伍，又怕招不到多少人，你们有什么好办法？"蒯良说："人心不附，那是仁政不够；人心相附而达不到治理效果，那是信义不够。如果能推行仁义之道，百姓来归附就像水势流到低处一样自然，就不需要募兵扩军。"刘表回头询问蒯越，蒯越回答说："和平时期的治理要以仁义为先，乱世的治理要以权谋为先。军队不在于人多，而在于能赢得人心。袁术刚勇而没有决断，苏代、贝羽均为一介武夫，不足为虑。那些聚众为叛的头领，都贪残暴虐，经常担心属下闹事。我有平时交好的人，给那些头领一些好处让他们都来，您把那些特别作恶的人杀掉，对其他人抚慰任用，全荆州的人都会高兴地生活，您再施予仁德，大家必然乐于服从。那时候将士听命，人心归顺，南据江陵，北守襄阳，荆州八郡只要发出通告就能使民心安定。袁术等人即使领兵到来，也不会有什么作用。"

刘表进入荆州地境，没有直接去州府就任，他首先进入宜城，下沉民间，了解当地名人对本州治理的设想。当他提出问题，征询具体的整治对策时，出现了两种不同的方案，蒯良拿出的方案以仁义德政为主，是完全合于历史传统的方法。这种方法强调为政者的仁义导向，注重对全体民众人心的感化和优良心性的培养。这在中国社会为儒家一贯倡导，具有深厚的社会基础；但见效慢，难应急。蒯越拿出的方案将和平时代与战乱年代相区别，有针对性地采用治乱的方式，突出谋略方法的统摄作用，把军事武力和仁义教化有所设定地结合起来，以期用较小的军事代价和时间成本达到比较理想的效果。

刘表是出身学者的官员，他能理解两种方案各自的价值及其特殊作用，听了蒯良和蒯越对两种方案的陈述后，刘表以春秋时代晋文公在城濮之战前收到的两种方案做比喻，认为第一种方案是属于能"取百世之利"的办法，第二种方案是可以达到"成一时之务"的对策；他当场肯定了第一种方案的合理性，同时做出说明，决定选择使用第二种方案。刘表的这一决定带有执政方式上战略策略的选择，选定的方案中文武相济、威德兼用的特征极为明显。这一选择也表明，学者出身的刘表在实际生活中尚不是死抠圣贤典籍的书痴，而是善于根据实际情况做出明智抉择的务实之人，他在刺史的位置上重点追求的是地方治理的事功。

刘表让蒯越派人利诱那些聚众为叛的宗党头领，一共到来五十五人，他把这些作恶的头领全部杀掉，同时派兵迅速击溃其所聚部众，并收编了其中许多。当时在江夏（今湖北云梦一带）聚众反叛的头领张虎、陈生领着部属在襄阳活动，刘表让蒯越和庞季两人前往襄阳说服招降了他们，江南的大多反叛随之平息；其他那些自立为叛的地方首领听说了刘表的威名，都放弃官职自己离开了。刘表在这里是借助于当地名人的社会影响，利用文武兼济的方法，以最小的成本实现了地方平叛的胜利。他至此基本掌控了对于荆州的治事权，这些活动成果同时也证实了适合地方治理的战略策略。

盘踞南阳的袁术一度与孙坚联合，想要袭击刘表，刘表战败后退至襄阳（今湖北襄樊），受到孙坚的包围进攻，刘表的部将黄祖前来救援，孙坚在山中追赶黄祖，被流箭射中而亡，军队败逃，失去孙坚的袁术再也不能逞行于荆州，刘表至此掌握了在本州用兵对敌的主动权。刘表随后把州府移至襄阳，在此整顿军队，等待时机，一片良好的前景正在等待他去创就。

0.7（2）刘表的保境与安民

人过中年的刘表于190年底接受了荆州刺史的任命，他绕过险阻，只身南来荆州，到任后采取文武兼济、威德并用的方式清除境内的地方反叛，很快掌控了荆州诸郡的治事权。在战乱纷起的年代，刘表应是怀着做好事情不负重托的真诚心愿来到荆州上任的，他整顿州府军队，追求境内安宁，同时广施仁义，致力教化，在保境安民两方面都做出了很好的成就。

192年十月，刘表派使者前往长安向朝廷奉献贡物，掌控朝政的李傕为了结好外援，任命刘表为镇南将军、荆州牧，封成武侯，假节。刘表的辖境和事权未变，但具有了更高的权威。当时盘踞南阳的袁术在孙坚死后已无力攻打刘表，刘表则设法断绝了他们向南阳的运粮通道，迫使袁术向东边曹操占据的兖州一带转移，刘表基本控制了荆州全境。《三国志·刘表传》及其引注等史料记述了荆州在其后十六年中发生的几次军事纷争。

196年，驻守弘农的骠骑将军张济，因为当地粮食吃尽，他带着军队进入南阳，大概是要在刘表的地盘抢粮糊口吧。张济是和李傕、郭汜齐名的凉州军将领，部队的战斗力应该很强。张济在南阳进攻穰城（今河南邓州），被飞箭射中而死。荆州的官员前来祝贺，刘表对他们说："张济因为穷窘无奈来到南阳，主人没有尽礼，所以发生了交战，这不是我做州牧之人的本意，我接受吊唁不接受祝贺。"他派人去接纳张济的部众。张济的侄儿张绣和士兵们听到刘表的话后都很高兴，就在宛城（今河南南阳市内）驻军协助刘表守境。刘表是以他的仁爱和同情心化解了两支军队间的冲突，又增加了守卫边境的力量。

198年，长沙太守张羡统领着零陵、桂阳三郡反叛刘表，史料说张羡早先做过零陵和桂阳的长官，在江、湘一带颇得民心，但性格刚强而不顺从，刘表看不起他的为人，对待他不尽礼节，张羡于是心里怀恨，就领着三个郡对抗刘表。刘表率军队包围了张羡，但一年多打不下来。后来张羡病逝，长沙人推立他的儿子张怿领军，刘表才攻下了城，他收编了张怿的部队，并收复了零陵、桂阳。可以看到，张羡的反叛充其量是聚众对抗的示威，是对州牧刘表的不顺从，其中很可能是因刘表的行为不当而引起，但双方不存在根本的政治对立，对抗一年间似乎也没有发生激烈的军事行动。及至刘表解决了这一对抗并收复了南部三郡后，他已是南起零、桂，北据汉川，"地方数千里，带甲十余万"。就军队和地盘而言，当时刘表已经是天下不可忽视的力量。

收复了零、桂后，刘表的地盘已经南抵五岭，他与交州（约今两广大部和越南承天以北）牧张津之间产生了摩擦并不断升级。《三国志·吴书·薛综传》中说，从199年始，张津对刘表连年用兵，但交州兵弱，对荆州没有造成什么伤害。203年张津被他自己部下杀害，刘表迅即派遣部属赖恭出任交州刺史，后又任命部属吴巨为苍梧（辖境大多在今广西境内）太守，大约是在抢占地盘扩大自己辖境。但刘表委派的两位官员互不服气，赖恭反被吴巨赶了出来，加之曹操控制的朝廷不承认刘表的委派，刘表对岭南地盘的插足终未成功。虽然如此，也显示刘表当时控制自己荆州的地盘尚有余力。

除了上述三次非实质性的军事纷争外，荆州在208年前的十多年间，似乎没有发生被记录下来的军事争战，保持着一个和平稳定的状态。这一现象的发生，一是天下群雄在中原和江东争夺正酣，战争还尚未延及到江汉之地；二是刘表在天下割据时代采取了保守中立的态度，对周边争战采取了不参与、不惹事的方式，以保持自己辖境的安全和稳定为满足。如面对曹操和袁绍在北方的数年大战，他拒绝了下属和宾客许多次的出兵建议，甚至答应了袁绍的增援请求也不出兵，一直采取骑墙观望的态度。刘表的这一态度一直被时人和后世所讥笑，其实这是他自觉采取的一种免祸自保策略，是受其年龄影响而近乎必然的选择，年已六十的暮年州牧，考虑更多的当然是基业的守护，而不是雄心勃勃地开拓。无论如何，刘表的保境设想在他的有生之年还不能说是失败的。

刘表同时推行仁义的方法安定庶民百姓，这是他治理荆州的早期设想与必有方式。由于史料记载的原因，无法知道刘表在荆州治理上采取了哪些有利民生的经济政治措施，并且收到了什么具体效果，但能依稀看到，荆州之地的生存和环境尚为当时北方人们所向往。张济的凉州军在关中难以生存，却在荆州能被挽留屯驻；北方的许多读书人都曾把荆襄视作躲避战乱的福地，包括诸葛亮在内的许多才士都是在这样的背景下留聚荆襄的。《后汉书·刘表传》中明确记载，当时从关西、兖州、豫州等地来投奔荆州的学者文人有上千人之多，刘表对他们加以安抚，提供资财予以赈济。这些措施离不开地方财力的支持，也是主政人着力追求和营造社会文化氛围的体现。学者官员刘表在他可能的条件下尽力为民众和读书人提供更好的生活环境。

在境内反叛势力被基本肃清后，刘表即在境内开立学校，深研儒家学理。他请来著名经学家綦毋闿和宋忠撰写《五经章句》，称之为《后定》，他自己还撰著了五卷本的《周易章句》，有清人孙堂辑录的一卷本在嘉庆年间刻印。他还参与撰写了《荆州星占》《后定丧服》等，这些书在唐以前都颇有影响，应该推动了当时文化学术的传播。实施社会教化的关键当然在于对庶民百姓的思想价值观教育，刘表在州内开设学校，应该有文化普及教育的安排，可贵的是他把思想教化的普及和提高结合起来，注重儒家思想的学理探究，并且亲自参与，坚守学者本色，这在当时的地方高级官员中是不多见的。

0.7（3）刘表治荆州的中庸方法

东汉学人刘表在190年受朝廷委派担任荆州刺史，他在州内八郡致力于保境安民的底线追求，近20年间竟然做得并不失败，使主政之州一时成了周边士人百姓避乱乐居的一块安稳福地。刘表对荆州的治理有他不为那些勃勃进取者所认可的目标定位，也有他准绳于圣贤之道的中庸方法。

刘表早年跟着同郡人王畅学习，《三国志·刘表传》引注中记述，王畅曾做过南阳太守，他在生活中非常节俭，其时十七岁的刘表对老师王畅说："奢侈不能僭越更尊贵的人，节俭不能为难更低贱的人，这才合于中庸之道。所以蘧伯玉以独做君子为耻。您不按照孔圣人明确的告诫去行事，却效仿伯夷叔齐那样末流的节操，那会因为太过高洁而不合于世。"王畅回答说："能约束自己，就少有错失。我的节俭也是希望矫正世俗。"传统社会的人们都处在一定的社会等级中，在年轻人刘表看来，老师王畅的生活消费，不能比上面尊贵的人更奢侈，也不能比下面低等级的人更节俭，应该上下有度，在两者中间取舍选择，这才合于圣贤所要求的中庸方法；而老师身为郡守，太过节俭的行为显然是超越了所在等级的下限，有不合中庸的失当处和不容于世的不良结果。王畅声称他是为矫正奢靡世风而有意为之，但无论怎样，刘表对老师的行为提出质疑，则表现着他对中庸理念既有着精准的理解，又有着坚定的内心信仰。后世学人归结说："不偏之谓中，不易之谓庸。"这一思想理念本来就是圣贤们所推崇的行事方法，所谓"执其两端，用其中于民"。青年刘表既然对中庸有着执着的信仰，他后来作了荆州刺史，在地方治理上自然会将其贯彻下去并体现出来。

刘表一接受刺史之任，即匹马进入宜城，征询名人们对荆州治理的建议，当两种方案摆在面前时，他马上意识到蒯越那种威德相融、文武兼济的方案是现实可用的，因为这把军事和教化两者结合起来，在具体的实施中又两相权衡，灵活使用。这一方案见效快，同时也更合于中庸的方法。

就职几年后，曹操把朝廷迁到了许都，刘表继续派使者向朝廷奉献贡物，另一方面又与袁绍保持友好交往。他的助理邓羲为此劝谏他，刘表回答说："我们在内没有放弃对君主的贡献，在外没有背叛盟主，这是遵循了天下的通达之理，你做助理的人为何就不能理解呢？"邓羲大概是不希望荆州在两强相争中骑墙观望，脚踩两只船；而在刘表看来，在两强对峙中走一条中和的路线，正合于中庸的要求，你兼理文书案卷的人是读书人出身，怎能连这个道理也不懂。邓羲见刘表是这样的态度，借口自己患病就辞职离去。

曹操和袁绍两军于200年在官渡决战，战前袁绍曾派人向刘表求助，刘表一向和袁绍关系较好，大概对方求助时他只好答应，而事实上他并没有派兵支援，但也没有帮助曹操，他只想保守自己的地盘，静观其变。从事中郎韩嵩和别驾刘先都来劝谏说:"现在两雄相争,谁能取胜关键在您的态度。如果要有所作为,就要趁此机会;如果不想作为,就应作出选择给予协助。您现在拥有十万军队,不能静坐观望。如果求援的不给帮助,而贤能的又不肯归附,会惹得双方都怨恨,最终难以保持中立的。"两人不赞同刘表的观望中立态度,并从袁曹争战的前景上考虑,建议他归附曹操。谋臣蒯越也是这个态度。刘表见几位下属都是同样的意见,决定再做些观察考虑,他派遣韩嵩前往北方去见曹操以观察动静。在这里,刘表内心对中庸的方法是高度信仰并准备牢固坚守的,他对选定的中立态度并未动摇放弃,因为见反对的人较多,才决定再做观察,但也许这是他对下属不得已而采取的一种应付拖延的办法。

官渡之战结束后,刘表仍然没有参战和行动的表示。到了207年,曹操为消灭辽东公孙康而率兵北征,军队到达了柳城(今辽宁朝阳南)一带。当时投靠刘表的刘备正在新野驻军,他建议刘表趁许都空虚之际出大军袭击,刘表也没有听从。曹操在北方消灭公孙康后迅速回军许都,刘表这时对刘备说:"没有采纳您的意见,失去了这么好的机会。"刘备说:"现在天下纷争,每天都有战事发生,机会以后还会有的。如果能抓住后面的机会,那这次也没有什么悔恨的。"事实上,刘表时年六十五岁,这样的机会后面实在不多了,寄人篱下的刘备不过是为主人说些开心话而已;而刘表在此做出有所悔恨的表示,也无非是为提出过出兵建议的刘备作出一个台阶,虚假演示一下自己本就没有的进取心态,不被客人过分讥笑就行。官渡之战时都没有出兵协助袁绍,这个时候如何能去以卵击石。但可以看到,刘表是要始终坚守他在群雄争锋中不偏不倚的中立路线,这是由他保境安民的政治目标所决定,也出自他一种固有的思维方式。

刘表和刘备在一次闲谈时议论人物,其间就显露了他的思维模式。《三国志·陈登传》中记述,在广陵郡颇有威名的太守陈登,三十九岁就英年早逝。刘备在投靠刘表时,曾与朋友许汜、刘表三人议论陈登。许汜说:"陈登是湖海名士,他总是那么骄狂气盛。"刘备回过头问刘表:"许先生的评价是对是错?"刘表回答:"要说评价为错,但许先生是位善良之人，他不会虚言不实；要说评价为对，但陈登又名满天下。"陈登的好与不好，许汜评价的对与错，都被刘表用一种两相穿梭的交叉思路中和了起来，在他的回答中看不出倾向性的意见，而朋友玩笑中尚有的中庸态度倒是无意间更明显地展现出来了。

　　学者出身的刘表从青年时代起就熟知中庸、信仰中庸，中庸方法是古人应对复杂问题的经验总结，自有其内在的合理性，刘表把这一方法应用到对荆州的治理活动中，在一定意义上保障了荆州地方治理的成功，实现了他保境安民的基本目标，这体现了方法的现实应用性和有效性。然而，刘表对该方法的应用是有缺陷的，一是，他在应用中缺乏对问题作具体深入的考量，剔除了这一方法内蕴的变通性和灵活性，倾向于对它做出一种僵化的理解发挥，以至于把一种方法玩成了对付外界各种挑战的技术，这反而束缚自己的思想和行为。比如曹军北征公孙康时，大家担心刘表乘虚来攻许都，郭嘉说："刘表是坐而论道的人"，劝曹操不要担心；曹操也曾预料说："刘表乃自守之贼"。刘表的固化思维模式，决定了某种机械的政治行为，往往在军事活动中被敌人能够提前把握。自己尚未出招，对手就能料定他如何反应，那再好的方法也就失去了其应有价值。二是，刘表把荆州当作一个封闭、静止的独立孤存系统，没有考虑会有外部的能量冲突，也没有考虑伴随时间持续内部要素会发生的各种变量。当荆州的自存系统持续运行将近二十年时，外部的能量冲突和自身的要素变量积聚已久，可能引起系统的裂变，而他仍然坚守固有的思维模式，这就把荆州带到了一个危险的境地。

0.7（4）刘表的疑忌之心

　　荆州刺史刘表在地方治理中一直坚守他保境安民的确定目标，在曹操与袁绍的两强争战中采取骑墙观望的中立态度，希望用不参与、不惹事的方法换取荆州的安定。下属韩嵩、刘先和蒯越都不赞成这一态度，他们主张选取一方给予支持，并且都倾向于支持曹操。刘表一时不好决断，决定派韩嵩去见曹操再做观察。

韩嵩，字德高，义阳（今湖北枣阳一带）人。《三国志·刘表传》及其引注记述，韩嵩少年时好学，家中贫穷而不改良好的操守。他看到时势走向大乱，所以辞绝了朝廷三公的征召任命，与相好的几个朋友隐居在郦西山中。184年黄巾起事，韩嵩到南方躲避战乱。刘表大概知其大名吧，他到荆州就职后就逼使韩嵩担任本州别驾，做州牧的随从官，后来升迁为从事中郎，为专职参谋议事的官员。刘表在荆州治理上一度事情顺利时，曾经郊祀天地，韩嵩作过劝谏，两人为此产生了分歧。在曹操与袁绍两军即将交战之时，刘表派韩嵩去面见曹操，想通过韩嵩去了解曹操的情况，以便帮助自己作出继续中立或者另外的选择。

韩嵩临去北方时，刘表吩咐说："现在天下大乱，有些事不知道该怎么办。曹操把朝廷迁到了许都，您替我去观察看有什么机会。"韩嵩似乎不愿前往，他对刘表说："最好的德行是达到节操，其次才是坚守节操。我仅仅能坚守节操。对待君主应一心为他着想，君臣间的名分如果确定，我会以死坚守本分。现在您让我去许都，我只能听您的派遣，即使赴汤蹈火，也死而不辞。以我的观察预料，曹公是很明达的人，将军您如果能在上顺服朝廷，在下依附曹操，必能享长久之利，荆州定会受到保佑，这样我也愿意去。但如果您主意不定，现在就让我去许都，到时候朝廷给我任命一个职位，那我就成了天子的臣僚，同时就成了您的原部属而非现任部下。那时候我要为自己的君主着想，就要执守朝廷和天子的命令了，从道义上讲难以为将军您效死。请您再多加思考，到时候不要责备我。"

刘表是要让韩嵩去观察曹操的活动，为自己提供决策的参考。而韩嵩说了很多，他委婉含蓄地表达了一种心思：如果决定依附曹操，那我去没有问题；如果没有这样的打算，那对不起，朝廷会给我有职位任命，我是一定会忠诚于自己君主的，这是坚守节操的道义要求，那时候我处在另外的君臣关系，可不要责怪我有负于你。事实上，韩嵩是早先就受过朝廷征召的人，他对自己在朝廷所具有的影响和至今保持的人脉关系似乎自信不疑，在刘表不能依归朝廷和曹操的情况下，他将要抛弃刘表，单独行动，在朝廷寻找和接受新的职位。不知刘表当时是否听懂了韩嵩这样弯弯大绕的意思，他竟然打发韩嵩去许都了。

　　韩嵩去北方见了曹操，果然如他所料，朝廷给他任命了职位，开始做朝廷侍中，执行皇帝随时委派的事务，后来朝廷将韩嵩升任为零陵太守。零陵属于荆州八郡之一，地处荆州南部，韩嵩上任时回到了荆州，他极力称赞朝廷的好处和曹操的德行，并提议让刘表送儿子到许都做人质，建议与曹操建立相互信任关系。刘表听到后心里愤懑不已，认为韩嵩是背叛了荆州，对自己怀有二心。他召集荆州僚属几百人集会，让武装人员陈列在集会场所，然后怒气冲冲地喝令韩嵩上前，面前放着天子的符节，表示代替天子行施处斩。刘表斥责说："韩嵩竟敢怀有二心！"在场的众人都很惊恐，想让韩嵩认错道歉。韩嵩并不认错，他对刘表说："是您有负于我，而不是我有负于您！"他重述了前面说给刘表的那番话。刘表对韩嵩没有立即施刑，但仍然盛怒不已，他拷问逼杀韩嵩的随行人员，知道韩嵩并没有背叛和出卖荆州的心思。刘表的妻子蔡夫人劝谏说："韩嵩是荆州众望所归的人，他说的话很直白，杀掉他也没有什么理由。"刘表于是放弃杀戮，把韩嵩囚禁了起来，直到刘表去世，韩嵩才得释放。史志作者陈寿说："刘表虽然外表上儒雅，但内心对人多有疑忌，对待人多是这样。"

　　201年，刘备在汝南受到曹操攻击，兵败后投奔刘表。刘备和刘表同属汉室宗亲，一个是中山靖王刘胜的后代，一个是鲁恭王刘馀的后代，刘馀和刘胜都是汉景帝刘启的儿子。《三国志·蜀书·先主传》中记述，刘备到荆州时刘表亲自在郊外迎接，以上宾之礼对待，为他增添了兵力，安排屯兵于新野。不久，荆州豪杰归附刘备的人日渐增多，刘表就起了疑忌之心，暗中提防他。刘备在荆州居处多年，一直受到刘表的优厚对待，但始终不能为其所重用。光阴飞逝，岁月蹉跎，刘备久无骑马阵战之劳，以至髀里肉生，自感英雄无用而伤心流泪。

　　207年曹操北征辽东公孙康，长途远征，许都空虚，刘备向刘表建议以大军袭击许都，他大概幻想充当先锋将官吧，而刘表却拒绝采纳这一建议。当时曹操的指挥部里也讨论过刘表会乘虚来袭的问题，谋士郭嘉说："刘表是坐而论道的人，他知道自己的才能驾驭不了刘备，如果给刘备委以重任就无法控制，如给以轻任则刘备不肯为他做事。我们虽然虚国远征，但没有什么担忧的。"按照郭嘉的判断，刘表不愿举兵攻击许都，是出于对刘备的防范。郭嘉的分析当然不是刘表拒绝出兵的全部理由，但很可能是其中原因之一。刘表的疑忌之心使他在用人上不能真正放手，难以吸引到更多人才。没有大量人才资源支持他的雄心，也就只好打消雄心，归于庸常，以保守摊子为目标了。

0.7（5）荆州的剧变

刘表自190年掌控荆州以来，推行了以保境安民为目标的治理方针，他不参与州境以外的任何军事结盟和重大争端，又排除境内的不同政治意见并拒绝变革主张，他把荆州作为一个独立自存的系统来经营，取得了不错的成效。而在刘表主政近二十年的时期，荆州内部各政治要素都在发生演变消长，天下政治也由相互兼并的战乱局面渐变为谋求统一的趋势，刘表所控制的这数千里生存福地受到了严重威胁。

刘表晚年面临的内部政治关系其实并不复杂。据《三国志·刘表传》《资治通鉴·汉纪五十七》《后汉书·刘表传》记述，刘表有刘琦和刘琮两个儿子，他早先认为长子刘琦长得像自己，非常喜欢，而小儿子刘琮娶了后妻蔡氏的侄女为妻，因为蔡氏喜欢刘琮而讨厌刘琦，每天都有相关的毁誉之言说给刘表，刘表又非常宠幸蔡夫人，所以就相信和接受这些话。另外，刘表一向重用的妻弟蔡瑁和外甥张允又同刘琮要好，致使两个儿子双方政治势力的大小不同、轻重颠倒。刘琦觉得自己孤立，产生了不安全感，他暗中求助，后经高人点拨，主动向父亲提出去镇守江夏（治所在今湖北武昌）。江夏郡大约即是原称的江陵郡，太守黄祖在不久前的交战中被孙权部队所杀，刘琦遂在208年初离开襄阳，做了江夏太守，刘表身边的人就将刘琮奉为刘表的继承人。

不久，刘表生病卧床，生性慈孝的刘琦从江夏回来看望，蔡瑁、张允两人执掌权力，他们担心刘琦见到刘表后父子感念，怕刘表有身后其他事情相托付，就对刘琦说："刘将军让你亲自镇守江夏，这是荆州东边的屏障，你的责任很重。现在你放下江夏来这里，将军看见必然生气发怒，那会让他感到伤心，会加重他的病情，不是孝敬的做法。"最终把刘琦挡在门外不能见到父亲，刘琦流泪返回了江夏，自此与刘琮不相和睦。

这时候的北方，曹操经过了十余年的拼杀后已经消灭了为敌的政治势力，他很快又对朝廷机构进行了变革整顿，罢免了三公职位，重新设置丞相和御史大夫，自任丞相，并安排崔琰、毛玠、司马朗、司马懿等亲信人物担任重要职务。做了这些准备后，他于208年七月统帅大兵南征，首先进军荆州，准备一举夺取刘表占据的地盘。荆州在天下纷争的战乱局面中超然自存了近二十年，是四周群雄兼并的未息战火为它创造了安宁的间隙，当外部的兼并之战转而成强盛者的吞并一统趋势时，荆州独自运动的安宁空间已经完全失去，它即将面临一场血与火的煎熬与考验。

然而，在曹操的十多万大军南下荆州前，六十七岁的刘表却病重身亡，刘琮在众人的扶持下继位。刘表曾以自己的坚强努力保证了荆州百姓较长时间的安稳生存，走完了他尚不平庸的一生，却把巨大的后患留给了荆州及其主政后继人。刘琮把侯爵印玺送给兄长刘琦，刘琦愤怒地将其摔到地上，准备借奔丧而发难。但因为曹操大军已经到达，刘琦遂放弃计划而逃奔江南。如果没有北方大军的到来，荆州地盘上也将复制袁绍身后兄弟间兵戎相见的争斗，是外部的政治冲击化解了这一闹剧。

荆州官员蒯越和傅巽等人劝刘琮投降曹操，刘琮说："现在我与各位占有全部古楚地盘，守护着先君的基业，为什么不可以观察天下趋势等待机会呢？"他显然不愿意把刚拿到手的荆州就送给曹操。傅巽对他说："逆顺有基本的道理，强弱有必然的趋势。我们做臣属的抗拒天子，那是叛逆；以刚接手的荆州去抵御朝廷大军，力量不对称，没法抵抗；依靠刘备去对抗曹操，是不合适的。我们有三方面的不足，这样去抵挡朝廷的兵锋，必定会失败。"见刘琮没有认可，傅巽继续说："您自己觉得比刘备如何？"刘琮说："我不如他。"傅巽说："如果刘备挡不住曹操，则我们用全部力量也难以自保；如果刘备挡得住曹操，则他就不会甘居将军您之下了。请您不要对我的意见有所怀疑。"刘琮认可了他的意见。刘备在荆州的存在本来是要加强防御力量，但同时也增加了本地区内部的矛盾，在关键时候反而成了他的反对派劝降主政者的借口。在曹操军队九月到达新野时，刘琮举州投降，旋即被曹操封为青州（今山东淄博）刺史。

刘备自201年投奔荆州，其间已从新野换驻樊城，刘琮不敢把降曹的事告诉刘备。刘备当时察觉事情不正常，打发人去问刘琮，刘琮让宋忠去向刘备说明情况，刘备非常吃惊，对宋忠说："你们没有早些相告，如今祸难临头了才说给我，太荒唐了吧！"他拔刀指着宋忠说："现在就是砍下你的头，也难解我的愤恨，我大丈夫临别杀死你感到羞耻！"他立即率领部队撤离。经过襄阳时，刘备停下马呼喊刘琮，刘琮心虚害怕，不敢露面。刘备前往刘表的墓前致祭，流泪辞别，不久他在曹军的追赶下退至夏口，荆州遂被曹操占有。

在天下政治局势已经转变的关头，荆州遭受到了前所未有的外部压力，又逢主政人物刘表突然去世，一场巨大的灾难即刻降临。荆州内部的刘琮、刘琦、州牧部将和刘备分别对事态有不同的立场和态度，刘琦放弃与刘琮的对立作难而逃离，对事态持弃权自保的态度，傅巽蒯越等部将说服新的主政人刘琮取投降态度，对曹操最有抵抗精神的刘备独力难支，只好退守东境一隅，刘表苦心经营许多年的荆州福地顷刻崩溃，成为曹操的囊中之物，当然，这是在天下一统的旗号下实现的。荆州对北方的归附体现着历史演变的趋势，也是刘表经营荆州的特定方式所引起的必然结果。荆州在外部压力冲击下顷刻剧变，以和平受降的方式被卷入了天下政治运动中，它自此成了各方豪杰眼中的觊觎之物，在纷乱之世上演了一场场南北相征、反复争夺的血腥剧，仿佛要把近二十年的战火空缺弥补回来。

0.7（6）人才生长的沃土

208年七月曹操率大军南下，意欲吞并江南，接替刘表主政荆州的刘琮主动归降。曹操占有荆州后，给荀彧写信说："不喜得荆州，喜得蒯异度耳。"他极为看重荆州的人才，同时留意和擢用了许多当地人物，这也足见荆州地区的人才之盛。

《三国志·刘表传》记述了曹操当时发现和征召的荆州人士：①章陵太守蒯越，字异度，西汉著名说客蒯通之后。他早先曾向何进提出诛杀宦官的建议，未被采纳，后来向刘表提出治理荆州的方案，受到高度重视并被坚持推行，刘表治荆州使他的才能充分发挥，受任章陵太守，诏书封为樊亭侯。据说一同受封的荆州人士共有十五人。214年蒯越去世前托付曹操照顾自己家庭，曹操回信说："要死的人念想活着的人，活着的人就没有什么遗憾。"②零陵太守韩嵩。韩嵩出使许都后劝刘表归顺曹操，刘表疑忌其对荆州存有二心而囚禁了他，刘琮归降后韩嵩尚在病中，曹操就在韩嵩的住所授予他大鸿胪的印绶，为执掌朝廷礼宾事务的高级官员。③邓羲。章陵人邓羲是最早提议让刘表放弃中立态度而依附曹操，属于持不同政见的本地人。因刘表拒绝采纳他的意见，他托病辞职，曹操到荆州后任其为朝廷侍中。④别驾刘先是荆州零陵人，曾劝谏刘表择机参与天下事务，任武陵太守。曹操到荆州，任命刘先为朝廷尚书，其后任为魏国尚书令。⑤零陵人周不疑是刘先的外甥，其人有奇异之才，聪明敏达不亚于曹冲，曹操早先想把女儿嫁给他，被其婉拒。曹冲死后，曹操以为天下无人可敌周不疑，不顾曹丕的劝谏，派人将十七岁的周不疑刺杀。这是曹操对不愿归顺的超常人物心生惧怕而很少采取的方式。⑥刘琮归顺后曹操任其为青州刺史、封列侯。过了不久，朝廷发布了一项通告说："青州刺史刘琮，心高志洁，智慧深广，轻荣誉重义气，薄利益厚德行。虽然封给他列侯之爵和执掌一州的职位，但这样的尊宠远未与他的人品相对称。"遂任命他为朝廷谏议大夫，参同军事，属专掌议论，并可参谋军务的官职。后世有史家将对刘琮的这种任用从消极方面去理解，认为是剥夺实权的明升暗降，但朝廷对刘琮的尊崇表彰也不可能全是假话。⑦蔡瑁、张允等将领被曹操任用为从事中郎、长水校尉等军职。史书称其他荆州不少官员都进入朝廷做了高官。

刘琮刚归顺曹操时，他的部将王威建议说："曹操知道将军已经投降，刘备已经逃走，必然放松戒备，只率前锋部队轻装急进。如果让我带领几千名奇兵，埋伏在险要处突然袭击，可以活捉曹操。这样我们可威震天下，就不仅仅是可以保住今天的局面。"刘琮没有采纳。王威的奇袭捉曹计划不是没有实现的可能，只是刘琮不愿抵押信义道德而冒此风险，所以拒绝执行。尽管这样，王威在荆州临难关口挽救时局的设想，足以表明他大智大勇的才能，他是荆州地区未被发现、能耐未得发挥的人才。

  刘备201年兵败汝南后投奔荆州，到211年领兵入蜀，在荆州一带迁延十年之久，史称荆州豪杰归附者甚多。能够看到，刘备创立基业并建立蜀国，其许多骨干成员都相逢或出身于荆州之地。黄忠、魏延就是刘备在荆州得到的当世少有的将才，董和是南郡人，李严是南阳人，刘巴是零陵人，马良马谡兄弟是襄阳人，霍峻是南郡人，那个自比"诸葛亮之贰"的廖立是武陵人，刘备义子刘封是长沙人，后期支撑蜀国局面的蒋琬是零陵湘乡人，费祎是江夏人等等。最为突出的是，刘备在荆州得到了诸葛亮、庞统、徐庶几位大名鼎鼎的一流谋才，这些都成为他创业立国的领军人物和骨干力量。刘表治下的南阳之地活跃着司马徽、黄承彦、庞德公等一批思想活跃、明于时务的当世名流，他们对青年诸葛亮等大批人才的成长塑造起着引领催化作用，这是刘表治下荆州之地的优越性所致。

  刘表主政荆州时设定的保境安民战略目标并不高，他用学问人的理念和方法坚定不移地去实施，在天下政局演变的一个特殊时期，也算侥幸达到了自定的目标。当时荆州福地的人们具有更为安全稳定的生存与生活，刘表在荆州实行教化育民的方针，为避难南迁的士人提供优厚的物质待遇，他使用地方财力赈济生计困窘的读书人，亲自撰著，参与文化学术的研讨，营造出了少有的社会文化氛围。当时从周边各地前来投奔荆州的学者文人有上千人之多，这自然带动和催生了地方人才的生长。

  《后汉书·刘表传》在记述刘表病亡时特别提道："在荆州近二十年，家无余积。"以考据辨疑见长的清代史家何焯对此解读说："尽费于养士，亦不厚敛于民，故能保境殁身也。"清人周寿昌也说："东南人才始盛，刘表实启其端。"刘表离世时家中没有多余的财产，因为他许多年薄取于民而不吝于养士，这一保境安民的措施无意间把荆州培育成了天下人才生长的茂盛之地。世人观察到了刘表身后荆州的剧变，人们痛惜于他主政理想的破灭，对其近二十年间治理荆州的理念和方法于是多有诟病，但无论如何，后世的人们还应看到，当时荆州土地上还养育和成长起了一大批支撑后来政局的优秀人才，刘表主政时期的荆州是天下人才生长的沃土。

东晋时成书的《搜神记》记录了当时一段谶语和一位女子神巫般的预言，说是197年前后，荆州之地有童谣道："八九年间始欲衰，至十三年无孑遗。"意思是自中平元年（184年）黄巾军起事以来，只有荆州无战事，后来刘表为州牧，百姓衣食丰满，生活快乐，而到建安八年（203年）或九年，从刘表前妻亡故起开始衰落，至建安十三年（208年）刘表亡故，荆州破败。另外又说，当时华容有位女子，忽然间哭着喊道："荆州将有大丧。"大丧是指重要人物的去世，说的这话当然是犯忌的，县府认为是妖言惑众，把这女子就关到监狱里。过了一月多，女子忽然又在狱中哭着说："刘州牧今天要死亡。"华容距离州府好几百里，县里当即派人骑马去州府探看，刘表真的当天去世，县里大概相信女子真有神察巫料，就把那位女子释放出来。后来那女子又唱着说："没想到李立成了贵人。"过了几天，曹操掌控了全荆州后，果然安排涿郡人李立做荆州刺史。

上面这些后作的文字记述，是用巫术方式来说明那位女子神秘预料的正确性，进而证实荆州童谣谶语的存在及其真实性。该谶语无非是借用神秘天意告诉人们荆州变化的必然性，其实任何具体事物都有它的盛衰起伏乃至消亡的过程，用不着用过分神秘的方式去昭告。谶语把荆州的盛衰与刘表本人的状况联系起来，也可见刘表在当时荆州人心目中的地位之重，以及人们对当时刘表治理荆州时期安稳生活的内心留恋。据《世语》和《三国志集解》中有关资料，西晋太康年间，刘表去世八十多年后，他在襄阳东门外的坟墓被人盗发。当初刘琮安葬时搜集了各地珍香几十石置于墓穴中，打开后看见刘表和他前妻同葬，两人的身体和肤色与生前一样，没有变化，墓中香气远闻三四里，经月不减。应该说，未变的遗体和如此大的香气显然有夸大的成分，这种叙述记录也多少反映了后来饱经战乱的人们对刘表治荆州的一种回望顾恋，刘表的理想很快被淹没在了天下大势的风尘中，但他建成的生活福地和培育的人才沃土却会被人们长久追忆。

0.8 东部的战乱

东部的战乱是东汉天下周边割据的延续，又是军阀混战的进一步加剧。这里临近京畿，沟通南北，因是天下的热点地区，故而参与人物众多，而曹操是最后的胜利者，他从这里打败群雄，开始走向高点。

0.8（1）陶谦保徐州（上）
——陶家的初生牛犊

在东汉末年的众多军阀中，陶谦是一个特别的人物。史料没有过多陈述他的发迹过程，也没有记录他治理地方的具体方式，他占有徐州之地，因为某种说不清楚的冤仇而受到强敌攻击，一直竭尽全力地守护地盘，几乎不能自保。他本人也并不像历史小说所描写的那样是一位温文和谦的老者，相反，年轻时候反而是一位由放荡顽皮少年转变而来的桀骜不驯、专门挑战上司权威的反叛式人物。

陶谦，字恭祖，丹杨（今安徽当涂）人，《三国志·陶谦传》及引注记述，陶谦的父亲担任过余姚县长，他少年时失去双亲，以行为放荡闻名于县里。十四岁时，还用布绑成个幡子，骑着竹马玩耍，附近的儿童都跟随其后。同县有个人称甘公的老者，年轻时做过苍梧（治所在今广西梧州）太守，在路上见到了青年陶谦，看见他容貌长得奇特，就喊住了他，停下车与其交谈，谈话后甘公很高兴，答应把自己的女儿许配给陶谦做妻子。甘公的夫人听到后气愤地责问："我听说陶家的儿子玩耍游逛没有一点限度，怎么能把女儿许给他？"甘公说："他有奇异的容貌，长大必有出息。"最终把女儿嫁给了陶谦。当时人们常把地方上的名流人物称为某公，甘某曾任过郡守，属国家高官，晚年在县上应该有较高的名望，这从他受到的称呼上已经能够看得出来。陶谦在青年时期被这位地方名流甘公看中，做了他的乘龙快婿，表明陶谦必定具有自己的突出优势，他大约由此获得了个人发展的重要条件。

陶谦性格刚直，很好学，能坚守大节。年轻时被地方政府察孝廉，为尚书郎，即郡府办事人员，后来任为舒县令。当时郡守张磐是郡内的前辈，过去与陶谦父亲相友好，有意给他一些特殊的亲近对待，而陶谦耻于对郡守屈身侍奉。当与同僚一块儿进城时，他因公事进见郡守，办完事情，张磐经常以私人身份请陶谦进后堂饮宴谈话，陶谦有时拒绝不去，如果去了张磐会请陶谦起来跳舞，陶谦不愿起来跳舞，即便被迫起来跳舞，也不按规矩旋转。张磐有次问他："不是应当旋转吗？"陶谦答："我不能旋转，旋转了就会超过别人。"为此张磐很不高兴，最终两人产生隔阂。郡守张磐本是有意栽培他的人物，但年轻陶谦在这里显得不谙世事，他对张磐的善意抬举不接受、不领情，反而一再地给对方难堪，甚至说出让长辈官员无法接受的刺激性话语，不知道陶谦当时到底有多大的能耐，对起码的交往礼貌知而故弃，敢于在职场上如此张狂。只是他为官清白，没有可检举之处，也受不到无故打击。

陶谦后来升为幽州刺史，朝廷征召他为议郎。约187年，他受命跟随司空张温去西北讨伐边章、韩遂的叛乱，担任参军事，张温对待他很好，而陶谦对张温心中不服，经常态度轻慢。后来军队返回时，大家都置酒痛饮，张温向各位敬酒，陶谦借机当众羞辱张温，张温一怒之下将陶谦打发到边境去做事。有其他资料显示，张温的军事才能实在有限，他这次打击反叛的作战行动其实并不十分成功，而他的司空职位是按朝廷创设的另一升职渠道，自己花钱买来的，当时董卓似乎就对张温有不恭敬的举动。但不管如何，陶谦并无资格，也没有任何必要对统帅军队的张温做出不敬行为，当众羞辱。人们没有看到陶谦在军事活动中提出有益的制胜建议，没有显露出任何用兵才华，但在羞辱上司、欺侮好人上却锋芒尽露、毫不含糊，这到底是什么本事！张温把他打发到很远的边境荒凉之地，这是借用职权对陶谦作出报复与惩罚，也许过分了些，但却是陶谦自惹的祸难。

陶谦受贬后，有人劝谏张温说："陶谦本是因才情高而被您看重的，这次喝醉了出现过错，您不能容忍原谅，把他抛弃到不毛之地，给予他的厚德有始无终，各地的才士怎么还能对您向往归附呢？不如舍弃怨恨，回到初始，以便把您的美德传到远方。"张温觉得这话有道理，就派人追上陶谦带了回来。陶谦回来后有人对他说："你随随便便羞辱三公，是自己做的过错，现在承蒙宽恕，这恩德大得很，应该屈声谦辞前去感谢。"陶谦答应了。那人又对张温说："陶谦现在对自己的过错认识很深刻，考虑着怎样改过自新。他向天子行礼结束，就会前来您的公府。您应该接见他，宽慰他的心意。"但后来张温在给天子行礼时，在宫门见到了陶谦，陶谦仰着头说："我是来向天子行礼的，不要以为是为你而来！"张温回敬说："你的痴病看来还未除掉。"随即为他置酒，像当初一样对待。在张温和陶谦的两人对立中，中间有人做善意的和解，张温很快接受了第三者的意见，改变了对陶谦的惩处，陶谦即便不做出第三方所安排的认错道歉，也能马虎过去。但陶谦在正常回到京城后，非但没有向张温做出承诺过的道歉，反而态度强横，再次践踏上司的自尊，这到底是怎么样一个人物，竟然不知天高地厚，似乎也不知道自己的分量。

所谓初生牛犊不怕虎，是说刚出生的牛仔没有经历，不知世情，因此就不惧怕力量强大的老虎。但这些牛犊在经历危险后若不收敛，就会付出生命代价。陶谦在职场上已有所经历，也应看到和听到过许多事情，但竟然对职场规则没有敬畏，对上司没有恭敬态度，仍然在作出一副初生牛犊的态势，这就很难为人理解。清代史家何焯猜测说："汉末以下士为贤，故恭祖得以行其意也。"也许当时职场上礼贤下士是做官者崇尚并需要展示出来的品格，张磐和张温以及其他的僚属也就认同了陶谦的行为吧。

大约190年，黄巾军在徐州一带重新起事，朝廷任陶谦为徐州刺史，让他组织军队打击反叛，不久黄巾军失败逃走。董卓作乱时将朝廷西迁长安，各处道路不通，陶谦派使者走小路向朝廷进贡，朝廷即升陶谦为安东将军、徐州牧，并封他为溧阳侯。时运较顺，陶家的初生牛犊在职场上还是升官了，在群雄纷争、四方割据的时代，五十多岁的陶谦也跻身军阀之列，占有了一方土地。

0.8（1）陶谦保徐州（中）
——令人失望的政务建设

在职场上一直桀骜不驯、待人不恭的陶谦，约在190年受命消灭重新起事的黄巾军，同时被授给徐州刺史的职务。他和其他将领相配合，打败了活动于东部的黄巾军，遂驻军于徐州。192年陶谦派人向西迁长安的朝廷送去贡物，朝廷任命他为安东将军、徐州牧，封溧阳侯。据《后汉书·郡国志》所记，当时徐州下辖东海、琅邪、彭城、广陵、下邳五郡。据说当时徐州和其他地方比较起来，粮食自给有余，百姓生活殷实，所以各地流民来徐州居住的很多，但陶谦对徐州的治理却很有问题，史书上只略记了他用人的方面。

《三国志·陶谦传》引注记述，琅邪郡人赵昱是徐州当地的名士，他十三岁时，母亲生病三月，他一眼不眨地在旁侍候，身体消瘦了许多，仍然"握粟出卜"，祈求神明保佑母亲，磕头都流出了血，乡亲们称赞他是个孝子。赵昱向隐居东莞（今山东沂水）的綦毋君学习《公羊传》，同时兼攻其他知识，他多年潜心于学，园中的果菜都不及窥看，亲人朋友难得见上一面。他定期回家探望父母，不多停留就返回。赵昱非常廉洁正派，做人坚守礼节，主张施行善道以教化民众，用打击邪恶来矫正习俗。州郡都曾征召他任职为官，他多次称病不来。后来举孝廉，被任莒县县长。他在地方上用"父义、母慈、兄友、弟恭、子孝"的五种伦理教化百姓，其方法被作为地方治理的示范。黄巾军起事时，朝廷要求各郡县发兵抵御，赵昱认为自己发兵很早，但后来上报立功人员时徐州刺史巴祇却为首功，受到提升奖赏，赵昱为此感到羞耻，于是辞职回家。陶谦当时尚未在徐州主政，所以回避了这事情。他后来做了徐州刺史，就让助理吴范去向赵昱宣布任用的命令，赵昱坚持不任职，陶谦遂以刑罚相威逼，赵昱只好接受。他被陶谦举茂才，这是由州级政府举荐的与孝廉并列的常科，不久赵昱被提升为广陵太守。这里引述了赵昱的许多早期事迹，表明他是一位正直和正派的人物。从陶谦对赵昱的坚决任用来看，这应是值得肯定的行为，徐州曾向朝廷贡献，所派使者正是赵昱。

稍早之前，陶谦的同郡人笮融聚众几百人前来投奔徐州。《后汉书·陶谦传》记述，陶谦安排笮融督管广陵、下邳、彭城的粮运。但笮融扣下了输送给三郡的资财，大举营造佛寺。佛寺上面有重叠的黄金露盘，下面是层层楼台，又有堂阁环绕，可容纳三千多人，还做下镀金佛像，穿上锦缎。每到浴佛节，总要设置大量饮食，在路上摆下桌案，前来吃饭和观光的近万人。等到兖州部队攻打陶谦时，徐州很不安全，笮融就带领男女数万人、马三千匹迁移广陵。广陵太守赵昱用宾客之礼接待。笮融贪图广陵富饶，于是乘喝酒时杀了赵昱，纵兵大肆抢劫，带着人众财货渡过长江，南奔豫章。另有资料说，笮融是在江东被孙策打败后逃入徐州境内来投陶谦；后来是赵昱领兵相拒笮融，兵败后被其杀害。

无论笮融的来路和抢掠过程如何，陶谦把三郡的物质交付他管理运输，总不能从此置之不理、任笮融自由支配吧，笮融把这些物质用于佛寺建设和佛教的宣传推广上，必然挤占三郡民众和军队的生活消费。佛寺不是一朝一夕能偷偷建立起来的，这种公开的物质取用历时已久，竟然没有得到追究和制止，似乎连发现的迹象也没有。陶谦作为事情的委派者和用人者，料想不会糊涂昏聩到如此程度，他对此当然负有不可推卸的责任。笮融其后还在广陵杀了太守，并且一走了之，也未见陶谦应有的反应。资料称笮融渡江逃走后在豫章杀死太守朱皓，占据其城池，不久被扬州刺史刘繇打败，逃到山中为人杀死。这自然属多行不义必自毙的天罚，但徐州牧陶谦在此事上的长久缺位和严重失职是不能否认的。

陶谦还在192年与多位州郡地方官员联名推举车骑将军朱儁为太师，让他带领各地军队讨伐李傕，奉迎朝廷返回洛阳。后来朱儁接受征召西入长安，事情遂不了了之。史书上还粗略地记述说，有一个叫曹宏的人物，是一位邪恶奸佞的小人，而陶谦亲自任用了他。又说徐州的刑法和政令不相配套，贤良为善的人多受其害，徐州的秩序逐渐混乱。还提到，下邳有个叫阙宣的人自称天子，陶谦早先和他联手劫掠财物，后来杀掉阙宣兼并了他的部众。人们至今无法知道事情的具体细节如何，如果陶谦有和反叛者阙宣联手抢劫的行为，那官场上的州牧就在背地里扮演了匪寇的角色，对此我们已经难以做出置评。清代史家周寿昌认为，陶谦曾和曹操结仇为冤，这些原始资料的记录人当时属于曹魏之臣，他们为了讨好曹家就有意记录陶谦的恶行并加以夸大。周氏认定这里有史料失真的问题，这应该属于一家之言。

大约193年，朝廷向各州郡发布了裁军的诏告，大意是说，现在天下纷乱，各州郡都有部队，以致兵连众结，争战不休，同时导致百姓负担太重，无法生存。诏书提议各家都保留下守护官署的常员将士即可，让士兵们解甲归农。陶谦在徐州收到诏书后立即上书，书中历述五帝三王的用兵征讨之例，认为自古到今，不扬威不能止乱、不震武难以除暴；而裁撤军队会削弱国家、纵容叛乱和损害官威，并表示了自己不裁军的态度。其实朝廷的裁军方案本来就是难以实行的空谈，而当时陶谦正和兖州部队交战，他是站在州郡掌权人的立场上表达了共同的意见。就朝廷所具有的权威讲，许多州郡根本对这一诏告不予理睬，能收到哪个州郡的信息回复也算是受到极大尊重了。

陶谦在徐州的政务建设没有多少资料参阅，能够看到的是他用人方面的零星记录和某些重大失误。陶家那位长久佯装于初生状态的犊子，多年间乐于挑战职场规则，总以桀骜不驯外示世人，似乎自身内含着超人的智慧。而他于五十多岁的年龄上侥幸执掌了一州之政，在需要展现他不世才华的地方，其表现是令人失望的。

0.8（1）陶谦保徐州（下）
——在战争惊恐中离世

陶谦从191年正式接任徐州政务到194年去世，主政徐州的时间实际不到四年，其间影响最大的事情是和兖州牧曹操结下了解不开的仇怨，由此引来了兖州部队的多次报复，使徐州陷入了连年战争及多处遭到屠城杀戮的灾难。陶谦和曹操的结怨起因于曹操的父亲曹嵩。

曹嵩原来在朝廷担任过太尉职务，位在三公之列。他大约在188年辞职返回家乡谯县，后来住在琅邪以躲避董卓之乱。193年八月，时已代理兖州牧的曹操想让父亲到自己的驻军地来生活，曹嵩遂携带财货辎重一百余车，与自己的小妾、少子曹德等百余人一起上路，中途路过徐州地盘，走到了泰山附近华县与费县的交界处时，被陶谦的部队全部杀害，财物被抢走。杀父之仇不能不报，时隔不久，曹操就率军大举进攻徐州。

曹嵩等人被杀，陶谦本人应负多大责任，这里对具体事态的叙述有两个版本。《三国志·魏书·武帝纪》引注《世语》中说，曹操事前托泰山郡太守应劭中途接应父亲一行，曹嵩走到泰山附近时，应劭的接应部队还未到，陶谦密派几千骑兵来袭击。曹家的人以为是应劭部队来接应，未曾设防，士兵即在门口杀了曹操之弟曹德。曹嵩恐惧之下在后院墙上挖洞，让小妾先出去，但小妾身体肥胖，钻不出去，两人慌忙躲在厕所，被士兵一同杀害，同行的家人全部遇难。事发后接应的应劭非常恐惧，他辞去官职，投奔了袁绍。另有《吴书》记述说，曹嵩一行路过徐州地盘时，陶谦派属下都尉张闿带领二百骑兵护送过境，张闿贪求曹嵩的财物，遂在两县的交界处杀了曹嵩等人，掠取财物后逃到了淮南。

按照第一种说法，陶谦本人即是这次杀人越货的策划者，联系史料中关于他曾与阙宣合伙劫掠财物的说法，陶谦不是没有这种可能的行为。按照第二种说法，陶谦反而是好心护送曹嵩，本来是想讨好曹操吧，只可惜用人失当。在两种版本的事件叙述中，陶谦应负的责任显然轻重不同。事发后曹陶两人应该有斥责和辩解的是非确认过程，陶谦无论如何都会持第二种说法，哪怕他真的组织了抢掠，也要洗刷自己以减少道德舆论上的负罪；而曹操肯定是坚持第一种说法，因为他无论如何要为父亲被杀找到一个实施报复的罪人，而就近兼并徐州是他迟早要实施的发展战略，把报复对象确定为陶谦本人，不承认他的好心护送，是要准备对他做出最严重的报复。有意味的是，按第二种说法作记述的《吴书》恰好是孙权太史令韦曜撰写，而按照曹操的说法作记录的《世语》正是晋人郭颁所撰写，南北两位作者在撰写历史时都真实地采用了流行在本国度的正式文档资料，而不同版本的源头就在事发后当事双方的是非对质中。非常遗憾的是，在曹操和陶谦作是非对质之时，没有能被双方共同认可的权威性调查仲裁机构，只好诉诸武力来解决。曹操以杀父仇人来看待陶谦，注定了这场攻夺徐州之战的疯狂性和残忍性。

史书上说，曹操把事情的责任归咎于陶谦，当年秋天亲自统领大军进攻徐州，当时徐州治所在今山东郯城。曹军进入徐州境内，一口气攻拔了十多座城池。到达彭城时，与陶谦的军队展开血腥大战，死者上万人，泗水被尸体填塞而不能畅流。陶谦战败逃走，退到郯县（今山东郯城县）固守。曹操围攻郯县受阻，于是转而攻取虑（今山东蒙阴附近）、睢陵（今江苏睢宁）、夏丘（今安徽泗县）三县，所过之处屠戮全部生灵，鸡犬不留，城里变成一片废墟，没有了行人。

陶谦在情况危急之时向青州刺史田楷求救，田楷与平原相刘备率兵前来援救。刘备军队有数千人，陶谦给其增拨了四千丹杨兵，安排他驻扎在小沛（今江苏沛县东）。陶谦的部将曹豹与刘备邀击曹兵，被击败。曹军攻取了襄贲（今山东苍山南），所到之处仍然屠戮殆尽。无论是部队的战斗力还是指挥员的军事运筹，陶谦远不是曹操的对手，曹军是抱着复仇之恨来对付徐州军队的，所以旗开得胜，对方几乎无法招架。后来曹军缺少粮食，只好撤退了回去，但曹操心目中的事情并没有到此结束。

194年夏天，曹操安排荀彧、程昱守鄄城以保兖州，他行前交代了后事，以必死的心态再次前往报仇。到徐州一连攻拔了五座城池。夺取了琅邪，占领的地盘一直达到东海，曹操在莒县南七十多里处筑营戍守，被称五花营。当时陶谦无力守御，非常恐慌，他准备南逃丹杨以躲避。正好曹操的后方盟军张邈在兖州举兵反叛，接应来吕布占取兖州，曹操只好回兵对付吕布，保守后方基地。这次进军徐州时间不长，但对当地的残害也不小。后世史家对曹操在徐州实行的屠杀行为多有指责，认为自古以来的战争规则是讨伐有罪而拯救百姓,所谓"伐罪吊民",曹操因为对陶谦的仇恨,就大肆残害其部属并屠戮百姓,实在是做得过分。曹操退兵时,徐州牧陶谦已经病重,他上表推荐刘备为豫州刺史,并对自己的助理、徐州别驾麋竺说:"只有刘备才能安定徐州。"陶谦不久去世,麋竺按照陶谦生前的意图,与下邳名士陈登一起,坚持把徐州政务权交给了刘备。

六十三岁的陶谦应该是在战争失利的惊恐中离世的,他的两个儿子陶商陶应此后远离了官场,体现了他们家族的一种态度。江东名臣张昭当时给陶谦专门写有致哀辞,内有"膺秉懿德,允武允文,体足刚直,守以温仁"的赞美句子,这是张氏对逝者的尊重。而人们从史籍中看到的是,陶谦在主政徐州的不长时间中,没有成熟的治理方案,没有稳定的治理方针,也没有对付侵扰的作战和外交能力。尤其是他不能识辨和掌控自己的属下,导致了地方财物在笮融手中的流失,又引发了州内百姓遭受报复的灾难。陶谦可能不属于有意作恶之人,但难以找到属于他的职场政绩。

0.8(2)孔融守北海及其学者人格(上)

——早年出名

汉末时的孔融是一位大名鼎鼎的人物,他出身不凡,少年时期就以守礼和聪慧而行为出众,其后因某种特立独行的人格而在社会上声名大振,很早就受到朝廷的征招任用。因为与当权者的心性不相谐和,189 年政局变乱之时,他被外派北海相的职位上镇守一方,却仅仅落得个只身逃脱的难堪结果。孔融镇守北海的主政经历及其在高层职场的人际冲突都显露了一位学者官员的某种特出人格。

孔融,字文举,153 年出生,鲁国(今山东曲阜)人,孔子二十世孙。他的七世祖孔霸曾为西汉元帝刘奭(前 48—前 33 年在位)的老师,官至侍中,为侍从皇帝左右的官员。高祖父孔尚,做过巨鹿太守。父亲孔宙,为太山都尉,辅佐郡守并掌握全郡军事。唐人李贤作注的《融家传》中介绍孔融说:"兄弟七人,孔融为第六,幼时就有自然天性,四岁时每次与各位兄弟吃梨,孔融总是拿小的。大人问其原因,孔融回答:我人小,理应取小的。""融四岁，能让梨"的故事被写进旧时幼学普及读物，已致家喻户晓，使他进一步成为历史名人。

孔融十岁时，跟着父亲到了洛阳，他天性好学，博览群书。《后汉书·孔融传》《三国志·孔融传》记述，当时河南尹李膺深居自重，不随便接见宾客，吩咐守门人，不是当世名人及世交之家就不要通报。孔融想看看李膺的为人，就去了李家，他对守门人说："我是李君的通家子弟。"门人通报后李膺相请，见面后问道："您的父亲或祖父与我有过交往吗？"孔融回答说："我的祖先孔子，与您的祖先李老君同德比义，为师友关系。我与您当然是世交之家。"传说孔子曾拜老子为师，李膺据称是老子的后人，孔融的回答以远寓近，当然无懈可击，难得的是十岁小孩的学识和通达，在座的人无不赞叹。过了不久，太中大夫陈炜到来，在座的人把刚才这事告诉了陈炜。陈炜说："人小的时候聪明，长大了未必有奇才。"孔融应声回答："听您这样说，您小时一定挺聪明的！"因为陈炜认定人的聪明通达在小时和长大后未必一致，孔融随即肯定陈炜小时候的聪明，他要借此表明已经长大了的陈炜未必聪明，而刚才所说的话当然未必是聪明之言。李膺当场笑着说："你将来必成大器。"

李膺和孔融的这次相见，《太平御览》中另有一段记述：李膺让孔融坐下来，问他说："你想吃点什么吗？"孔融回答："要吃。"李膺说："我教给你做客人的礼节，主人询问吃什么，应该谦让着说不吃。"孔融对答说："不是这样。现在教给你做主人的礼节，只需把吃的东西摆上来，不需要询问客人。"李膺对孔融更加欣赏，表示说："我即将老死离世，看不到你的富贵了。"两人坐下谈论百家经史，孔融应对如流，李膺不能让他屈下。李膺身为京畿最高行政长官，也属当世名流，与社会上层交往较多，因为欣赏孔融的才情，当场给了他不少夸赞，也会把这些事情在交往圈子中传扬出去，自然扩大和提升了孔融的知名度。

孔融十三岁时死了父亲，悲痛过度，要人扶了才能站起来，州里称赞他的孝行。有个叫张俭的名士，为中常侍侯览所诬陷，朝廷下发通告捉拿。张俭与孔融的哥哥孔褒是朋友，逃到了孔家，孔褒不在。孔融时年十六岁，张俭看他年轻，没有告诉他。孔融见张俭窘迫的样子，对他说："哥哥虽然在外，我也可以为您作东道主呀！"就把张俭留在家里。后来事情被泄漏出去，官方秘密捕捉，因张俭跑掉了，于是逮捕了孔褒、孔融兄弟，但不知他们两人谁该获罪。孔融说："把张俭收容藏在家中的是我，我应当坐牢。"孔褒说："张俭来找的人是我，这不是弟弟的过错，我甘愿服罪。"狱吏问他们的母亲，母亲说："家事应该由长者负责，我应该担负罪责。"一家人争着坐狱赴死，郡县不能决断这起案子，于是向朝廷请示，诏书最后定了孔褒的罪。孔融因此事更加出名，他年纪不大，与平原郡陶丘洪、陈留人边让相齐名，而孔融的聪明和品行，在年轻一辈中最为突出。

　　州郡两处任命孔融职位，孔融都没有前往，后来应召了朝廷司徒杨赐的任用。当时有规定，对于知道官员贪污而隐藏不报的人将加重惩罚，孔融所检举的多是宦官的亲族，办事的尚书迫于宦官的压力，要召来下属询问，孔融被召问时陈述事实，并不逢迎和隐瞒。184年初，河南尹何进要升任大将军，杨赐派孔融拿着名帖去向何进祝贺，门人没有及时通报，孔融就拿取名帖返回府中，并辞职离去了。河南官属认为遭受了羞辱，派剑客要追杀孔融，有人对何进说："孔文举有很高名望，您如果与他结怨，四方之士就会离您而去。不如以礼对待他，使天下人都知道您胸怀广大。"何进认为说得对，就征召孔融，推举他业绩优秀，任用为侍御史，督察郡县官员的职务。中丞赵舍是主管监察的官员，孔融因与其不和，遂托病归家。不久他再次被何进征召为司空掾，授中军侯，即是做司空助理，并在禁军中兼任中级职务，三天后升任虎贲中郎将，成为统领皇帝侍卫的武官，他的人生转入了新阶段。

　　因为家庭的礼教熏陶和传承的家学渊源，孔融的谦让、学识和聪明在小时候就已出众不凡，"一家赴死"的行为更是表现了他们高尚的品行。在特别看重道德教化的东汉时代，孔融的品形和行为当然可以作为社会的示范，加之极高的智商和聪慧，他的事迹在社会上广泛传播，成为当时的青年名人，这都毫不奇怪。所谓"出名要趁早"，二十岁左右的孔融肯定是做到了，这不是一般人所能企及和达到的，成为他当时受到朝廷重用和人生发展的重要条件。然而，孔融的早慧和出名似乎又来得太早了些，人们一味地夸赞可能刺激并养成了他过分自负的心性，在李膺家里对待陈炜的言语放肆，听到非赞颂声音后的贬式回应，及对李膺谈论主客之礼时的张狂，完全超出了十岁小孩应有的恭谦品格。在场的人们，包括钟爱他的李膺本人在内，仅仅关注了其少年聪颖的一面，而没有留意他恭敬品行的丢失，于是给年幼者孔融的心田埋下了一粒恶籽。孔融是一个十三岁就失去父教的人，聪明自负都在跟随年龄不断提升，而内心却始终没有一种对张狂自负做出平衡的筹码。人们在他任职初期，既看到了阳光积极的一面，同时也隐约看到了他在职场和人生道路上的灰暗斑点。

0.8（2）孔融守北海及其学者人格（中）
——主政地方的惨败结局

孔融二十岁前就因聪明和守义而出名，在社会上赢得了声望，先后受司徒杨赐和大将军何进的两次征召任用，后来升为虎贲中郎将，成为统领皇帝侍卫的武官。189年汉灵帝刘宏去世，朝廷发生大变乱，董卓进京并掌控朝廷后，因孔融经常发表自己对政务的见解，与董卓的意见多有不合，遂被改任为议郎，应该是被取消了军职。当时黄巾军在东部一带重新起事，北海受到的冲击最大，董卓于是授意三府官员推荐孔融做了北海相。

北海郡是西汉景帝时划齐而设，辖境相当于今山东潍坊及安丘、昌乐、寿光、昌邑等县，东汉时改郡为国，治所移至剧县（今昌乐西）。汉朝的封国中王不治事，相国即是地方的最高行政长官。当时重新起事的黄巾军侵犯相邻的几个州郡，董卓把孔融派到遭受冲击严重的北海任职，是存心将他排挤出朝，大概也是故意将他推向险难之地。据《后汉书·孔融传》《三国志·孔融传》引注《续汉书》记述，三十八岁的孔融刚到北海，黄巾军即前来侵袭，孔融召集士民，起兵讲武，下发檄文，又亲写书札，与州郡相互联系，谋划对策。

孔融针对黄巾军对地方造成的破坏，实施了礼敬贤士，广施教化的治理措施。他兴办学校，关注百姓教化，同时推举贤才，尊重儒士，表彰了彭璆、邴原、王脩等一批清正孝廉的人物，经学大师郑玄（127—200年在世）为北海高密人，孔融在该县专以他的名字设立一乡，名为郑公乡。对当地没有后嗣的人，以及死在当地的各处游民，都备下棺木以礼安葬。在民众中以孝知名的甄子然早年亡故，孔融因生前未见到而深感遗憾，所以准其享有所在县的公共祭祀。他还听说东莱有个叫太史慈的奇人，很讲义气，目前在辽东避难，就派人经常去问候和照顾太史慈的母亲，并提供资助。无论什么人即便有一点微小的善行，也都以礼对待。这些措施表明了孔融在职任上的积极有为，显示了他学者治政的鲜明特色。

不久，黄巾将领张饶率二十万众从冀州返回，孔融领兵迎战，被张饶打败，于是收集散兵保卫朱虚县，又集结被黄巾裹挟的吏民四万多人，设置城邑，整顿自己的队伍。黄巾再来侵扰，孔融出驻都昌县，被黄巾将领管亥所包围。恰好太史慈回家看望自己母亲，母亲听说孔融被黄巾军包围在都昌，就打发儿子前去都昌协助孔融守城。太史慈见到孔融，要求领兵杀敌，孔融没有答应，打发他出城去向平原相刘备求救，刘备派出三千兵马救援，管亥听说救兵到来，只好解围撤离。孔融在北海治理中，既对付黄巾军的侵扰，又整顿队伍，教化民众，他把组织自我力量和对付敌军两者同时抓起，许多安抚措施都起到了很好的作用，这些应该属于不错的思路。

孔融在北海治理中也显示了他骄傲自负和虚浮不实的一面。晋人司马彪在《九州春秋》中用大段文字介绍孔融治理北海的情景，其中说，孔融总以为他自己智识超人，其他州郡的官员赶不上自己，所以非常自负，不甘心在州郡碌碌平庸地干一辈子。但他所任用的人物，多是些喜奇求异的轻浮之人，而对具有真才实学的人，他会恭敬地对待，并有完备的礼节，但不与他们讨论国政。即便对待郑玄，虽然对他执晚辈之礼，与其谈论政教并评议人物，言语和口气都温文尔雅，但都是些不着边际的空话，一接触实际生活就很难实行。曾为了田租赋税的统计，一天内杀了五位督邮，那些贪官和奸猾之民，经常扰乱市场，也得不到治理。王子法、刘孔慈都是内心凶狠而又善于口辩的小才，孔融把他们作为心腹看待，左丞祖、刘义逊都是清廉俊秀的高才，孔融只把他们置于旁座以为备用，声称这样做是为了不失民望。司马彪在这里通过议论口吻，表述了孔融在地方治理及其用人方面的不足，在司马彪的眼中，孔融似乎是一个不切实际、自大才疏的人物。这当然属于他个人的看法，因为没有具体事实的陈述，很难判断这些结论的正确性。据《三国志集解》中有关资料说，孔融在北海时，见到一个在父亲墓旁哭泣的人，面部没有憔悴之色，就把这人杀了；另有一人，他的母亲生病已久，想吃新麦子，因自家没有，就偷了邻居家成熟的麦子带给他母亲。孔融听到后，特别奖赏了这人。他认为这人是爱母尽孝，而那位哭父被杀的人，是因为悲哀没有发自内心。孔融的治政行为不是没有其思想逻辑，只是他的想法与社会生活有时格格不入。

《资治通鉴·汉纪五十四》中说："北海郡太守孔融，以才气出众自负，立志平定祸乱。但才器疏阔，思想空乏，所以一直没有成效。"又说："他只会口出大言，而漏洞很多。一时可得人心，而时间一长，人们便不愿再依附。"当时袁绍和曹操的势力正强盛，左丞祖富有谋略，劝孔融与他们相结纳。孔融认为这两人都图谋篡汉，不想与他们联合，因此一怒之下把左丞祖杀了。孔融所治理的是遭受侵扰的战乱之地，但他却把北海当作和平之地来对待，似乎在建设某种美好的礼仪之乡，许多极好的尊贤敬民措施都是在错误的时间点上推出，他缺乏战争危机意识，不善于作出思想观念的变通，史家指出他的上述缺失也许不无道理。

大约194年，已是孔融在北海的第六个年头，他对北海的守护仍然没有看到成效。这次敌军来进攻时，孔融喝了很多美酒，然后骑上马，领军队在涞水岸上抵御。敌军将领领着人马与孔融对峙，却让左右两翼部队渡过涞水直接攻城，城很快被攻破，孔融不能进入，只好转道向南而逃，士兵的叛逃接连发生。就这样，孔融和敌军连年交战，争夺之城反复易手，作战没有多少功效。到195年，北海之地已无法保守，孔融只好弃之而去，躲到了徐州。

当时接替陶谦主政徐州的刘备上表推荐孔融兼任青州（治所在今山东淄博北）刺史，孔融于是从徐州到达青州。他无法掌控青州全境，只好将治所建在北面边境，幻想借重崤山以东各州郡的力量，外接辽东，方便得到戎马，扩大军队。当时孔融手头士兵只有几百人，粮食不到万斛。196年，袁谭前来争夺青州，从春天打到夏天，城池小敌人多，袁军的箭像雨一般射来，城内已经短兵相接，然而孔融靠着桌子安坐不动，他若无其事地看书并发表议论。这天晚上城被攻破，军队死伤很多，孔融逃至东边山中，他的妻子儿女被袁谭俘获。魏晋时的史家张璠在《汉纪》中说："孔融在郡国主政八年，仅仅保住了他自身。"

当年董卓安排孔融做北海相是要将他排挤出朝，但孔融并没有这样认为，他是怀着一腔豪情去北海赴任，大概感到自己的才能终于找到了用武的场所，他刚到任上即联络各方、抚慰穷困；举荐人物，广施教化，既有一定的主政思路，也显示了勤政有为的风格。然而，现实一再显示了学者孔融主政上的缺陷，一是军事才能的不足。战乱年代的地方治理丝毫离不开军事守卫的前提，不会作战的地方长官，一切治理都无从谈起。二是用人上的缺失。孔融推举了一些学问人，也用了一些夸夸其谈的人，唯独没有关注具有实干才能的人，孔融选才用人上的不足是他自己虚浮不实心性的某种折射。优秀的用人方式本来也可弥补军事才能的不足，但孔融的两个方面无法弥补，互相加深，最终导致了他的失败结局。

孔融是一个有所成就的学者，拥有广博的学识，在那块相对独立的领域里，他拥有自己的一片王国。沉溺学海的读书人往往会把学识的王国与现实生活等同起来，以为自己同样可以占有现实生活的某块王国，因而会有相当的自负心态。但事实上，现实生活是一个完全不同的复杂世界，军事争战和识才用人都是更高级的技术活，不是光有学问就能做得好的。孔融守北海保青州的失败结局，相信足能惊醒那位自负了半生的当事学者！

0.8（2）孔融守北海及其学者人格（下）
——重返朝廷的人生悲剧

汉末名士孔融自189年被朝廷外派北海，在北海相和青州刺史的职务上干了将近八年，但经不起战事的考验，几度被外来的敌人赶出了自己主政的地盘，军队和妻子儿女全部丢弃，最后仅仅保住了自己一人而已。196年，曹操将朝廷迁到了许都，因他与孔融曾有交往，于是征召他来朝廷，担任将作大匠，执掌宫室、宗庙、陵寝等土木营建事务，后来升为少府，掌皇帝的私府收支事务。

曹操与孔融相识，大概是早年在何进手下有一段同朝干事的经历吧，孔融年长曹操两岁，那时两人都是三十多岁的青年，在宦官专权的朝廷，他们都受到大将军何进的看重，同怀报国兴汉的志向，应该有一些共同语言。现在曹操刚奉迎朝廷到来许都，也需要一些名流张大其势，于是请来了几乎同龄的故旧相识孔融。《后汉书·孔融传》《三国志·孔融传》及其引注均记述了孔融重返朝廷的事迹，及与曹操在许都共事十二年间发生的矛盾纠葛。

孔融这次回到朝廷，似乎是一个活跃的人物，每次朝会上讨论事情，他都发表议论，应对问答。当时有朝臣提出过恢复古代肉刑的建议，孔融发表长篇议论予以反对。他还对荆州牧刘表不按规定纳贡、郊祀天地等僭越行为提出了"宜且讳之"的处置方案，这些意见都被朝廷所采纳。另有一件特别的事情，太傅马日䃅先前以朝廷使者身份去关东各州郡抚慰各地官员，被袁术夺了符节，马日䃅自认受了侮辱，在淮南忧愤成疾，呕血而死，他的灵柩约在197年十月运回许都。朝廷认为马日䃅被逼屈死，商议要为加礼安葬，提高仪式规格。孔融说："马日䃅以上公的尊贵地位，代表天子出使，而他曲意谄媚奸臣，接受对方指使。当时所上章表署名，马日䃅都是第一位。朝廷的大臣，怎么能以被人胁迫作为借口！况且袁术的叛逆，不是一朝一夕，马日䃅与他相处周旋超过一年，《汉律》规定与罪人往来三天以上，都应该知道其情况。天子怜悯旧臣，不忍加以追究，但不应该再提高规格。"朝廷按他的意见办理了。据说孔融在朝堂发表意见，他总是援引前例作出论证，其他公卿大夫都不过挂个名而已。孔融对安葬马日䃅的意见也许是有依据的，只是感觉一位曾经丢失了朝廷大片地盘而没有受到任何追究的人，他将遭受屈辱的同僚视同变节人，这里显得有些苛刻。

孔融在许多事情上与曹操发生了意见分歧：①曹操因为对杨彪的积怨，借其与袁术有姻亲关系，提出杨彪图谋另立新君，有反叛意向，将他逮捕下狱。孔融为此去见曹操，与曹操据理争辩，并吩咐审理案件的许都令满宠只能接受口供，不能用刑拷问，最终迫使曹操赦放了杨彪。②他将才高气盛的忘年交祢衡推荐给曹操，希望加以任用。但祢衡却羞辱曹操，惹得曹操大怒，派人将祢衡送到刘表那里，终为黄祖所杀。③204年曹操攻下了袁绍占有的邺城，其子曹丕将袁绍的儿媳妇甄氏纳为自己妻子。孔融写信给曹操，其中说："周武王伐纣，把纣王的妃子妲己送给了周公。"曹操觉得孔融是博学之士，所说的事情必有依据，见到孔融后询问所说妲己的事出自什么史书。孔融回答说："以眼前的事情推测，想来当然是这样。"曹操才知道孔融说话的真正意思。④当时粮食欠缺，曹操上表制定禁酒令，想禁止酿酒和饮酒。孔融则大谈酒自古对人的好处，又说："夏桀和殷纣因女色亡国，今天也没有婚姻的禁令啊。"⑤曹操207年率军队远征北方乌桓，是要借机消灭逃往该地的袁尚袁熙等袁氏残余势力，实现北方边境的安全。孔融前去对曹操说："大将军这次远征，去那边寂寞无事，可以把过去肃慎族没有向周成王进贡、丁零人偷盗苏武牛羊的事一起立案解决。"他认为如此远征是劳师而无益的。

在两人的意见分歧中，并非曹操的行为和做法就一定正确，孔融当然可以建议，劝诫，乃至反对，但孔融总是喜欢用嘲讽的形式表达意见，一副社会名流讥讽下里巴人的做派。曹操本来就没有认为自己是错的，又听到这些轻慢的语言，心里很不高兴，只是鉴于孔融名望高，不好作出处置，只能宽容相待，而内心积怨不平。朝中执掌监察事务的御史大夫郗虑看到了这一情况，他秉承意旨，以其他事情弹劾孔融，孔融被免去职务。在家闲居时，他常常宾客满门，标榜自己说："座上客常满，樽中酒不空，我没有什么忧愁的。"禁军中一位士兵长得与大学问家蔡邕面貌相似，孔融每次饮酒时总把他请来同坐，为此引为自豪，孔融被免职一年多之后，又被拜为太中大夫。他任职不久，就正式上表，向朝廷提出应该恢复古代的王畿制度，即在京城千里之内的土地上不能分封诸侯王。因为当时只有曹操最有资格封王，进而分得土地，孔融这一意见显然是针对曹操的。曹操大概闹不明白，自己倾慕孔融的学识，将其在困窘中征召来朝廷，这位故旧同僚为何处处给自己制造麻烦和难堪。

208年，在曹操率领大军南下征讨刘表孙权之前，郗虑又对孔融罗织罪名，他让丞相府首席军师路粹上书状告孔融，列举有以下几项罪名：当年任北海相时，对人说："拥有天下的人，何必要卯金刀？"这是公开反对汉刘（劉）天下；与孙权派来的使者谈话时诽谤朝廷；曾经被祢衡吹嘘为"仲尼不死"，而他则称祢衡是"颜回复生"；且与祢衡胡言乱语说："父亲对儿子有什么亲的？考究他最初意图，实际是为了发泄情欲。儿子对于母亲又有什么呢，就像把物品寄存在瓦罐中，取出后就分离了。"职位在九卿之列，却不遵守朝廷礼仪，不以帻巾包裹头发，亵渎掖庭。根据上述五条罪状，路粹提出孔融大逆不道，应当按重罪诛杀。尽管上述罪状都是些无关大体的事情，且无行为，又无证据，但路粹的奏书递交不久，孔融即被逮捕关押，后被砍头示众，时年56岁。

孔融一生的职场活动大体分为三个阶段，开始是早期出名并受朝廷征召入仕，这期间他显示了出众的聪明和应有的节义，也暴露了他过分自负傲人的人格特点；第二阶段上他主政北海与青州，竟然丢失了全部地盘，现实生活检验了他作为学者官员虚浮不实、志大才疏的一面；196年重回朝廷的十二年是他职场活动的第三阶段，孔融经过了多年外派地方工作的失败经历，应该增长了经验，发现了自身的不足，具有了一种新的工作状态吧，这是对一般职场人的想象。事实上他仍然保留着耿介直率、自负傲慢的行为特点，早年成型的学者人格难以消除，因而和当权者发生经常性的矛盾冲突，为对方所难容，终被独裁专制所致死，导致了人生的悲剧。

孔融从青州出逃时丢失了妻子儿女，被袁谭所俘获，后来孔融回到朝廷干事，想必其家属应以某种方式回到了身边，史无所载。208年孔融被杀时，他的妻子儿女同时受诛。当时他有七岁的女儿和九岁的儿子，因为年龄小，寄养在别人家里，可以得到保全。二位孩子下棋，听说孔融被捕，未为所动。旁边的人说："父亲被逮捕，为什么不起来？"回答说："哪里有巢毁坏了卵不破的！"主人送给他们肉汤，男孩口渴喝了，女孩说："今天这样的灾祸，难道能够久活，还要知道肉味吗？"男孩号哭而止饮。有人对曹操说了，于是决定都杀掉。等收捕的人到来，女孩对哥哥说："如果死者有知，得见父母，难道不是正合于我们的愿望！"于是引颈就刑，面色不改，看见的人都悲伤不已。一位高傲自负的人物以这样并非期盼的悲凉结局而谢幕人生，这时候似乎已经没有人认可他的早慧和聪明了。

0.8（3）慷慨守义的臧洪

东汉末期的臧洪是以守义出名的英雄人物，在董卓乱朝、关东无主的特殊事期，身为郡守助理的臧洪以大无畏的气概，联络和创立了关东义军联盟，首先打起了讨伐董卓、兴复汉室的旗帜，直接推动了天下政治局势的演变。其后他接受袁绍的安排担任东郡太守，因为某种意气之争，被袁绍大军包围于武阳（今山东阳谷西南），上演了一出感天动地的守义悲剧，也成就了一尊轻势重义的伟岸人格。

臧洪，字子源，广陵射阳（今江苏宝应东北）人。《后汉书·臧洪传》《三国志·臧洪传》记述，他的父亲臧旻，曾长期担任匈奴中郎将，为中央政府所派出监督匈奴各部的使节，他能把西域几十国的土地、风俗、人物、种群，以及各国的风俗、山川、草木、鸟兽、异物名种描述得清清楚楚。太尉袁逢当面赞赏说："班固虽撰写《西域传》，怎能超过你的所知！"臧旻后来转任太原太守，他一直具有干练的办事才能，属朝廷的优秀官员。

臧洪本人体貌魁梧，异于常人，因为父亲有功，年十五时举孝廉，被选为宫中宿卫的童子郎，后来补缺为即丘（今山东临沂市兰山区）县长，约在189年汉灵帝末年辞职还乡，本郡太守张超邀请他担任功曹，作了郡守助理。张超的哥哥张邈担任陈留郡太守。在董卓掌控了朝廷时，臧洪对张超说："您世代受恩于朝廷，兄弟都主政大郡，现在王室危在旦夕，这是忠义之士为国效命的时机。"他建议张超高举旗帜,为国靖难。张超赞同他的意见,他与臧洪西去陈留,和哥哥张邈商量。张超对张邈说:"臧洪是海内的一个奇人,才略智谋比我还强。"张邈立即与臧洪谈话,大感惊异,于是让臧洪去见兖州刺史刘岱、豫州刺史孔伷,都相互引为知己。

根据张邈的安排,等大家到来后就做出了决定,他们五位在酸枣(今河南延津西南)聚会,设下坛场结盟。在盟主登坛时,大家互相推让,没有谁敢先登,最后都推举臧洪为首。臧洪于是撩衣升坛,歃血而盟。他带头起誓时,辞气慷慨,涕泣而下,在场的人无不激扬奋起。后来的军事活动,除参加结盟的五人外,袁绍、袁术、袁遗、韩馥、王匡、鲍信、曹操等各路将军都来参加,大家共推袁绍为盟主,对董卓一时形成了很大威胁。然而后来各家军队各有心思,行动迟滞,加上军粮不足,兵众就离散了。

事后张超派臧洪去找幽州牧刘虞,共同商讨行动计划,恰好公孙瓒与刘虞正发生冲突,北方战事较多,道路不通,因此臧洪去了袁绍那里。袁绍见了臧洪,非常佩服他的才华,与其结为朋友,让臧洪代理青州刺史。该州前刺史焦和只说空话,不会打仗,黄巾军来攻时,怕敌人乘冰冻过河,将许多灰石为料的陷冰丸置于河面以御敌,又把女巫祝史请到府里,求神降福。他的部众因此溃散,焦和也因病死亡。臧洪去青州后,收集抚慰离散的部众,百姓得以平安。他在青州二年,黄巾军不敢前来。袁绍知他能干,调为东郡太守。

这时,张超在雍丘(今河南杞县)被曹操包围,形势非常危急。张超对军吏说:"今天的事,只有臧洪会来救我。"有人说:"袁绍与曹操正相友好,臧洪是袁绍的人,恐怕他不会远来,失福而招祸。"张超说:"子源是天下义士,终究不会背弃根本,除非他被强力挟制。"臧洪听说张超被围,赤脚号哭,整兵待发。他觉得兵力太弱,就向袁绍请求增兵,袁绍不给。不久曹操攻破雍丘,张超全族人被杀尽。臧洪因此怨恨袁绍,断绝关系,不与他往来,这相当于袁绍控制的东郡背叛了袁绍。

袁绍派兵包围臧洪所在的武阳,一年多没能攻下,袁绍使臧洪同县人陈琳写信晓谕臧洪，说明祸福，用私人感情和国家大义相责，并加以威胁和利诱。臧洪给陈琳回复了一封情真意切的长信，信中对袁绍的负义行为作了斥责，表示自己将坚守道义，别无他择。臧洪的回信慷慨激越、豪气干云，表达了他理想主义的坚定立场。袁绍看到回信，知道臧洪没有投降之意，就增派兵力继续猛攻。当时城中粮食已经吃完，外面没有救兵，臧洪料到难于守住武阳，就对大家说："我为了坚守大义不得不死，大家不要白白蒙受此祸，现在城还未破，你们可以先带着妻子儿女离开。"将士吏民都流着泪说："郡守您与袁氏本无怨仇，只是为了郡中将吏，才导致这样的局面，我们怎么忍心抛下您离去！"大家开始挖老鼠、煮筋皮吃，后来什么吃的也得不到了。主簿把内厨的三斗米拿出来，请为臧洪煮些粥，臧洪说："哪能我一个人独吃！"他让把米煮成稀粥，分给大家喝。他又杀了自己的爱妾给兵将们吃，将士都流泪无言，不能抬头仰视。最后男女七八千人相枕而死，没有离叛。

城被攻破后，袁绍俘获了臧洪。他设起营帐，召集各位将官相聚，并上前问道："臧洪，你为什么这样负恩！现在还服吗？"臧洪趴在地上，瞪着眼睛说："你们袁家世受国恩，现在王室衰弱，你没有扶助之心，还心存非分之意。我亲眼见到你称呼张邈为兄，那张超也就是你的弟，应该同心协力，为国除害。为什么手中有军队还要看着他被屠杀灭族！可惜我的力量太小，不能挥刀为天下人报仇，怎么还会服你！"袁绍本来也欣赏臧洪，想要让他屈服后予以宽恕，见他言辞如此痛切，知道终究不会为自己所用，就杀掉了他。

有个叫陈容的年轻读书人，非常爱戴臧洪，跟随臧洪到东郡做助手，城破前臧洪让他离去，袁绍这时把他请到了座间，陈容见臧洪要被处死，就站起来对袁绍说："将军您举大事，要为天下除暴，现在要杀掉忠义之人，是不符合天意的。臧洪请求发兵也是为了郡中将领，不应该杀掉他。"袁绍无言以对。旁边的人拉出了陈容，对他说："你和臧洪不是一类人，不必为他说这些。"陈容回头看着袁绍说："仁义没有恒常，扑上去就是君子，背离就是小人。我宁与臧洪同日死，不与将军同而生！"陈容一并被杀掉。在座的人无不叹息，私下说这是"一日杀二烈士"。

首创了关东联盟的义士臧洪被杀掉了，但他倡导的兴汉事业没有停止，他行为所代表的重义精神被人们继续发扬。臧洪的作为应该是动静不小，后来吸引了不少史家的关注，但多数人倾向于认为，要让袁绍放弃自身利益而出兵援助雍丘的张超，那是根本不可能的妄想。明清学问家王夫之认为，臧洪因为一己私恩和曲狭的守义而奋不顾身，把一郡百姓的生死跟他捆绑一起，这仅仅是任侠行为，还说不上是义；而他的吃人之罪不可以宽恕。

0.8（4）陈登的多副面孔（上）

徐州处在南北交汇之处，地理位置特殊，所以成为东汉末期各路军阀竞相争夺的热闹地区。从190年开始的近十年间，徐州的主政人像走马灯一样地频繁更换，这是原有的东汉朝廷统治力对其鞭之不及，而新的强大统治力尚未形成时的必然表现。适应徐州政治变换的频繁性特征，徐州本地出了一位善于对付复杂政治局面的陈登，他以自己机谋善变的多副面孔应对政局的变换，力保徐州的稳定。《三国志·陈登传》引注《先贤行状》中记述了他对几位徐州主政人表现出的不同态度。

在陶谦手下认真干事 陈登，字元龙，下邳淮浦（今江苏涟水西）人。陈登二十五岁时举孝廉，被任为东阳（今安徽天长西北）县长，他在任上，养老育孤，看重百姓的疾苦。当时天灾连绵，百姓饥苦，州牧陶谦提拔他为典农校尉，主管州内农业生产。他亲自巡查适宜耕种的土地，倡导农田灌溉，一度使徐州的粮食有所积余。应该说，陈登是陶谦主政徐州时的优秀年轻官员。他把本职工作做得很好，与陶谦也没有任何特殊的接触，属于某种恭敬而持中的态度。

对刘备的真心推崇 陶谦194年在兖州牧曹操的连续复仇之战中病重去世，徐州需要确立新的主政人。《三国志·蜀书·先主传》及其引注《献帝春秋》中记述，徐州别驾麋竺转达陶谦的临终盼咐，提出让前来救援徐州的刘备代理州牧，刘备表示自己担当不起，陈登对刘备说："现在东汉朝廷衰弱,天下大乱,要想立功做事,都在眼前。徐州为富庶之地,人口百万,我们都希望委屈您主掌州内事务。"刘备说:"袁术近在寿春,你们可以交给他来做。"陈登回答说:"袁术不是能治乱的人。我们能为您聚合起十万军队,对上可以匡主济民,成就霸业;对下可以割地守境,名载史册。如果您不听我的意见,我以后也不会听您的吩咐。"北海相孔融也反对把徐州交给袁术,主张刘备任职,刘备于是就代理徐州牧。

刘备代理徐州牧后,陈登还派人持信去见袁绍说:"天降灾祸于我们徐州,州牧离世,百姓无主,担心奸雄会钻了空子,给盟主带来忧愁,所以我们共同推举平原相刘备主持政务,使百姓有所依归。现在我们遭受的侵扰战争连续不断,没有机会脱下盔甲,只好派随属官员前来报告。"袁绍复信回答说:"刘玄德为人有胸怀和信义,现在徐州人愿意推戴他,正合于大家的希望。"陈登等人把刘备推作徐州牧后,又专门给袁绍汇报其事,这是朝廷西迁难于联系的无奈之举,陈登还以"盟主"称呼袁绍,这是有意要让袁绍承担起抑制曹操和守护徐州安全的盟主责任,用心可谓良苦,由此足见他对刘备的真心推崇和全力维护。陈登的父亲陈珪退职在家,也非常支持刘备主政,陈登的有些行为是他们父子共同的主张。

对吕布的蒙骗　196年袁术窜入徐州,刘备领军拒之于盱眙、淮阴。在刘备与袁术战场对峙月余时,下邳城中的守将曹豹联络吕布乘虚袭取了下邳,并俘获了刘备的家室,不久吕布与刘备讲和,归还了其家室。吕布恃武夺地,自为州主,开始主政徐州,陈登成了吕布的下属官员。《资治通鉴·汉纪五十四》记述,197年三月,袁术派使者韩胤把自己称帝的事告诉吕布,并请求吕布将女儿嫁给自己儿子为妻,吕布即让女儿随韩胤回寿春。陈珪担心吕布和袁术联合一起,给徐州带来祸难,就去对吕布说:"曹操奉迎天子,辅佐朝政,将军应该与他同心协力。如今与袁术缔结婚姻,必然招来不义的名声,将来会陷入危险。"吕布也想起袁术当初不肯接纳自己的往事,他听从了陈珪之言,派人把女儿追了回来,拒绝了婚事,并将韩胤押送许都听凭曹操斩首示众。

曹操已把朝廷奉迎至许都,这时发来了任命吕布为左将军的诏书,他又亲自写信给吕布，对其大加慰勉和拉拢，似乎两年前吕布袭取兖州的事情根本不存在一样。吕布见之大喜，派陈登前往许都表示答复和感谢，并让他想法搞到朝廷对他徐州牧职位的正式任命。陈登见到曹操，指出吕布有勇无谋，反复无常，应该尽早对他下手。曹操说："吕布狼子野心，难以长期蓄养，除了你，没有人能看到他的虚伪。"随即提高了陈珪的待遇，并任命陈登为广陵太守。临别之时他握着陈登的手说："东方的事情，就委托给你了。"让他暗中联络部众，作为内应。陈登回到徐州，吕布见他们父子提升了待遇和职务，而自己的徐州牧任命并未得到，非常气愤，声称他被陈登所出卖。陈登对吕布说："我曾告诉曹公：'养吕将军譬如养虎，应当给他吃饱肉，不饱就会噬人。'曹公说：'不是你说的那样。实际是与养鹰一样，只有让饿着，才服从命令，如果让他吃饱，就会飞走无处可寻。'曹操就是这样讲的。"吕布的怒气才平息下来。

陈登治理广陵大约一年，就取得了很好的成效。198年九月，曹操率领大军在下邳城包围了吕布，陈登带领广陵精兵作曹军先驱。陈登的三位弟弟在下邳居住，吕布将他们扣押为人质希望求和，陈登予以拒绝，反而包围得更加紧迫。吕布属下官员张弘，害怕城破后受到连累，趁夜将陈登三个弟弟放出去。吕布伏诛后，陈登因特殊功勋被加封为伏波将军。

对曹操态度的反转　陈登在陶谦手下任职时，应该经历了兖州牧曹操两次进攻徐州的复仇之战，对曹操的印象自然是不好的。当时他拥戴刘备州牧而给袁绍去信汇报，其中提到要预防"奸雄"钻空子，这应该是指曹操复仇夺地之事；他以"盟主"称袁绍，是想借重袁绍的强大力量来抑制曹操，保证徐州的安全，其中对曹操的敌视态度非常明确。

曹操奉迎献帝刘协并把朝廷迁于许都，占据了号令天下的正统地位，不久任命刘备为镇东将军，封宜城亭侯，又联络东部各州郡共同围剿僭号称帝的袁术，陈登对曹操的态度可能开始发生转化，他由此看到了曹操的雄心和能力，似乎也对曹操为父亲复仇的行为有所理解。他去徐州面见曹操并做了深入交流后，对曹操的态度发生了重大转折，他秉承了曹操的盼咐，以图谋吕布为目标，变成了曹操在徐州的卧底和内应。另一方面，陈登可以利用自己的聪明智慧把吕布瞒哄得非常开心,但他并没有对吕布有丝毫真心付出。在曹操军队包围吕布于下邳城的关键时期刻,他甚至不以三位弟弟遭受扣押而妥协,表现了一股奋不顾亲的仇视态度。曹操是一位善于识人用人并富有胸怀的领导人,当他发现了陈登的才能并觉察到了其态度的好转后,即给予了他们父子充分的信任和实际利益,他对陈登的回报和信任也是真诚的。

陈登与刘备的关系也经历了复杂的转变,他本来看好刘备,对他主政徐州寄予很大希望,但刘备连到手的地盘都不能守住,于是希望渐成了失望,这也是陈登转而关注曹操,并乐于为其效力的原因之一。约200年五月,占据了江东之地的小霸王孙策想在袁曹两人的官渡之战中捞得渔人之利,他向北方出兵之前,想安顿下广陵的陈登,却在行军途中的丹徒(今江苏武进)郊外追猎时被刺客谋杀,据说是仇人许贡的门客所为。但有蛛丝马迹显示,孙策大半是被深沉有略的陈登安排人刺杀的,这一行为是守护广陵的需要,也是为曹操的北方大战献上的一份价值极高的厚礼。

0.8(4) 陈登的多副面孔(下)

徐州才士陈登出身当地的高门大族,他的高祖父陈球曾任朝廷司空、太尉,祖父辈有两位做过郡守,他的父亲陈珪曾为沛相,为徐州知名人士。陈登智谋超人,少年时就有扶世济民的志向。二十五岁举孝廉,被任为东阳县长,政绩突出。在陶谦、刘备、吕布相继主政徐州的几年间,他以自己机谋善变的多副面孔应对各位州牧,以及当时可能主导地方局势的袁绍、曹操,力保徐州的稳定,个人的事业和民望也同时提升。

陈登是一位思维活跃、反应敏捷的人,他能够根据变化了的新信息迅速调整对人物的处置方式并形成自己新的态度。对刘备他由寄望而渐变为失望,对吕布他由无奈认可转而为厌恶抛弃,对袁绍由有所仰仗变为不予置理,而对曹操他则由诅咒和对立逐渐转为相互信任并自愿效力。尤其是,他与刘备、吕布和曹操的交往几乎是在同一时段内发生,对三人各自的初始认识及其转变又在相互交织中呈现出来,其认识的转变是内心活动而无所表白，所以在事情的进程中，人们搞不清陈登究竟把自己的真诚给了谁，不知道他哪些话是真的，似乎陈登在戴着多副面孔应付不同人物。知道了他的思维特点和对几位人物的认识转变，即能看到他是一位有着明确志向和坚定处事态度的人物。他与曹操的互相欣赏、彼此信任及其支持是经过几年职场活动之后最终确立而未动摇的政治态度。

陈登不仅是处人交往的能手，他在地方治理、军事作战和战略谋划上也具有出众才能。早年为东阳县长，以及被陶谦任命为典农校尉时，他把职务工作都做得非常出色，徐州粮食一度有所积余，这足能表明典农校尉的不凡政绩。197年，曹操以朝廷的名义任命他为广陵太守。陈登在广陵郡上任后，任用了回乡避乱的本地人陈矫和徐宣做自己的助理，他公开推行赏罚政策，在老百姓中树威立信。海盗薛州领着一万多户人口在沿海一带聚众为叛，看到陈登的治郡方式，主动前来归顺。不到一年时间，陈登的治理就收到了很好的效果。

陈登还很看重自己道德情操的提升，《三国志·陈矫传》中记述，陈登曾派陈矫前往许都，告诉他说："许多人都谈论我的不足，您去那里了解一下，回来后能让我有些教益。"陈矫回来后告诉他说："听到各方面议论，都以为您有点骄而自矜。"陈登说："在家风肃整，德行俱备方面，我敬重陈纪陈谌兄弟；在德行清高，礼法兼备方面，我敬重华歆；在洁身嫉恶，多识重义方面，我敬重赵昱；在博闻强记，才华出众方面，我敬重孔融；在英雄杰出，王霸才略方面，我敬重刘玄德。我这样敬佩他人，怎么能骄傲起来！只不过太多的人过于庸俗，不值得提起而已。"陈登他见贤思齐，用自认的优秀人物不断勉励自己，他的情趣雅致看来也非常丰富。据说陈登到广陵，全郡的百姓对他既敬畏又亲爱，他深得江、淮间百姓的欢心，陈登自己感觉到民心可用，于是有吞灭江南之志。

陈登不仅有行政才能，同时也善于用兵。《三国志·陈登传》引注《先贤行状》中记述，198年他协助曹操剿灭吕布后，因特殊功勋被加封为伏波将军，重回广陵郡主政。当时广陵郡治所在今扬州市，地临长江，为江东孙策所觊觎。陈登依靠民心的归顺和自己出色的筹谋取得了对东吴军队的两次大胜。第一次在199年，当时孙策派手下大将进攻陈登所在的匡琦城（今江苏淮安东南），下属们预料敌人的兵力比自己守城人数多出十倍，建议回避一下，给敌人一个空城，认为敌人来自水上，不会在陆地停留多久，会很快领军退走的。陈登大声说道："我接受朝廷任命来镇守这片土地，当年马援被封伏波将军，他南平百越，北灭群狄，我即便不能消灭顽敌，也不至于见到敌寇就逃跑！我准备以身报国，如果天道顺遂，我们必然取胜。"陈登关闭城门，让士兵佯装胆怯，不与敌人交战，将士们在城里都不发声，就像城中无人一样。过了好久，他登上城门观看敌情，感到时机已到，命令将士们做好准备，黎明时分，打开南门，指挥军队直扑敌营，又安排步骑兵包抄敌人后方。敌方将领周章正在安排军队排列阵势，来不及退到水上，陈登手执军鼓，领着军队冲杀，敌军大败，纷纷弃船逃命，陈登的军队乘胜追击，斩敌数万人。

江东军队大败后心中怨恨，不久即兴兵前来报仇。陈登觉得自己力量弱，就派遣功曹陈矫前去向曹操求救，他暗地里让人在离城十里远的驻军之地备下许多干柴，隔十步一堆，纵横成行排列起来。到了夜间，他让士兵点燃柴堆，而城上同时欢呼庆贺，作出援救大军已到的样子。敌人看见火光惊恐地溃退，陈登领兵追袭，斩首万余。援军未到，广陵军队就取得了对江东第二次作战的完全胜利。

后来，到了200年五月，孙策率兵来攻陈登，曹操几乎以全部人马与袁绍在官渡对垒相持，陈登自知求援无望，于是计谋绝出，精心布置了谋杀孙策的计划。这一计划他事先报给了曹操，至少得到了郭嘉的认可支持，郭嘉提醒他，应该让刺客自称许贡门客，借以脱身免祸。陈登的谋刺计划不久就被实施并取得了成功，这是史料未曾记录的以小代价取得大成功的军事胜利，陈登至此已经消除了一直在威胁广陵安全的军争隐患，他吞并江南的志向眼看就可以实施了。孙策一死，曹操即改任陈登为东城太守。研究者认为东汉时没有东城郡，史书中所说的"东城太守"应是"东郡太守"之误。曹操在江东祸患消除后，把最为信任且能耐非凡的陈登平调到东郡任职，大概是由于北方战事的需要吧。陈登离开广陵时，当地的吏民感怀其恩德，许多人都愿意跟随前往，许多老人背着小孩追随他，陈登耐心地劝大家回去，告诉人们说："我在广陵做太守，导致吴寇频繁侵扰，幸而我们取胜。各位要相信会有更好的太守来到本郡任职。"

陈登在广陵任职时感到胸中烦闷，脸色发红，不思饮食，请来名医华佗医治。《后汉书·华佗传》中记述，华佗为他切脉诊断后说："您胃中有寄生虫。将形成肿疡，是过食腥物造成的。"开了汤药让他服用，药吃了一大会儿，吐出许多活着的红头小虫子，半身像是切细的生鱼丝，病症立刻消失了。华佗说："这病三年后还会复发，能遇上好医生就可救治。"果然陈登在东郡任职时疾病复发，当时华佗不在，陈登病亡，时年三十九岁。

陈登离开广陵后，孙权的势力跨有了长江。曹操每到长江边就感叹说："后悔没有早用陈登的计策，以致让江东的大猪长出了爪牙。"陈登的计策不外是趁着孙策刚死的机会进军江东，消灭南方的敌人，这是他们两人战略利益的契合点。可惜曹操当时北方的战事危急太过严峻，对未来的事情暂时顾之不及。后来曹丕执政后追忆陈登的功劳，任用陈登的儿子陈肃为郎中。

刘备在投靠刘表时，曾与朋友许汜、刘表三人议论陈登。许汜说："陈登是湖海名士，他总是那么豪气骄狂。"刘备回过头问刘表："许先生的评价是对是错？"喜欢说话守中的刘表给了一个含混的回答。刘备问许汜说："您说陈登豪气骄狂，有什么事实吗？"许汜说："当年我在战乱时路过下邳去见他，他没有主客的礼节，很久不开口说话，自己去大床上睡觉，让客人睡在下面的床上。"刘备回答说："您享有国士的名声，当时天下大乱，天子流离失所，人们希望您能忧国忘家，有拯救天下的胸怀，而您见了人却谈论求田问舍的家事，说的话没有什么用处，这些事为陈登所忌讳，他有什么与你好谈的？假如是我，我会睡到百尺高的楼上，让你睡到地上，何止上下床之别。"刘表听了大笑。刘备补充说："陈登文武兼备，胆志超群，这样的人只能在古代寻求，我们当代芸芸众生都难于与他相比。"陈登曾经协助过刘备，并把刘备作为某种心中楷模，但最终转变成了刘备对手曹操的真实支持者，被疏离了的刘备仍然对其有极高的评价，不容许许汜对陈登有稍许非议，当属英雄相惜吧。

0.8（5）张绣与贾诩的将相璧合

献帝刘协与朝廷195年离开关中后的两三年间，董卓西凉军的部队被李傕、郭汜等将领折损殆尽，有一支驻军于弘农（今河南灵宝东北）的部队是由骠骑将军张济率领，在刘协一行途经弘农东返之后的次年，张济领部队进入荆州南阳去躲避荒灾，寻求粮食，在军队进攻穰城（今河南邓州）时，张济中流矢而死，部众由张济的族侄张绣统领。荆州牧刘表对张济的去世"受吊不受贺"，对这支部队采取抚慰安置的策略，让他们屯住于宛城（今河南南阳）协守荆州边境。

张绣是武威祖厉（今甘肃靖远西南）人，边章、韩遂184年在凉州作乱时，金城人麴胜袭杀了祖厉县长刘隽，张绣时为县吏，他瞅机会杀掉了麴胜，为刘隽报了仇，武威郡内的人都认为张绣很义气。他于是聚集起一批青年，成为乡中豪杰。李傕郭汜等控制朝廷后，张绣跟随张济进入长安，被任为建忠将军，封宣威侯。其后又随张济屯兵弘农，出兵南阳。196年统领其众，与刘表合作驻于宛城。

张绣在长安时与贾诩结识并有深交，他听说贾诩在随刘协朝廷一行人东返途中，独自留在驻军华阴的段煨军中，于是在统领了部队后，写信邀请贾诩前来宛城，并派人前来迎接。《三国志·张绣传》《三国志·贾诩传》及引注记述，贾诩料到段煨心忌自己，又希望自己去联络张绣部队，于是把妻子儿女安置在华阴，独自去了宛城，张绣对其执晚辈之礼对待。贾诩想与荆州方面形成深度合作，遂去面见刘表，刘表很客气地接待了他。贾诩回来后对张绣说："刘表是承平之世可任三公职位的人才，但对乱世变化毫不敏感，遇事疑惑多而无决断，做不了什么事情。"故此，宛城成了张绣部队的暂住地，他们在寻找新的机会。

197年初，曹操领军南征，驻军于淯水，张绣遂举众投降了曹操。军无战事，曹操就将张济的寡妻邹氏纳为夫人，张绣知道了婶子的事情后很恼怒。曹操听说张绣心生怨恨，就准备密杀张绣，但计划被泄露，张绣即对曹操驻地发起袭击，曹操猝不及防，军队大败，儿子曹昂和侄儿曹安民战死。另有资料说，张绣身边有一位亲信叫胡车儿，勇冠全军。曹操喜欢他的骁勇，就亲手给了他一些金子，张绣听说这事后，怀疑曹操是收买身边人要谋杀自己，于是突然反叛。两处记载的事因不同，但并不互相冲突，也许两个原因都起了作用，但从情理上看，后一原因起作用的可能应该更大些。另据资料说，张绣在淯水反叛袭击曹军时用了贾诩的计策，他向曹操请求移军到高道那个地方安营，移军时要经过曹操的营寨，于是又请求说："车辆少而军资重，请让士兵各自披上盔甲带过去。"曹操相信张绣，对他的话一一听之，张绣的军队遂全副武装经过曹操营寨，打了个曹军措手不及。张绣取胜后，又回到了宛城驻军。

  曹操后来几次征讨张绣，始终没有消灭对方。有一次曹操作战后退兵回还，张绣准备追击，贾诩说："不可以追击，追必败。"张绣并未听从，领兵追击交战，果然大败而还。贾诩站在城墙上观看，他对张绣说："现在赶快追击，再战必胜。"张绣问："我没听您的话，以至于如此。现在打了败仗，为什么还要再追？"贾诩说："兵势有变化，赶快追击必然取胜。"张绣相信贾诩的话，于是收集散兵追赶曹军，追上后与其大战，果然取得了胜利。事后，张绣疑惑不解地询问贾诩说："我前面以精兵追退军，您料定必败；我退回后以败卒击胜兵，而您料定必胜。每次都和您的预料相同，为什么反向而行都还被验证是对的？"贾诩回答说："这是很明白的道理。将军您虽然善于用兵，但不是曹操的对手。他的军队虽然撤退回还，曹操必然亲自断后，追兵虽然精良，而对方也是精锐士兵，所以知道你追去必败。曹军这次来进攻并无失策和失败，力量未用尽而退兵，必然是后方出了问题，他既然已经打败了追兵，必然自己轻装快速前进，会安排其他将军断后。他的将军们虽然勇敢，但也不是你的对手，所以即使领着败兵去追赶，也必然胜利。"张绣听说后非常佩服。据说曹操这次退军，的确是从一位俘虏口中得知，冀州别驾田丰向袁绍建议，应该趁曹操南征之际出动冀州部队袭击许都，曹操正是担心袁绍会采纳田丰的建议才即刻撤军。

199年，曹操与袁绍两军在官渡对垒，袁绍派使者来拉拢张绣，并带着写给贾诩的书信，张绣准备答应，在座的贾诩大声对袁绍使者说："你回去谢过袁本初吧，他对兄弟都不能相容，怎么能容忍天下的人物？"张绣惊恐地说："还不至于这样做！"他私下问贾诩："到底应该归附哪方？现在袁强曹弱，我们又与曹操结下了怨仇，怎么能归附他呢？"贾诩回答："这正是应该归附曹操的原因。曹公奉天子以令天下，这是其一。袁绍力量强盛，我们带着少量的人马去跟从他，他不会看重我们；曹公力量弱，他得到我们必然看重和高兴，这是其二。有霸王之志的人，本来就会放弃私怨，向天下表明自己的胸怀和德性，这是其三。归附曹操有这么多的原因，但愿将军您不要怀疑。"张绣于是领军队再次投降了曹操。

张绣领着军队到来，曹操非常高兴，他拉着张绣的手与其饮宴，拜其为扬武将军。又握着贾诩的手说："是你让我能取信于天下。"他任命贾诩为执金吾，负责皇宫警卫事务，又封其为都亭侯，升为冀州牧。因冀州尚未拿下，安排他临事参与司空府的军事活动，贾诩的职场活动自此踏进了新的阶段。官渡之战中，张绣力战有功，升任破羌将军。后来曹操为儿子曹均娶张绣的女儿为妻。张绣在南皮（今河北南皮北）参加了攻克袁谭的战斗，又为他增加封邑到二千户。当时天下户口减耗量很大，大约只存十分之一，各位将军的封邑没有达到千户的，而张绣的封邑特别多。张绣在官渡之战前的归附，消除了对曹操军队的后方威胁，增加了对付袁绍军队的有生力量，表明了对曹军作战结局及未来发展前景的坚定看好，这些都极大地鼓舞了曹操，增强了他战胜强敌的自信，曹操自然非常看重他们。

从196年到199年的三年多时间中，西凉谋士贾诩与将军张绣有一段珠联璧合的共事合作，这是双方情投意合的自愿结交。贾诩在这里发挥了他出色的筹谋才能，展现了他在政治战略、军事战术、识辨人物、心理预料与因果推测等方面细致严密的分析和精准无差的预料，他应是当世能谋善决、处事果断、算无遗策的一流谋士。张绣作为出色的将才和军队统领者，他给了贾诩最高的尊重与信任，几乎对其言听计从，既为贾诩超常才能的发挥提供了舞台,也使自己避免了重蹈其他西凉军败亡覆辙的结局,走出了人生发展的新历程。张绣207年跟随曹操大军赴辽东征讨乌丸,中途病逝,谥为定侯。他与贾诩的天作之合为后来的将相共事做出了典型示范,也立下了令人敬慕的标杆。

0.8（6）吕布的站队问题

东汉末期的吕布以作战勇猛而出名,他从青年时代就参与了各州郡及朝廷的政治纷争,统领的军队几乎可以横行天下,但在英雄崇拜的年代中,骁勇盖世的吕布却似乎并没有赢得人们的多少崇敬,毋宁说他扮演了当时政治舞台上的一位丑角。吕布的这一角色归根到底是由他自己多年政治行为来定位的,这需要首先从他的政治站队说起。

吕布,字奉先,五原郡九原（今内蒙古包头市）人,善于骑马射箭,力气过人,号为飞将,所骑赤兔马能驰城飞堑,时人称慕云:"人中有吕布,马中有赤兔。"《三国志·吕布传》《后汉书·吕布传》等资料记述了吕布从189年进入中原,到198年底被剿杀于下邳的经历,从中能看到吕布政治站队上频繁多变的特点。

杀丁原而投董卓 吕布最早在本郡所属的并州供职,并州刺史丁原是一位出身寒门家庭的官员,他读书不多,有武勇,善骑射。追逐敌寇总是冲在前面,接受任务不辞艰难,朝廷任为骑都尉,屯兵河内（今河南武陟西南）。184年汉灵帝刘宏去世,大将军何进为了诛除宦官,调丁原领兵到洛阳近郊待命,吕布以主簿身份跟随丁原,受到亲厚对待。这是史书上所记载的吕布首次出场,时年约29岁。不久何进被宦官反杀,董卓进入洛阳。董卓为了控制朝廷,想要除掉丁原以收编他的部队,见吕布很受丁原看重,就诱使吕布杀掉了丁原。吕布将丁原之首献给董卓,董卓任吕布为骑都尉,非常喜爱和信任,表示要结为父子关系。

刺董卓而随王允 吕布跟着董卓做了许多不得人心的事情,在关东各州郡联合对抗董卓的军事行动中也奋力保卫了洛阳的安全,并协助董卓迁都于长安。192年四月,吕布受司徒王允和尚书仆射士孙瑞的引诱,在董卓赴献帝刘协组织的宴会时将其刺死于未央殿门口，结束了董卓对朝廷的控制。王允任吕布为奋武将军，封为温侯，共参朝政。

抛弃王允而奔投袁术 董卓的部属李傕、郭汜、樊稠、张济等将领，在得不到朝廷宽赦的情况下组织军队进攻长安，于192年六月攻入长安，杀死王允并控制了朝廷。吕布战败后领着数百骑东出武关（陕西丹凤东南）。董卓当年在朝廷杀了袁家亲人袁隗等人，吕布认为自己刺死董卓给袁家报了仇，于是决定投奔占有南阳而自成势力的袁术。

离开袁术而依附袁绍 吕布离开长安时特地把董卓的首级挂在马鞍上，是准备以此向袁术献上见面之礼，取得主方的好感。但袁术讨厌吕布的反复无定，拒不接纳。《后汉书》中说他被袁术收留下后，常居功自傲，纵兵抄掠，引起地方不安。吕布见袁术有些不满，心中恐惧，于是北去冀州投奔了袁绍。

逃离袁绍而投靠张杨 袁绍当时正与黑山的反叛首领张燕大战于常山，张燕有一支几千人的骑兵部队，非常厉害。吕布到来后，带领他的人马冲锋陷阵，对袁绍的这次战斗很有贡献。但打败张燕军队后，吕布要求为他的队伍增加兵众，同时仍旧放纵将士抄掠。袁绍内心不满，吕布感觉到对方的态度后要求离开，而袁绍担心吕布离开会威胁到自己，就安排几十精壮士兵在晚上掩杀吕布，掩杀没有成功，吕布逃离后去投靠河内张杨。

脱身张杨而游移颍川 张杨出身并州云中（今内蒙古托克托），受过丁原推荐、何进委派和董卓的任命，与吕布应有多次交集，当时担任河内郡（治所在今河南省武陟）太守。当时李傕郭汜悬赏捉拿吕布，张杨部下都想杀掉吕布，吕布对张杨说："我和你是同州人，你若杀了我也没有什么好处，不如将我出卖，这样你可以获得封爵。"张杨表面上答应李傕郭汜，实际上保护吕布不受伤害。但吕布内心不安，于是离开了张杨。另有资料说，李傕为了拉拢吕布，任命他为颍川郡（治所在今河南禹县）太守。吕布实际上没有控制颍川的地盘，处于游荡状态。

接受邀请而夺取兖州 194年夏，兖州牧曹操为报复父死之仇而发起了对陶谦徐州的全力攻击，一时后方空虚。兖州官员陈宫、许汜、王楷等鼓动陈留太守张邈反叛曹操，他们觉得自己力量弱，就邀请吕布来做兖州牧。吕布驻军濮阳，各郡县纷纷响应反叛，吕布占有了除鄄城、东阿、范之外的整个兖州地盘。

迫离兖州而依附刘备 曹操听说兖州反叛后，立即全军回师，与吕布展开拼死争夺。双方交战百余日，各有胜负。当时天旱无雨，蝗虫泛滥，双方部队得不到粮食，吕布遂东移山阳（今山东金乡）驻军，以作躲避。到195年，曹操组织军队收复周边县城，并在巨野大败吕布军队。吕布在兖州已难以存身，只好退避到刘备主政的徐州。

反客为主而偷袭徐州 当时刘备继任陶谦担任徐州牧，居于下邳。196年初袁术来攻徐州，刘备自领军队在盱眙、淮阴抗击袁术，安排张飞守下邳。过了月余，张飞杀死了下邳官员曹豹，引起城中大乱，内有官员许耽打开城门，迎接吕布袭取了下邳。刘备率军回救，到达下邳后，全军溃散，只好退守海西（今江苏灌南东南）。因军中将士饥饿，最后向吕布请求投降。吕布让刘备驻军小沛，他自称徐州牧，此后主政徐州。

想依曹操而命丧下邳 198年，曹操联合刘备、陈登的军队围剿吕布，经过三个月的交战，终在十二月俘获了吕布。吕布临刑时提出愿意归顺曹操，协助曹操争夺天下，并示意刘备替自己美言以保命。曹军主簿王必坚决主张杀掉吕布，刘备也提醒曹操要吸取丁原、董卓的教训，曹操遂将吕布缢杀，首级传至许都。

吕布像其他平常人一样，也追求自己的生存、生命和更好的生活，他具有超人的武艺，在战乱的年代，当然有条件活得比其他人更好。但事实正好不是这样，他最后活到了求情无应、求生不得，死也得不到全尸的悲凉地步，在人们以为他最显风光的近十年间，竟然多次处境恓惶，无处容身，一直没有品尝到做人的尊严。造成这一现象的根本原因就在于他的站队问题。人们的行为选择，无不体现着某种道德信义的支配，天下大乱的局势和多变的社会环境，提供了人们行为表现的更大舞台和更多选项，但并不是价值体系的消逝。吕布在不到十年间，政治立场频繁变幻，且无多少道德的含量，多次打破信义的底线，践踏人际社会交往的共有规则。四十岁不到吕布当然有强烈的求生欲念，但人们已经不愿再给他选择的机会了，他的悲凉结局完全是咎由自取。

0.8（7）短视的眼光

吕布在将近十年的职场生涯中有过许多次的重新站队，比其他人多出了不少方向立场性的选择，按说这也没有什么特别的地方，但吕布的重新站队，大多都是捅了前面的领队人，踢翻刚刚吃过饭的桌子，自己抬腿走人，从不考虑对自己后面职业信誉的不良影响，对丁原、董卓、二袁、刘备等人都是这样。如果说在需要建立职业信誉的前期，当时有哪个人敢于放肆践踏人们所共同遵守的行为规则和道德良知，吕布的确是突出的一位。

年轻的吕布随部队从并州到洛阳郊外驻军，认识董卓的时间并不久，就在其利诱下杀掉了上司丁原，胆量不是一般的大。史料只说董卓"诱布令杀原"，至于用了什么东西引诱，并没有提到，赤兔马是吕布的原有之物。后来在长安刺死董卓，也仅仅是因为他在守卫丞相内阁时与董卓的一位侍婢私通，担心事情暴露，心不自安，在有心拉拢他的司徒王允那里吐露了心思。董卓与吕布有父子之誓，有次因为一件小事董卓对吕布心中不满，顺手拿起身边的小戟投向吕布，吕布身体健捷，躲避得免，事后两人道歉，不再介意此事。王允在策反吕布时只能拿掷戟事件说事，历史小说中演绎的貂蝉事件，以及王允连环计的套路，史料中是没有的。不能估计出王允究竟拿出了多大的利益引诱吕布背叛了董卓，只能说这位吕家青年人思想漂浮，轻于去就，不懂得做人的信义而已。

吕布与刘备的交往有较多记录，可以从中看到一些情况。195年吕布被曹操在兖州打败后投靠徐州牧刘备，他见了刘备，非常敬重，对刘备说："我与您都是边境地区的人，我见关东各州郡都起兵反对董卓，所以杀了董卓来到东边，但关东各位将领没有能容纳我的，反而都想杀掉我。"他让刘备进自己帐中坐于夫人的床上，让夫人前来拜会，备下酒食款待，把刘备称作弟弟。刘备见他说话不合常态，表面上应付，但内心不悦。吕布刺死董卓是他接受王允策反后的自主选择，他却将此事作为对袁术袁绍兄弟的厚情大礼，现在又视作对关东各将领的贡献和立功。在吕布的内心里，刘备是参与了反董卓联盟的当事人，那自己杀掉了董卓当然也是对刘备的情分了。本来是兵败后前来投靠依附刘备的，但吕布仍摆出一副情义施舍人的态度；也许他的出生比刘备大些月份，故称刘备为弟，但他放弃对男性朋友的惯常尊称，如此以老大自居，忘记了自己前来求助避难的身份，却似乎有些不妥。刘备的心中不悦，可能还有其他原因，吕布将对方请于夫人之床，置酒拜会，似乎要显示亲和，拉近关系，而从这些言行表现上，刘备已经能感到他做人处事的不合常规。

在徐州安住数月之后，吕布趁刘备出兵盱眙的机会和张飞守城的失误而夺取下邳，进而占有了徐州，刘备避居海西不能持久，只好屈降吕布，居于小沛（今江苏沛县），两人主客易位。吕布本来是避居在他人的地盘上，但却乘人之危而夺占城池，毫无说法就鸠占鹊巢，自然是对信义的背弃，表现出来的是忘恩负义的形象。其时刘备力量弱小，难以对抗为敌，但心中的怨愤可想而知。

不久袁术派部将纪灵率兵三万进攻刘备，刘备向吕布求救。吕布属下的将领们对吕布说："将军一直想杀刘备，这次可以借袁术的手来实现。"吕布觉得袁术答应给自己的粮食并没有兑现，又恐怕袁术打败刘备后向北联络泰山诸将领，自己会陷入袁术的包围中，遂邀请来刘备和纪灵到军营一起赴宴。吕布对纪灵说："刘玄德是我的弟弟，被你们围困，所以前来救他。我生性不喜欢争斗，喜欢化解争斗。"他让属官把铁戟竖立在营门，接着拉满弓说道："各位看我射戟头小枝，如果射中就各自罢兵，如果不中你们可留下厮杀。"吕布随即射出一箭，正中戟枝。纪灵等吃惊地说："将军真有天威！"次日又设酒欢宴，然后各自班师。这次处理刘备与袁术的冲突，从事情的目的和所取方式上，对吕布而言都算少有的聪明招数。

辕门射戟事件之后，刘备俨然成了吕布的同盟军，但事情很快因为吕布的行为而变化。刘备集合起一万余人的部队，吕布认为受到了威胁，于是亲自出兵攻打刘备。刘备败走，投奔了曹操。不久曹操拨给刘备一些军队并供应粮草，让刘备到小沛一带收集残部，准备一起围剿吕布，刘备转而成了吕布的对抗力量。因为两人的关系已经恶化，吕布于是设想和安排了一次非常幼稚的行为。刘备当初在豫州时曾推举当地人袁涣为茂才，袁涣在江、淮之地活动，被吕布扣留，吕布要求袁涣写一封信辱骂刘备，袁涣不答应，吕布再三强迫，仍被袁涣拒绝。吕布大怒，用剑威胁说："你照着办就活，不照办就死！"袁涣面不改色，笑着回答说："我听说只有用道德可以羞耻人，没听说用骂能羞耻人。如果对方是个君子，他不会以别人的骂为耻；如果他真是小人，就将回骂，则遭受羞辱的是骂人的一方，而不是被骂的一方。而且，我当初跟随刘备，犹如今天跟随将军您一样，如果有一天我离开这里，再为别人写信骂您，难道可以吗？"吕布感到惭愧，于是作罢。吕布从事的是军事争战活动，辱骂羞辱对方能起什么作用，无非是借以排解心头的怨望，但吕布从刘备手中夺得了徐州牧的职位，究竟对其人还有多大的怨望需要借他人的书信来发泄。大概是特别嫉妒他们两人的亲密关系，希望看到刘备众叛亲离的效果吧。

吕布在198年被曹操在下邳城白门楼擒获后，很怕自己被处死，他趁曹操离座时对坐在旁边的刘备求情说："您为座上之客，我是被抓获的俘虏，能否说句话让我得到赦免？"他在生死关头尚且希望刘备替他说句求情的话，竟不知刘备心中对他积郁了多大的怨愤。大概在吕布看来，人们的职位应该与他的能力相匹配，刘备既然没有什么能耐，让他调换占据小沛是非常合适的。在刘备感到吕布做人处事不合常规的同时，吕布以强占方式反客为主，心安理得地当起了徐州牧，认为刘备也会理所当然毫无怨情地接受。说到底，吕布和刘备两人互相看不起对方，他们对社会生活各有自己不同的理解，双方都进入不了对方的视角上方。只不过总有一方仅看到生活的表层，目光短浅而不自知。

0.8（8）与袁术的利益交换

吕布的政治站队和行为选择中没有理想信念，无论从追求目标还是从实现方式上都缺少道德信义的制约，有的只是眼前利益的盘算，这使他的政治行为总是被变幻不尽的利益所缠绕障目。他的社会交往沉溺在利益的交换中，眼睛盯着最现实的"肉包子"打转，自然被视为政治舞台上的异类。

吕布和袁术的交往很有典型性。190年关东联军进攻董卓盘踞的洛阳时，他们属于不同军事阵营中的骨干；192年吕布带着董卓的首级出武关来投袁术，自认为他杀掉了袁术的仇人，大概还想居功受迎吧，而袁术并没有什么友好的态度。吕布从冀州袁绍，河内张杨和颍川转了一大圈，并和曹操争夺兖州一年多后，195年袭取了刘备的徐州。《资治通鉴·汉纪五十四》《三国志·吕布传》记述，当时袁术已经有僭号称帝的计划，他写信拉拢吕布说："当年董卓在朝廷作乱，我的家门受害，我举兵讨伐，没能杀掉恶贼，现在将军您刺死董卓，送来他的头颅，为我消灭了仇人，这是一大功劳。我的大将金元休路过兖州到封丘，被曹操打败，军队流散，您后来攻破兖州，使我得以扬眉吐气，这是第二功劳。我从一出生就不知道还有刘备这个人，但刘备领兵与我对战，我借助您的威风打败了刘备，这是您的第三大功劳。"他提出给吕布送军粮二十万斛，以后还有兵器战具不断送来，希望吕布将身边的刘备完全消灭。吕布本来在辕门射戟之时已经确定要和刘备结盟，这次听了袁术要送军粮的许诺后非常高兴，他亲自率兵进攻刘备所在的小沛，刘备刚聚合起来万余人的部队被击垮，只好去归附曹操。袁术见吕布在徐州形成了势力，于是一改往日态度，变厌恶吕布而为吹捧拉拢，作出二十万斛粮食的口头许诺，诱使吕布进攻和击败刘备；而吕布并不考虑袁术对自己态度转变的目的何在，他贪图眼前的利益，将刚刚确立的同盟军，也是先前容纳了自己的徐州旧主再一次推到了对立面，由此带来个人声誉和安全保障的丧失他却丝毫没有看到。

袁术于197年初公开称帝后，为了寻求支持力量看中了吕布，他派使者韩胤把称帝的事告诉吕布，并请求为儿子迎娶吕布的女儿。吕布肯定是看不到袁术称帝行为的叛逆性和危险性，大概还幻想着做皇亲的荣耀，就急不可耐地让女儿随韩胤回寿春。徐州名士陈珪陈登父子担心两位恶丑沆

205

瀣一气，给徐州形成灾祸，就去向吕布说明可能引起的真实灾祸，并告诉他说："曹操奉迎天子，辅佐朝政，将军应该与他同心协力，共商大计。如今要是与袁术缔结婚姻，必然招来不义的名声，将会有危如累卵的处境。"吕布也想起了自己刚到关东时袁术不肯接纳的往事，于是派人将已随韩胤上路的女儿追索回来，拒绝了婚事，并将韩胤押送给许都的曹操，韩胤被曹操斩首示众。

吕布将韩胤押送许都，想要用袁术使者的人头向曹操示好吧，刚迁都许昌的曹操正以称帝的袁术为最大对手，他即刻接受了吕布的示好，拜吕布为左将军，后来还给了一些其他名号，让他与孙策等人联合对付袁术。吕布非常贪求朝廷送来的名号，于是冰释了与曹操兖州争战的旧怨，真诚地配合曹操与袁术为敌。

袁术在徐州求婚不成，使者反被押送许都受斩，他对吕布非常气恼，派遣大将张勋、桥蕤等与韩暹、杨奉联合，组织步骑兵数万人的部队直逼下邳，分七路进攻吕布。吕布当时兵力不多，担心抵挡不住袁术，就对陈珪说："用了你的办法，现在把袁术的大军招惹来了，你说该怎么办？"最后经陈珪父子策划，吕布写信给韩暹、杨奉说："二位将军护送天子自关中返回洛阳，而我亲自杀死董卓，都为国家立下大功。如今你们怎么能和袁术一起反叛！不如合力击破袁术，为国除害。"并且约定事成后将袁术的军用物资以及粮草全部送给他们两位。韩暹、杨奉收信后大喜，暗中与吕布联合。在吕布军队逼近张勋营寨百步时，他们同时倒戈，呼喊着反向冲击，张勋的部队四散逃命，被杀和溺水的不计其数，数万大军几乎全军覆没。

吕布在陈珪的说服下断绝了与袁术的关系，但并没有想到事情的后果，因而就丝毫没有对此行为承担责任的思想准备，关键时候又去寻找陈珪讨要主意，陈珪父子当然可以为保卫徐州贡献才智，而且他们的应敌方案也果然成功了，但问题在于，徐州的主政人吕布，他与袁术断绝关系并押送韩胤到许都，在把事情做到绝对状态时，心中并没有对行动后果的预料及应对准备，只贪图一时的痛快，其目光短浅，没有头脑和任人摆布的行为特征明确地显露了出来。吕布这次取胜后与韩暹、杨奉合兵一处，乘势进军寿春，水陆并进到达钟离，抢掠了些物资，其后又渡淮河回到北岸，留下辱骂袁术的书信。而袁术亲率步骑兵五千人在淮河南岸炫耀武力，吕布的骑兵都在北岸大声嘲笑，然后撤回。

198年秋，曹操联合刘备等军队将吕布围困于下邳，在危急无奈时刻，吕布派下属许汜、王楷去向袁术求救，袁术说："吕布不把女儿送来，理应失败，为什么又来找我？"许汜用唇亡齿寒、势同一体的道理说服袁术，袁术于是整顿军队，声援吕布。吕布担心袁术因为不送女儿而不予救援，就用丝绵将女儿身体裹住，绑到马上，乘夜亲自送女儿出城。路上与曹操守兵相遇，曹军弓弩齐发，不能通过，只好退回城中。当时袁术只是虚张声势，并未实际出兵，其时他也非常狼狈，没有多少本钱与曹操对抗，即便吕布送出女儿大概也无济于事。而穷途无助的吕布最终被曹操所剿灭。

如果说吕布开始因为目光短浅而看不清袁术僭号称帝的危险性，当时愿意把女儿送给袁家做袁术的儿媳，尚有攀龙为凤的心思，是为追求女儿的幸福和自家的荣耀，那这次把女儿绑在身上送给袁家，就纯粹是把女儿作为救命的筹码，已经失去了任何意趣和做人的自尊。当然，与颓势将败的袁术并非不可结亲，但怀着苟延残喘的目的，以毫无尊严的方式去押注女儿人身，显示了吕布与袁术利益交换的拙劣程度，也表明了吕布其人的做人行事的确毫无底线。

0.8（9）最后的覆灭

吕布目光短浅和不守信义的行事风格使他主政徐州的政治和外交都走到了穷途无路的地步，而曹操在198年秋已经组织起了围歼吕布的几股政治力量。为了扭转不利局面，吕布派遣大将高顺去攻打被曹操扶植起来重据小沛的刘备，曹操即派夏侯惇前去救助刘备，高顺打败了夏侯惇，于是曹操亲自领兵征讨吕布，就此拉开了围剿吕布之战的大幕。

《资治通鉴·汉纪五十四》《三国志·吕布传》及其引注记述，曹操这年十月一到徐州，就在吕布所在的下邳城下安营布阵，并给吕布写了一信，向他陈说利害，劝其归顺。这种先声夺人的威慑方法可能已使吕布感到了恐惧，于是准备投降曹操，但手下的陈宫本是当初背叛曹操出卖了兖州来归顺吕布的，觉得对曹操负罪过深，因此总是设法阻止吕布的计划，他对吕布说："曹军来后应该立即出击，我们以逸待劳，没有打不赢的道理。"吕布决定说："那不如等曹军前来进攻时，把他们困在泗水中。"这种大而无当的空洞之言，似乎是在商议对敌方案，但因没有和具体情况相结合，缺乏更细致的设想，等于只做了些自我欺骗。当曹军开始进攻时，吕布在西南的白门楼上对军士们说："你们不需要这样受困了，我向曹明公自首吧！"陈宫回应说："逆贼曹操，算什么明公！我们今天投降他，如同以卵投石，难道还能保全自身！"听了陈宫的言论，吕布也没有了什么主意。

　　吕布带着千余骑兵出城交战，结果被击败，他退回城中坚守，不敢出去。无奈之下，派许汜、王楷前去向袁术求救，袁术尚记恨着吕布不送女儿结亲的旧怨，吕布于是当天用丝绵裹住女儿，绑到马上，乘夜送女儿出城。路上被曹军弓弩所阻，不能通过，只好退回城中。吕布尽管采用了最龌龊自贱的方式争取外援，但至此已表明所希望的外援绝无可能。

　　吕布后来想到了自守城池的一个招数，他准备让陈宫、高顺守城，自己带领骑兵断绝曹军粮道，但吕布的妻子反对说："你自己断绝曹军粮道也是对的，但陈宫和高顺向来不和，你一离开，他们必然不会同心守城，万一有个差失，你后面在哪儿容身呢？希望您能慎重考虑，不要被陈宫等人误了大事。"妻子还凄苦地表示："我过去在长安，已经被你所抛弃，亏得庞舒把我私藏起来得以脱身，现在你也无须考虑我的生死了。"吕布听妻子这样说，非常愁闷，难以决断。另据资料说，陈宫当时向吕布献上了守城方案，他对吕布说："曹军远来，必然不能持久。将军您可以领兵在城外屯军，我领着剩余部队在城内坚守。曹军如果向你进攻，我领兵攻击他们背面；曹军如果来攻城，你们在背后攻击，这样出不了几十天，他们的粮食吃尽了，就必然会被我们打败退军。"吕布觉得这个办法也行，但他的夫人说："当年曹操对待陈宫像亲儿子一样，他尚且背叛曹操。现在您对待陈宫超不过曹操，就想把全城托付给他，还放下家室妻子，自己带兵离开，万一有什么变故，我还能成为将军您的妻子吗！"吕布听了这话即放弃了陈宫的守城方案。事实上，两种方案并不完全冲突，但只要实施其中的一个，都有可能挽救徐州的危亡，可惜吕布摆不平家室与军政的交叉关系，良好的方案并未得到实施，他既然不能奋起反击以求扭转败局，那就只剩下坐以待毙的结局。

与曹操军队相持两个月多时，下邳城里发生了一些事情。吕布的骑兵将领侯成，先前曾让宾客带着十五匹马去放牧，宾客把这批马全部赶去准备投奔刘备，而侯成自己带着骑兵追了回来，没有遭受损失。许多将领知悉后拿钱凑份子祝贺侯成，侯成酿了五六斛酒，猎获十多头野猪准备款待各位将领。聚宴前他带着半头猪和五斗酒来见吕布，恭敬地说："我承蒙将军的恩威，把丢失的马追了回来，各位将军前来祝贺，我自酿了酒，猎获了猪，但未敢款待他们，先向您奉上我的敬意。"吕布听说后大怒道："我宣布禁酒，你却在酿酒，你们各位将军一块儿饮宴做亲密兄弟，是要谋杀我吗？"侯成惊恐地离去，扔掉了所酿的酒，归还了各位将领的礼金。他由此知道吕布很不放心自己，这次曹操包围了下邳，眼看城内军队没有出路，到了十二月，侯成瞅到了机会，遂联合宋宪、魏续一起，捆绑了陈宫和高顺，领着军队出城投降了曹操。

吕布与他的几位下属登上了白门楼，由于曹兵围攻得很紧，吕布让身边的人砍下自己的头颅去献给曹操，身边的人心中不忍，他就下楼投降。吕布被捆绑着送到了曹操面前，经过一番戏剧化的对话交谈（参见 1.3.20《和囚俘的一场对话》），幻想求生的吕布未获得主事人的同情谅解，最终被缢死。

吕布的覆灭和死亡是他长期政治行为积累下的必然下场，其中的因果链条上附载着不少人生的教益。值得注意的是，吕布曾做了许多负心之事，但在他临刑与曹操的对话中，却怨恨地告诉曹操："我对待属下将官很宽厚，而将官们面临危急时都背叛了我。"与此相同的是，他在 195 年投靠徐州牧刘备时也曾说过："我杀了董卓以迎合关东将领，但关东各位将领不能容纳我，反而都想杀掉我。"吕布本人总以为他对别人做了好多有利的事情，而受益的人们不讲情分，都在做下有负自己的亏心事，这大概是头脑简单目光短浅之人看待社会共有的灰暗之色。

0.9　河北军阀的逐次替代

河北地区指黄河以北的冀州、幽州以及相连带的东部青州和西部并州之地，无论从经济和人口的支持，还是从军事战略上看，占有河北都是夺取中原和整个天下的重要步骤。东汉末年相继突现于这个地区的政治力量先后为公孙瓒、韩馥、袁绍、曹操，各势力间不能相容，他们相互吞并、逐次替代，当袁绍势力被打败后，后面的曹操才开始了自己的时代。

0.9（1）公孙瓒在幽州的得势

一个朝代政治统治力的衰弱总是在边远地区提前显露出来，主要表征总是各个族群间的复杂冲突难以解决，基层的小规模反叛久难根除，以及普通百姓对于高层政权的疏离。东汉末期的幽州及其以北地区大约正是这样，民族矛盾的冲突，地方反叛的频发和政府治理的弱化提前营造了中央统治力的次级中空地域，这种状况促使平定反叛的地方军阀坐地得势。因而，幽州的公孙瓒和西北的董卓一样，其个人势力在特定地域提前发展了起来，在其他内地军阀尚未入局参赌时，他的手中已拿到了几页王炸。

公孙瓒，字伯珪，《刘宽碑》上署字为伯圭，辽西令支（今河北迁安西）人。《后汉书·公孙瓒传》《三国志·公孙瓒传》记述，公孙瓒出身二千石的高官家庭，因他的母亲地位卑贱，为此他只当了郡中小吏。公孙瓒长得相貌俊美，说话声音洪亮，涿郡的太守还发现，他每次汇报事情，总能把许多部门的复杂事务一次说清，没有忘记和失误的现象，由此觉得他有聪明善言的突出才能，因而非常器重他，同时把女儿许配给他为妻。公孙瓒做过名臣刘宽的学生，还受派遣跟随涿郡学问家卢植在缑氏山（今河南偃师附近）读经，其后仍回郡上任职，担任上计吏，负责统计上报本郡户口钱粮的事务。

太守刘基犯有罪错，朝廷用囚车将其解送京城洛阳。按当时的规定，不许下属接近和跟随囚车，公孙瓒化装并换了衣服，谎称是服侍太守的仆人，为太守带着路上需要的衣食用品，亲自赶车到了洛阳。朝廷决定要把太守流放到日南（约今越南中部），公孙瓒备下酒肉，在北芒（今洛阳北）祭祀祖先，洒酒祝告说："昔为人子，今为人臣，现在要到日南去了。日南瘴气多，也许回不来，就此永别祖先坟墓。"言辞慷慨，悲伤流泪，再三致拜后离去，看到的人无不伤感叹息。上路以后，太守在中途被朝廷赦免。公孙瓒的这一行为表现了他纯真的道德信义，得到了人们的赞誉。

公孙瓒回到郡上，被举孝廉，任为辽东属国长史。这是边郡专设的管理属国和少数民族事务的职务。有一次他跟随数十名骑兵到了关塞，突然遇见数百鲜卑骑兵，公孙瓒退到空亭，对同行的人说："今天如不拼命冲过去，我们会全死在这儿。"于是手执一端带刃的长矛扑向鲜卑队伍，杀伤数十人，他们自己损失过半，但终于幸免于死。鲜卑人以此为戒，再不敢轻易越进关塞。公孙瓒被升迁为涿县县令。

大约187年，西北地区边章等人在凉州反叛，公孙瓒督领乌桓骑兵，跟随车骑将军张温前往讨伐。乌桓骑兵中途反叛，在原中山相张纯的带领下进攻蓟中（今北京市大兴区西南），公孙瓒率领部下追击讨伐张纯等人的反叛，因功升任骑都尉。次年，张纯又和胡人头领丘力居等侵犯渔阳、河间、渤海，进入平原，大肆杀人抢掠。公孙瓒追击至石门（今辽宁朝阳市西南），双方展开激战，叛军大败，丢弃了妻子儿女，越过边塞逃走，他们所抢掠的男女人口全被收回。公孙瓒继续向纵深追击，因为后继无援，反而被丘力居等人包围在辽西管子城长达二百多天，粮食完了吃马，马完了煮盾上的皮革吃。当时雨雪又多，坠坑死亡的十之五六。叛军部队的士兵也饥饿困乏，远退到了柳城。汉灵帝为了加强平叛力量，调用朝廷宗正刘虞为幽州牧。

189年,朝廷任命公孙瓒为降虏校尉,封都亭侯。公孙瓒统率兵马,地连边寇。每次有敌情,他总是一脸怒气,如同去寻找仇人,望见敌人就冲杀过去,有时还继之以夜战。敌寇知道他的名声,害怕他的勇猛,无人敢和他对抗。他还经常带领几十名善于射箭的勇士,都骑着白马,作为左右翼,自称"白马义从"。乌桓互相转告,避开白马长史。于是画了公孙瓒的像,骑在马上射击,射中了就高呼万岁。敌寇后来遭受打击,远逃塞外。

191年,青州、徐州的黄巾军三十万进入渤海地界,想和黑山黄巾军会合。公孙瓒带步骑兵二万人,迎击于东光(今河北沧州南),大破黄巾,斩首三万余级。他们丢弃辎重车万余辆,逃渡黄河,公孙瓒趁他们渡河时冲击过去,又斩杀了几万人,生擒七万多,流血染红了河水,缴获的车辆盔甲财物不计其数。公孙瓒威名大震,被封为奋武将军和蓟侯。

董卓189年进京掌控朝廷后,东汉社会进入了大变乱的年代。当袁绍、曹操等关东各州郡的将领组织军队,开始与董卓对抗时,公孙瓒已在幽州之地统领起了一支几乎所向无敌的武装力量,他战功突出,威风八面,下出了群雄争战的先手棋。这是他踏实做事、谦逊待人、作战勇敢和忠诚本职工作等个人奋发作为的结果,同时也与他处于叛乱频发的边境之地,提前进入平叛征战状态的客观环境密切相关。无论如何,在东汉社会进入社会大变乱的年代,人们眼见公孙瓒全副武装地站在了门槛旁,他已经提前在幽州得势。

0.9(2)他对现管动了歪心思

公孙瓒在东汉末期群雄割据的时代提前拿到了一手好牌,当袁术、袁绍、曹操、吕布、韩馥及孙氏父子等军阀在内地各州郡夺占自己的立脚点时,公孙瓒在幽州之地已经平叛多年,被朝廷任为奋武将军,封蓟侯,他功名卓著,稳定地占有了一片地盘,并聚合起了属于自己的强大势力。但公孙瓒碰到了一个特殊的问题,就是如何处理和幽州牧刘虞的关系。

刘虞是汉室宗亲，之前在幽州一带长期任职，他以仁爱和恩信方式治理地方，在当地百姓和鲜卑、乌桓等族群中都有很高威信，因为政绩突出被汉灵帝征用为朝廷宗正。187年公孙瓒追击乌桓头人丘力居的管子城战斗失利后，朝廷为了加强幽州平叛力量，调任熟悉当地情况的刘虞任幽州牧。幽州牧统管地方治理和军事活动，应该属于公孙瓒的现管，而自成势力的公孙瓒却并不把刘虞放在眼里，他自我膨胀，盲目自大，开始对现管打起了歪主意。

刘虞利用自己在当地的威望，对叛乱者采取宽大安抚的分化瓦解方式，他派人到辽西属地的鲜卑乌桓族群中宣明政策，告知利害，责成他们把逃匿隐藏的叛乱头目张纯斩首送来。丘力居等头领听说刘虞来幽州主政，都很高兴，他们各自派出翻译人员主动前来归顺。《三国志·公孙瓒传》《后汉书·公孙瓒传》记述，公孙瓒主张军事讨伐，反对对叛军实行招抚方式，他怕刘虞的办法见效，就使人在半道上杀掉鲜卑乌桓派来的使者，暗中破坏刘虞的计划。但那些胡人知道了实情后，都派人走小路，偷偷来见刘虞。刘虞命令公孙瓒撤掉了在多地的驻军，让他保留下一万人的部队驻扎右北平（今河北丰润东南）。不久逃至鲜卑的张纯被身边人王政所杀，首级被送给刘虞。这些成果表明了刘虞安抚平叛方式的成功，朝廷再次对他拜官封爵，刘虞的威信进一步提升。

刘虞的儿子刘和在191年从长安逃出关中，带着献帝刘协的口信，希望关东将领能想法接自己回到旧都洛阳。刘和出武关路过南阳时被袁术扣留，袁术以此要挟，让刘虞派军队到南阳，由自己统领到长安去迎接刘协回还，刘虞就派出几千骑兵到南阳。公孙瓒却暗中告诉袁术让夺取这几千人马，使刘虞损失了几千骑兵。袁术在这里向刘虞索要军队，事情本身可能就是一场骗术，但公孙瓒在暗中捣鬼，使知情后的刘虞对他更加不能释怀。

公孙瓒的堂弟公孙越在袁术那里干事，袁术派他跟孙坚驻军阳城（今河南方城东），袁绍派将军周昂去争夺，双方交战中，公孙越被流矢射中而死，公孙瓒发怒说："我弟弟死亡，灾祸起因于袁绍。"于是要出兵攻打袁绍，尽管袁绍惧而示好，但公孙瓒并不买账，坚持要对袁绍用兵。在这里，公孙越死于两军争夺的战场，袁绍争夺地盘也不是直接针对公孙越的，公孙瓒却非要把公孙越战死的责任算到袁绍头上，其逻辑错失相当明显，况且幽州的部队当时尚不是自家报私仇的工具。其实，公孙瓒借口报仇而用兵，真正的原因只是，袁绍曾经在关东州郡联络牵头，要推举刘虞为皇帝，意在代替在长安被董卓控制的朝廷，这事虽因刘虞的坚辞而作罢，但表明了袁绍对刘虞的推崇，这是公孙瓒所不能接受的。另外，公孙瓒也想凭借自己的军事优势找借口打击袁绍，夺取地盘，抑制袁绍势力在北方的发展。刘虞觉得公孙瓒滥用武力，担心他将来势力更强难于节制，不允许出战，并减少了对他的粮食供应。公孙瓒对减少供粮一事非常气愤，让军队把刘虞准备送给少数民族的粮食物品抢了过来。两人对其中的是非各执一词，同时向朝廷告发对方，双方的矛盾进一步激化。

刘虞几次请公孙瓒来牧府相见，公孙瓒自称生病并不前来，他在蓟城修建高丘做好了防守。193年冬，刘虞不顾几位手下人的劝谏，率领各处驻军十万人去攻打公孙瓒，可惜用兵不精，反被公孙瓒趁风纵火，结果打了败仗，逃到居庸县，被公孙瓒抓获带至蓟城。恰好这时献帝刘协派使者段训来到，朝廷给刘虞增加封邑，让他督率六州事务，公孙瓒借机向朝廷使者诬告刘虞，胁迫段训在蓟城的街市上斩杀了刘虞。（参见0.4.5《他没有战胜冲动的魔鬼》）

在与刘虞的矛盾冲突中，公孙瓒因为对方的不善用兵而侥幸取胜了，但事情导致了非常不利的后果。刘虞的下属鲜于辅等人联合率领幽州余部，要向公孙瓒报仇。鲜于辅推举阎柔为乌桓司马，让他督领乌桓部族的军队。阎柔一向注重恩德信义，深得乌桓人信任。他召集了当地数万人，与公孙瓒安置的渔阳太守邹丹在潞北（约今北京通州东）大战，斩杀邹丹军队四千多人。乌桓峭王感戴刘虞的恩德，率领同族及鲜卑人组成七千多骑兵，和鲜于辅一起南下迎接刘虞的儿子刘和，与袁绍部将麹义合兵十万，一起攻打公孙瓒，195年在鲍丘（约今天津蓟州一带）击败公孙瓒，斩首二万多。刘虞在地方治理上广施恩德，具有很高的民望，公孙瓒杀死了刘虞,并对其诬陷和强加了一些罪名,因而开罪了不少民众,动摇了他在幽州的社会根基,造成了地方政治势力间的巨大裂痕,内部矛盾不断加深,总体上抑制了公孙瓒在幽州的生存与持续发展。

并非刘虞治理幽州的一切措施都是正确的,他在处理与同僚关系的方式上也有明显的失误,但无论公孙瓒与刘虞两人间的相互矛盾有多大,他们总是幽州的高级官员,都不能以损害国家战略和地方利益的方式来打击对方,道德信义应该是双方共同遵守的原则与立场。而公孙瓒领军打击袁绍,表明他已开始把地方官军看作了自己私人手中的工具,对付刘虞的诸多方法,比如暗杀乌桓使者、讨好袁术等,正是违反了基本的道义,体现着一股邪恶的歪心思。刘虞对公孙瓒暗杀乌桓使者行为的抑制以及对其进攻袁绍的止战要求,都是无可指责的。公孙瓒以诸多方式打击刘虞,而实际上点染出了他的阴暗心理,破坏了自己的上升气势,埋下了自我毁灭的恶种。

0.9（3）扭曲的用人思维

公孙瓒在193年十月杀害了幽州牧刘虞,同时上表请求任命朝廷所派来的使者段训为幽州刺史,这当然只是他手中的傀儡。公孙瓒此时任前将军,但他成了幽州的实际主政人。他在主持幽州地方军政事务的过程中违反常理,苛求于人,表现出了种种扭曲的用人思维,进而形成了下属将吏对于主政人的疏离和隔阂,使他在幽州发展的路子越走越窄。

公孙瓒大概是用非凡的心态看待自己的成功,《后汉书·公孙瓒传》《三国志·公孙瓒传》及其引注中记述,公孙瓒在主政幽州后变得狂妄自大,非常骄横,他专记别人的过失而不记好处,对过去有点小怨仇的人必定要实施报复,州内有德行的人名声超过他的,一定会加上罪名而杀害。另有出格的做法是,对出身富贵家庭而有才能的人,一定要放置在穷苦之地让遭受困厄,询问这样做的原因,他回答说:"出身于士大夫家庭和富贵家庭的子弟,总会以为自己应当得到很好的待遇,给了好位置他们不会感谢你。"在公孙瓒的眼中,把某种位置给别人,不是为了让他干事,而是为了让他记下好处感谢自己的；职位不是干事的平台，反而成了享受的标识。至于主政者这样的认识及其由此发出的暗示，会带来多么严重的尸位素餐、不思进取的职场氛围，则是不予考虑的。而他所宠信骄纵的人物，大多是一些平庸的青年，包括能卜算卦数的刘纬台、贩卖丝绸的李移子、商人乐何当等三人，公孙瓒还与他们结为兄弟，自己为老大，称其他三人为老二、老三和老四，他们的财富都达到上亿钱，还把他们中的女儿娶给自己儿子为妻，把他们比作古代的曲周、灌婴等人物。这些人所到之处欺凌强暴，百姓非常怨恨。

公孙瓒的用人可以在与赵云等人的交往中作出观察。常山真定（今河北正定南）人赵云，后来是大名鼎鼎的人物，位列蜀国五虎上将。《三国志·赵云传》引注《云别传》记述，赵云年轻时体貌雄伟，大约在192年受本郡荐举，带领一支义从志愿军前去投奔公孙瓒，其时公孙瓒正与冀州袁绍为敌，非常担心投军的人跑到袁绍那边去，他对赵云前来投军很高兴，对他说："听说你们州的人都喜欢跟从袁氏，你为什么能在众人的迷途上回心而返？"赵云回答说："天下纷乱汹汹，不知道谁是对的，老百姓遭受苦难，我们州的人都在议论，跟随仁义的所在就行，也不是轻薄袁公而私厚于将军您。"赵云不会初来乍到就自我吹嘘，但也绝不会在初见公孙瓒时就非议同郡的其他人众，应该是给了公孙瓒最得体的回答，他后来随从军队参战，但只与同时在军的刘备深相接纳，为知己之交。后来赵云趁兄丧回家之机辞职离去，而公孙瓒对手下这样的人物毫不知情，临去时自然没有挽留。他对赵云刚来时的问话，究竟是表扬、嘲讽，还是怀疑，史书上写作"嘲云"，认定公孙瓒是嘲讽的口吻，搞不清他是怎样一种扭曲心态。但无论如何，稍微正常的主政人都可能从赵云的回答中看到其人的不俗和出众，但公孙瓒没有这样的识人心思，他如何对待其他人也就可想而知。

刘备与公孙瓒有同窗之谊，他们都是原九江太守卢植的学生。公孙瓒年长，刘备把他做兄长对待。刘备从军后在职场进展不顺，约在193年赴幽州投奔中郎将公孙瓒，公孙瓒推荐他为别部司马，为军中杂牌部队的将官，派他跟随青州刺史田楷抵御冀州之敌，因为刘备几次立下战功，任命他代理平原县令，稍后改任平原相。194年，曹操向徐州牧陶谦发起复仇大战，刘备跟随田楷去徐州援助陶谦，这一去他接替陶谦做了徐州牧，直到公孙瓒战败死亡也没有回身反顾。刘备当时知道赵云借口兄丧回家后不会再来，但也并没有告知公孙瓒，应该是对这位兄长的为人处事有自己的顾虑和看法，他们两人共事的交情如何，实在不能做出乐观的估计。

幽州军队中的兵将被敌人包围时，公孙瓒主张不予救援，他告诉人们说："如果给了救援，就会使后面被包围的兵将一心等待救援而不拼死作战。现在不给他们救援，后面被包围的军队就会一心一意地自己去拼命。"这又是一种莫名其妙的思维。公孙瓒说给人们的那种情况是有的，但并非全部如此。战场上的实际情况是复杂的，各次战役的敌我力量对比、面临的军情态势和战略意义均不相同，成功救援的可能性也各有差异，一把钥匙开不了所有的锁子。公孙瓒对军事救援的问题做一刀切的简单化处理，表现着他对待部将不信任、不负责的错误态度，在军事活动中必然收不到好的效果。事实上，由于公孙瓒采取的这一方式，他的军队在战场作战时，一旦估计没有把握坚守，士兵就会杀掉将帅，或者等待敌方攻破阵地，然后一并投降。

公孙瓒与幽州将吏的疏离和互不信任后来逐步加深，他在驻军处建下高楼，自己居住其上，铸铁为门，屏除左右，男子七岁以上不得进门，有专门的姬妾陪侍，办公的文书人员与他见面，需要用绳子吊上来。公孙瓒独立主政幽州期间，其思维的扭曲和行为的荒唐已经到了严重程度，后面的牌局如何打赢！

0.9（4）输掉了的牌局

幽州军阀公孙瓒与州牧刘虞的矛盾冲突较早，邻近的冀州牧袁绍曾牵头要把刘虞抬到皇帝的宝座，是刘虞的真实支持者，因而公孙瓒把对刘虞的抑制外溢成了对袁绍的军事打击，同时也想壮大势力，树植自己的权威。公孙瓒认定死于阳城争夺战中的堂弟公孙越是袁绍军队杀死的，声称必须报仇，他以此作借口，不顾州牧刘虞的阻挠，连续挑起事端，发动对冀州的侵扰。

袁绍189年末以渤海（今河北南皮一带）太守起家，当时占据了冀州不久，立足未稳。在191年时公孙瓒对打败袁绍有足够的信心。《后汉书·公孙瓒传》《三国志·公孙瓒传》及其引注记述，公孙瓒驻军磐河（经山东乐陵入渤海），准备出击前，首先发布了讨伐袁绍的檄文，其中列举了袁绍的十大罪状，双方在磐河一带交战，袁绍的军队无法取胜。

袁绍心中恐惧，他把自己佩戴的渤海太守的印绶交给了公孙瓒的堂弟公孙范，派他去做渤海太守，这是袁绍占有并主政冀州之前所拥有的职位，现在交给公孙范，是有结好公孙瓒的意思。但公孙范去上任掌权后，却领着渤海的军队去帮助公孙瓒作战，他打败了青州和徐州窜来的黄巾军，兵势壮大，并向袁绍军队所在的界桥（今河北威县东）一带进军。袁绍押上渤海郡来讨好公孙瓒，是想实现双方的和解，结果求和的目的没有达到，反而增加了对方的力量，冀州军队面临的形势更加危险。

公孙瓒在192年重新布置自己的力量，他让严纲领冀州，田楷攻青州，单经占兖州，各郡县都安排上了自己的人。实际地盘尚未到手，但已做好了攻取和接管的准备。袁绍的军队住在广川（今河北冀州）。《三国志·袁绍传》引注《英雄记》记述了这次界桥之战的过程。袁绍亲自领兵迎战公孙瓒，两军在界桥南二十里处交锋。公孙瓒以三万步兵排列成方阵，左右两翼各配备骑兵五千多人。最精锐的白马义从军为中坚。袁绍让部将麹义领八百精兵为先锋，以强弩千张作掩护，他亲自统领步兵数万列陈在后。麹义在凉州作战多年，熟悉与羌族军队的战法，士兵异常骁勇。公孙瓒见麹义兵少，就让骑兵发起冲锋以践踏对方人阵。麹义的士兵俯伏在盾牌下安静不动，待敌骑冲到几十步的距离时，一齐跳跃而起，大喊着砍杀过去，冲向敌阵。同时千张强弩雷霆般一齐发出，射倒了一大片。麹义的军队则越战越勇，临阵斩杀了公孙瓒委任的冀州刺史严纲，砍死对方千余人，又乘胜追到界桥。公孙瓒回军复战，麹义再次将其击败，一直追击到公孙瓒的营地，军营中的守军也溃散逃走。公孙瓒则败投渤海，与公孙范同回了蓟城。这次界桥之战成为公孙瓒军事强势的转折点，由于他的狂妄轻敌，被袁绍的弱势部队打得一败涂地。他自此在军事上也有过一些局部胜利，但已失去了对袁绍军队总体上的优势。

193年，公孙瓒经历了和幽州牧刘虞的内斗和消耗，他侥幸取胜，后来又杀掉了刘虞，为此开罪了一大批刘虞的部属与支持者，不仅引起了幽州政治层面的撕裂和治理根基的动摇，而且与鲜卑乌桓等族群的矛盾激化，袁绍的军队尚未进入幽州，而幽州内部就不断冒出对立为敌的部队。作为幽州政务的实际主持人，他所实施的那些自以为是的地方治理和用人方式，促使他的力量不断削弱，又得不到有效补充，他手里至此已没有了多少好牌。

据说当时幽州境内流传了一首童谣："燕南垂，赵北际，中央不合大如砺，唯有此中可避世。"这是说，在燕赵两地南北相接的中间，有一块平坦的地带，可以在此逃避乱世。古人相信无意而生的童谣中，往往会隐含着某种预示未来的谶语。公孙瓒在内外各种势力的打击下，可能惊慌心虚，他把敌人想象得太多了，已对治区的人众失去了信任，所以想要寻找避乱的安稳场所，听到上面的童谣后，他觉得那是给自己指引生存方位，并判断这个地方是在易（今河北雄县西北）地。于是他在这个地方修筑营垒，号称易京。该城外围修筑多重深堑，有三层围墙，周回六里，内城筑下土丘，上面建有高楼，各有五六丈，人住在上面；最中间的楼高达十丈，供他自己居住。该楼以铁作门，男子七岁以上不得进入，需要见面的办公文书人员，用绳子吊上来相见。公孙瓒的将官们家家都模仿建楼，楼的数量以千计。

公孙瓒还在京城积蓄下三百万斛粮食，他对人说："过去我觉得天下的事情挥旗可定，现在看起来不是我所能决定的，不如修兵止战，耕田积谷。兵法上说，百楼不攻，现在我的楼有上千座，等吃完手头的粮食，就可以看尽眼前的事情了。"公孙瓒在这里叙述的兵法之言人们查不到出处，不知他在哪里学到了这种驻京建楼的方法，但可以看到，他已失去了先前征服者的雄心，开始用一种消极的方法来抵御袁绍。袁绍自从占有了军事优势后，曾不断派军队前来进攻，但长时间不能攻拔。

袁绍给公孙瓒写了一封长信，指责他以前背弃信义的无理行为。公孙瓒对身边长史关靖说："当今四方争斗，能够确定的是，没有谁能坐在我的城下相守超过一年的，他袁绍能把我怎么样！"他对袁绍的来信根本不去理睬，只是增修军备。199年，袁绍出动全部军队前来包围易京，公孙瓒一度自己想带骑兵冲出去，在太行山脉活动，并侵扰冀州，从后方冲击袁绍。关靖劝阻说："现在我们的将士都已土崩瓦解，其所以还能在这里坚守，是顾恋着自己的家庭老小，又有将军您做主。您若能长久坚持，袁绍应会自己退兵；他们退兵后，我们散失了的军队还可以聚合。如果您现在离去，军中没有坐镇的人，易京的危局马上就会到来。您失去了根本，领着一支孤军在山野活动，能做成什么事情！"公孙瓒听了这话，就决定坚守不出。

公孙瓒派儿子公孙续去向黑山军张燕求救，他写下信让人带给儿子，交代说："袁军的进攻就像神鬼一样，鼓角在地面上响，梯子就靠在我的楼上，时间一长，真没有对付的办法。你去后应该向张燕把头磕碎，让他赶快派出轻骑前来，到达后在北面点起烽火，我带人从里面杀出来。若不这样，我死了之后，天地虽然广大，你想求一块立足的地方，在哪里能够得到呢？"公孙瓒等待救兵心里着急，有一天梦见蓟城崩坍，他心知败局已定，派人再去送给儿子书信，这信被袁绍的侦探获悉了，袁绍让陈琳把书信的文字作了改动送走，却照公孙瓒信中所约定的那样，按时点起了烽火。张燕的十万救援大军尚在路上，并未到达，而公孙瓒不知实情，他看见了烽火，以为救兵已到，就领着军队冲出去作战。袁绍事先设下埋伏，打胜了一次漂亮的伏击战，公孙瓒退回楼上继续坚守。

袁绍的军队最后改变打法，他们挖地道直抵公孙瓒的高楼地基之下，先用木柱子顶住，估计挖空超过一半后，便烧掉木柱，楼即倾倒。公孙瓒料知无法挽救，于是杀死身边的妻子儿女，然后自杀而亡。那位劝阻公孙瓒坚守高楼的长史关靖说："我听说君子误导别人受了灾难，必定要一同承担，不可以独自生存。"于是驰马冲入袁绍军中，被乱军杀死。袁绍把他们的首级一同送到许都。

199年初，公孙瓒的人生牌局打出了最后一张，他以自杀而结局，身边的妻子儿女也成了他的殉葬品。如果把历史的镜头翻转到189年最后几月，即能看到，在曹操、袁绍等人挂印辞职，潜行关东寻找机会，韩馥、刘岱等人刚受任各郡就职时，公孙瓒就在北方幽州统领了一支征战无敌、睨视天下的军队，他居功成名，前景大好，可惜十年不到，就以悲惨的结果而出局。公孙瓒早年以他的做事认真、待人谦逊和尊奉上司而出名，加上他英勇善战的禀赋，赢取到了手中的一副好牌，但拥有权势后就狂妄自傲，生出了种种坑人坏事的歪心思，稍一出众就把握不了自己，终于打烂了一手好牌。

0.9（5）才不配位的韩馥

东汉末年的战乱之世是一个英雄辈出、大浪淘沙的年代，其间血雨腥风的军事争夺和云谲波诡的政治较量磨砺了人才，锻造出了英雄，同时也检验出了平庸，淘汰出了无能者。社会生活的共通性在于任何时期都会出现才不配位的现象，即平庸的人担任了重要的职务，但汉末战乱年代，却把才不配位遭其累的生活规则真正贯彻了下去，逼使在位者出局。冀州牧韩馥不长的政治生涯对此过程作出了诠释。

韩馥，字文节，颍川（今河南禹州一带）人，曾在汉灵帝刘宏的朝廷担任御史中丞，辅助御史大夫监察百官。189年董卓进京掌控朝廷后，为了表现尊崇读书人的德善之政，接受了尚书周毖、城门校尉伍琼等人的建议，把朝廷的一些文职官员派到各州郡去任职，其中就任命韩馥为冀州牧。冀州属于北方的大州，人口殷盛，兵粮充足。此前主政的是刺史王芬，王芬稍前因联合几人谋废灵帝，事败后自杀，职位空缺。恰好朝廷为加强地方军政权力，已改刺史为州牧，韩馥就担任了这一职务。董卓同时还原谅了袁绍负气离职的行为，作为一种拉拢手段，任命袁绍为渤海太守，渤海是冀州的下辖之郡。

关东各州郡的官员在190年大都参与了臧洪、张邈等人发起的反董卓军事联盟，袁绍在渤海也积极响应，冀州牧韩馥是董卓委派的官员，大概是要对董卓负责吧，他担心袁绍会参与出兵，派遣几位官员看守袁绍，让他不得轻举妄动。后来东郡太守桥瑁伪造了一份朝廷三公写给州郡官员的书信，信中陈述董卓的罪恶，说天子受到逼迫，难以自救，盼望有义兵来解除患难。韩馥看到书信，询问身边的人说："现在到底应当协助袁氏，还是应当协助董卓？"治中从事刘子惠说："现在我们起兵是为国家，与袁、董有什么关系！"韩馥觉得自己说错了，面有惭愧之色。刘子惠接着说："起兵是凶煞之事，不可逞头。应该先看看其他州的动静，有带头发动的，我们就跟随。冀州不比其他州弱，不能让其他人的功劳排在冀州人的前面。"韩馥赞同他的话，于是写信给袁绍，列举董卓的罪恶，同意他举兵，韩馥自己也参加了反董联盟。由韩馥态度立场的转变和他对州牧助理的问话看，他是一位没有坚定政治站位且是非观念比较模糊的人。

参加反董卓联盟的军队共有十多家，其中郡守居多，州部一级的高级别官员有豫州刺史孔伷、兖州刺史刘岱和冀州牧韩馥三位。大家感慨董卓诛杀了袁绍叔父袁隗等在京家口几十人，同时钦佩袁绍在朝廷大乱时诛杀宦官、后来又与董卓在朝廷议会上公开对抗的勇气，因而一直推荐袁绍做盟主。《后汉书·袁绍传》中记述，韩馥心忌袁绍得众，对袁绍并不信任，每次总给他少拨军粮，希望袁绍的军队离散。盟军对董卓的对抗，因为各位将领的心思不同，行动难加统一，随着董卓迁都长安，联盟不久也就解散了。这次联盟活动的实际功效不大，但检验了各方的立场及其相互关系，袁绍在其间大出风头，韩馥的嫉妒也可想而知。

191年，袁绍与韩馥推举幽州牧刘虞做皇帝，事情因刘虞的拒绝而作罢。宾客逢纪对袁绍说："凡干大事的人，非得占据一州之地，否则难以自立。"他接着提出了占取冀州的建议。袁绍回答说："冀州兵强，我们的军队力量弱，事情若不能成功，我们就无所立足。"逢纪说："可以私下邀请幽州的公孙瓒领兵向南攻打冀州，韩馥才能平庸，听到必然心里害怕。我们派人向他陈说祸福利害，韩馥没有好的办法对付，我们就可以占据冀州。"袁绍决定采纳这一建议，于是暗中支持公孙瓒攻打冀州。恰好韩馥的部将麹义反叛，韩馥与其作战失利，袁绍就与麹义结交。

韩馥在驻军地安平（今山东益都西北）为公孙瓒所败，袁绍即派外甥高干和颍川人荀谌等游说韩馥说："公孙瓒乘胜向南用兵，袁绍也领兵向东，他的用意估摸不透，我们私下很为将军您担心。"韩馥心怯地发问："那应该怎么办呢？"荀谌询问说："您自己估摸，与袁绍比较，谁更能宽厚容人，为天下人所依附？"韩馥说："我不如袁绍。"荀谌再问："临事决断，智勇超人方面，你们谁更强？"韩馥说："我不如袁绍。"荀谌又问："历世施恩，天下人广受其惠，你们谁更强？"韩馥说："我不如袁绍。"荀谌说："渤海虽说是郡，其实就是一个州。现在将军您三个方面赶不上袁绍，但长久处在上位；袁绍也算当今的豪杰，必然不会长久处在将军之下。况且公孙瓒带领燕代军队，势不可挡。冀州就是物质丰厚，如果两军对阵，互相拼杀，冀州的败亡马上会到来。袁绍是您的旧部，且有同盟之谊。现在最好的办法，不如把冀州让给袁绍主持，他必然感念您的好处，公孙瓒无法与他争夺。将军您有让贤的名声，且有人身安全。"韩馥生性胆怯，就同意了荀谌提出的办法。韩馥胸无主见，是非不明，又没有相应的责任意识，软弱怕事，不敢面对强敌，这些弱点都被袁绍的帮手所利用。对方一开始认定他是才能平庸的人，应该没有看错。

韩馥的长史耿武、别驾闵纯、骑都尉沮授听到此事后都来劝谏说："冀州虽然偏僻，但可武装百万人众，粮食能支十年，袁绍领着一支孤军，仰仗我们的鼻息。就像抱在怀里的婴儿，不给他奶吃，马上就饿死他们，为什么要把全州交给他？"韩馥说："我本来就是袁家的老部下，况且才能不如袁绍，让给有德才的人，古人都推崇这种行为，各位为何还要反对！"韩馥的部属赵浮、程涣领着一万弓箭手屯住在孟津，听到让位的消息，领着军队迅速返回，对韩馥说："袁绍军中无粮，军士离散，虽然河内郡的张杨等人新近依附，但不会为他所用。"请求拒绝袁绍，韩馥没有听从。他派儿子把州牧的印绶送给了袁绍，自己离开州府，住到了中常侍赵忠当年给他自己在家乡建就的宅子。一位不适合在州牧位置上主政的人，在别人的恐吓与劝说下自己离开了这岗位，才不配位，就让位离去，应该算是不坏的结局。

袁绍做了冀州牧，立刻任命了一批州内官员，搭建了自己的班底。沮授成了袁绍的副手，审配、田丰等人因为人正直，在韩馥手下很不得志，袁绍都给予重用，韩馥仍是奋威将军，但手下没有军队。袁绍还任用朱汉为都官从事，执掌监察事务的官员，朱汉先曾受到韩馥的无礼对待，心怀怨恨，同时也为了讨好袁绍吧，他擅自领着守城的士兵包围了韩馥的住宅，持刀进入其家，韩馥跑上楼躲避，朱汉抓住了韩馥的大儿子，砸断了他的两只脚。袁绍知道这事后立刻逮捕了朱汉，将其处死。但韩馥一直心中猜疑并很忧惧，要求离开冀州，去投靠张邈。后来袁绍派使者去见张邈，在商议事情间耳语交谈，当时韩馥在座，他觉得两人是在商议谋害自己，不大一会儿，就进入厕所自杀。韩馥的自杀是他自身疑忌忧郁的结果，但从内心的承受力即能看到他的确不是堪当大用的人物。

古人说，才不配位，必遭其累。韩馥在战乱开始的年代被误用为冀州牧，主持一个大州的军政，但他没有一位高级官员应有的使命意识，既不知道为谁去干，又不知道该干些什么，甚至不愿给自己本人去干；他没有高级岗位上应有的责任承担意识，胆小怕事，遇到事情就怯懦躲避，不愿代表任何人的利益去坚持坚守；他也没有明确的是非观念，关键时刻方向不清，受人误导，不具备对事情的准确判断力。韩馥用他的艰难经历和整个生命注释了才不配位遭其累的训诫。

0.9（6）"官五代"袁绍

从东汉战乱年代的群雄纷争中首先脱颖而出的人物是袁绍。袁绍曾是汉灵帝刘宏朝廷中年轻有为的将官，是大将军何进最为看重的青年英杰，他主导了对宦官集团的清除行动，后来与董卓控制的朝廷断然决裂，毅然走上了独立创业的道路，并依靠自身拥有的各种资源，迅速整合了黄河以北的广大地区，一时赢得了天下豪杰仰慕的地位，展现了一位"官五代"的出众之处。

袁绍，字本初，汝南汝阳人（今河南商水西北）。他出身于一个非同寻常的高贵之家，高祖父安，为汉司徒。袁安生子袁京、袁敞，袁京为蜀郡太守，袁敞为司空。袁京生子袁汤，袁汤为太尉。袁汤生子袁平、袁成、袁逢、袁隗。袁平早逝，袁成为中郎将，袁逢与袁隗皆为公。自袁安以下四世在朝廷做官，多人居三公尊位，即所谓"四世三公"，袁绍已是在朝廷做官的第五代袁家子弟。

袁家在社会上也有很高的民望。袁安做楚郡太守时，曾奉命审理楚王刘英的谋反案，当时刘英的供词牵连几千户人家，汉明帝非常生气，要求赶快结案，受审者在酷刑之下自相诬告，死的人极多。袁安到了郡中，不去府署，先到狱中探望，他把并无证据验证的在押犯人挑选出来，上报名册并让他们出狱。郡府的官员都叩头相求，请他千万不要放人。因为按照法律，宽容反叛的人与反叛者同罪。袁安对大家说："如果有放错的，我自己承担坐牢，与你们各位没有关系。"后来朝廷批准了他的上报，免于惩罚的达到四百多家。袁安由此成了名臣，他们世代博爱施惠，平等待民。如果有宾客进入家中，无论什么人都会得到热情款待，天下人都很尊奉他们，他们家族的门生故吏遍及各州郡。袁绍就出生在这样声誉极高而为数不多的豪门大家。

袁绍是袁逢的庶生子，生母在家中的地位较低，他出生后过继给了伯父袁成。《后汉书·袁绍传》《三国志·袁绍传》及其引注等处记述，袁绍的身材相貌端正好看，出生后父亲离世，两位叔伯都很疼爱他。他本人好交往，能折节下士，很多人喜欢依附。他少年时与曹操非常交好，又喜欢游侠，后来与张邈、何颙、许攸等人均相为友。稍长被征召为郎，为备用官员，二十岁弱冠年龄被任为濮阳县长，为政有好名声。他离职时跟随的人员和车辆很多，将要进入本郡边界时，他谢绝跟随的宾客说："我这样的阵势怎么能请来许攸见面呢？"于是单车回到了家中。

袁绍在母亲去世后服丧三年，其间父亲去世，又追行父服三年，共在家守丧六年。此后他隐居在洛阳，不轻易交接宾客，非海内知名人物则不与相见，朝廷征召，他拒不应命。中常侍赵忠对人说："袁本初坐在家里抬高他的身价，不应征召之命，而蓄养死士，不知这年轻人究竟要干什么！"袁绍的叔父袁隗听到了这些话，斥责袁绍说："你大概是要毁灭我们的家！"袁绍于是应命大将军何进的征召，去朝廷做了侍御史，为御史大夫的属官。188年灵帝设置西园八校尉，袁绍任佐军校尉，因为深得大将军何进的赏识，他不久被提升为司隶校尉，负责纠察朝廷与京畿官员，还给他假节，授予专断之权。

189年汉灵帝去世，大将军何进谋诛宦官，袁绍是何进的主谋之人，他对何进说："宦官们秉权日久，又遇董太后合伙谋取财利，一定要为天下除掉祸患。"因为何进的妹妹何皇后不同意诛灭宦官，他们就决定召董卓、丁原等外兵进京以胁迫皇后。何进还让袁绍组织洛阳的检察机关搜集宦官们的违法证据，袁绍的弟弟袁术以虎贲中郎将身份带二百人进入皇宫把守宫门。何进被宦官诱入内宫反杀后，袁术火烧南宫迫使宦官出逃，袁绍带兵包围各处，大肆捕杀宦官，见了宫中没有胡须的人，无论老少一律斩杀，有许多人被误杀，直到有些宫人亮出头发和形体才得以免死；宦官中有些守节做好事的人也被杀掉，这是一场血洗皇宫的滥杀，死者计有二千多人。

董卓刚进京时，骑都尉鲍信刚从外地募兵回朝，他对袁绍说："董卓带军队进京，看来他有异志，现在不早些除掉他，就会被他所制服。他初来乍到，军队疲劳，组织军队突袭，就可以擒获他。"袁绍感到力量不足，不敢发动突袭。不久，董卓招来袁绍议事，准备废掉少帝刘辩，改立陈留王刘协为皇帝。袁绍坚持说："现在的皇帝虽然年龄小，但没有做出什么错事，想要废嫡立庶，恐怕大家不会赞成你的意见。"董卓说："天下的事难道不是由我来决定吗？我说可以，谁敢不从？你是否觉得我的刀刃不利！"袁绍说："天下能挥刀逞强的人，难道只有你姓董的！"袁绍拔出佩刀，带于手上，以拱手行礼之状退出，所谓"引刀横揖"而出。另有资料说，袁绍听董卓说欲行废立之事，他假装许诺说："这是大事，要出去和太傅商议。"当时袁隗正担任太傅，袁绍想给自己表态留下回旋的余地。董卓说："刘氏不值得再留种了。"袁绍没有回答，他横刀长揖而去。董卓因为到洛阳不久，他知道袁绍是豪门大户，所以不敢加害。袁绍把司隶校尉的符节悬挂在上东门，离开洛阳逃奔冀州。

袁绍离去后，董卓悬赏捉拿袁绍，朝中侍中周毖、城门校尉伍琼、议郎何颙等名士本与袁绍相好，他们都对董卓说："废立皇帝是大事情，一般人考虑不了，袁绍不识大体，他心里害怕，所以离开了，并非有其他异志。如果收捕得急了，势必会使他反叛。袁氏家族连续四世建立恩德，门生、故吏遍布天下，假若袁绍收罗豪杰以聚集徒众，其他人便会乘机起事，那崤山以东地区就非您所有了。不如宽赦了他，让他做个郡守，袁绍会因为免罪而高兴，就不会生出其他祸患。"董卓觉得这样也对，就任命袁绍为渤海太守，封邟乡侯。袁绍自此脱离朝廷，组织军队，走上了独立发展创业的道路。

官五代袁绍有雄厚的家族背景和人脉资源，似乎还有良好的从政传承风格。他广交朋友，志向高远，有拯救天下的胸怀和敢作敢为的气魄，在东汉社会走向大乱的节点上和风口中，他爱憎分明，态度坚决，行事果敢，表现了一位年轻将官的英勇无畏气概。建议何进招外兵进京和血洗皇宫的行为，也反映出了他年轻虑事的失当。他对腐朽集团的过激行为和对权势人物的决绝态度，在效果上虽然推动加深了社会上层的裂痕，但又为自己赢得了更大的声誉。袁绍从社会大乱的旋涡中脱身而出，按照自己的人生思路和内在能量向前跳行，立刻进入了群雄争战的下一个时代风口，出众的袁绍注定要做出一些不凡的业绩。

0.9（7）走向高峰

年轻将官袁绍在189年八月毅然辞绝了董卓控制的朝廷而离职出走，他在朝中几位好友的活动支持下，被任为渤海太守，封邟乡侯。当时的渤海为冀州下属郡，辖境在今天津市以南，河北青县、景县以东及山东马颊河以北地区，治所南皮县，人口约百一十万。袁绍于当年底走马上任，他在这里组织军队，联络各方，几年间连续做出了几项轰动关东的大事情，把自己独立开创的事业推向了高峰。

做关东军事联盟的盟主　函谷关之东各州郡的将领大多对董卓凉州

军控制朝廷十分不满，加之董卓推行暴虐的军事专制和对关东之地的财富劫掠，加剧了董卓集团和关东地区的矛盾，于是，旨在以武力对抗董卓集团的军事组织及其联盟就应时产生。渤海太守袁绍积极参与了联盟组织，并因他家族和个人的名望而被推举为盟主，主持联盟的军事活动。袁绍自称车骑将军，诸将全都被临时授予官号。

当时的军事布置是：袁绍与河内太守王匡驻军河内（今河南武陟西南），冀州牧韩馥留守邺城，供应军粮。豫州刺史孔伷驻军颍川（今河南禹县），兖州刺史刘岱、陈留太守张邈、张邈的弟弟广陵太守张超、东郡太守桥瑁、山阳太守袁遗、济北相鲍信和曹操都驻军酸枣（今河南延津西南），后将军袁术，还有孙坚的跟随部队驻军鲁阳（今河南鲁山）。联军对洛阳形成包围之势，而真正激烈的交战只有孙坚的几次进击和曹操的一次败仗。董卓不久迁都长安，联军对洛阳的围而不战于是失去意义，十多支部队遂各自返回。联军的军事成效并不大，但主盟联军的活动极大地抬升了袁绍在关东的地位，人们将其视为地区领袖。董卓为此杀掉了太傅袁隗、太仆袁基和袁家在洛阳的五十多人，他也把袁绍作为最大的对手来看待。

推举幽州牧刘虞做皇帝　汉献帝刘协是董卓废掉少帝刘辩后扶立的皇帝，袁绍当时并不同意，于是他对该朝廷一直耿耿于怀。董卓迁朝廷至长安后，袁绍与关东将领们商议说："现在皇帝年幼，被董卓控制着，又远在长安，不知生死，幽州牧刘虞是宗室中才德出众的人，应该立他为皇帝。"韩馥还给南阳袁术专门去信说明了许多理由。但刘虞知道这事后，严厉斥责了该行动，他认为国家有正统皇帝，人臣不应该考虑这样的事情，甚至提出要逃入匈奴把自己隔绝起来，袁绍这才取消了推举皇帝的想法。袁绍的这一政治方案，因为刘虞本人的坚决抵制而作罢，但袁绍发起这场活动，则表明了他与长安朝廷的不合作态度，也展现了他对关东州郡众多将领的行动影响力。

代替韩馥为冀州牧　袁绍及其幕僚们总以为渤海地盘太小，干不出大的事情，他们把发展扩张的目光首先盯在了整个冀州，主政的韩馥本人正好又才能平庸，于是他们采取胁迫诱惑的方式，一方面暗中支持幽州军阀公孙瓒攻打冀州，一方面恐吓和引诱韩馥把州牧职位让给袁绍。韩馥不通军政，不会用人，又胆小怯懦，缺乏足够的责任担当精神，于是主动出让了自己的州牧之位。（见0.9.5《才不配位的韩馥》）约191年八月，袁绍进入邺城，他迅速任命了沮授、审配、田丰、逢纪等一批州内官员，自己兼任冀州牧，开始掌控一个大州的军政。

兼并了幽州军阀公孙瓒　袁绍初得冀州时，尚不敢与北方公孙瓒的白马义从军相对抗，他任命公孙瓒的堂弟公孙范去做渤海太守，想以此结好公孙瓒，尚且得不到对方的和解，为此非常郁闷。然而天助袁绍，公孙瓒和自己幽州牧刘虞的关系不相和睦，非常紧张。袁绍在政治上和舆论上给刘虞以坚定支持，这在事实上刺激和加深了幽州两位军政首脑的矛盾，使公孙瓒多年在内部争斗中消耗自身；同时袁绍还不断地扩充和训练自己的部队，他做渤海太守时就结交和挖来了冀州名将麴义，后来把他带领的八百士卒打造成了一战胜强敌的秘密武器。192年的界桥（今河北威县东）之战，一举打败了狂妄轻敌的公孙瓒，扭转了双方的力量对比。其后双方有一段休战和平的相处阶段，袁绍在做着充实自我力量的准备，而公孙瓒经过与刘虞的内耗，境内反叛对抗力量不断增加，最后只能龟缩在易京的土楼上等待救援。（见0.9.4《输掉了的牌局》）袁绍在198年组织全力包围易京，用地道战、信息战辅助攻坚战，于次年初将其全部攻拔，公孙瓒自杀身亡，袁绍占有了北境幽州的全部地盘。

《资治通鉴·汉纪五十二》记述了界桥之战前后的一件事情。兖州刺史刘岱与袁绍、公孙瓒的关系都很好，袁绍让自己的妻子儿女寄居在刘岱的兖州，公孙瓒也派范方率领骑兵协助刘岱。公孙瓒与袁绍军队界桥交战前一直取胜，他告诉刘岱，让交出袁绍的家眷，同时给范方交代说："如果刘岱不交出袁绍家眷，就领骑兵返回。等我平定袁绍后，再对刘岱用兵。"刘岱与部属商议对策，一连几天决定不下来。后听说东郡人程昱足智多谋，便召他来征询意见。程昱说："舍弃近处的袁绍，而想得到远处公孙瓒的帮助，就像让越地的人来救眼前溺水的孩子一样靠不住，况且公孙瓒不是袁绍的对手，他虽然打败了袁绍的军队，但他终究会被袁绍擒获。"刘岱听从了程昱的意见。范方率骑兵返回，还未到达幽州，公孙瓒就在界桥溃败了。程昱为兖州名士，这里以独立第三方的身份预判界桥之战，战后结果应该表明，程昱对主战将领个人素质的判断合乎实情，袁绍的界桥之胜绝非偶然，他在军政上的能力是出众的。

消除境内反叛势力　　袁绍在扭转了对公孙瓒的军事劣势并稳定了冀州局势后，他率领军队清除冀州境内不服统领的黄巾余部黑山军，首先深入朝歌境内的鹿肠山（今河南汤阴一带），讨伐于毒，经过五天激战，斩杀于毒及其部下万余人。其后顺着太行山向北，一路攻灭黑山军许多散兵，又进击刘石、青牛角、黄龙、左校、郭大贤、李大目、于氐根等叛军，斩杀数万人，屠戮并焚毁他们的营寨。最后，袁绍率军与黑山军张燕、四营的匈奴屠各、雁门的乌桓部落在常山交战。张燕有精兵数万人，战马数千匹。正好吕布前来投奔，袁绍利用吕布的骑兵连续出击，十多天后，张燕的军队死伤极多，交战双方都很疲惫，于是罢兵而退。黑山军是冀州境内势力颇大的农民起义军，当时官方称为反叛，开始形成于太行山脉南端的黑山，活动区域约在中山、常山、赵郡、上党、河内等地太行山脉的许多山谷中，是冀州治理的对立或不合作势力。袁绍对辖区内的这一势力进行了较为彻底的扫荡，虽然没有取得全功，但已扫除了冀州治理的障碍，树立了州府的权威，表明了对冀州的完全掌控。另外，黑山军将领张燕与幽州公孙瓒联系密切，打垮了张燕，也是削弱公孙瓒的外围力量。

夺取青州与并州　　青州大约在冀州的东边，其境内的黄巾军一直势大而活跃，兖州刺史刘岱就是被黄巾军所杀死。袁绍在稳定了冀州后，即派军队去攻占该州。当时公孙瓒已经委任田楷为青州刺史，袁绍军队与田楷在青州进行了激烈的争夺，占领了一些地盘后，即任命臧洪接替去世的焦和为青州刺史，臧洪在此治理有方，成绩很大，后来因故反叛了袁绍，被袁绍所攻杀（见0.8.3《慷慨守义的臧洪》）。196年，袁绍任命儿子袁谭为青州刺史，袁谭镇守此地，守御了田楷的进攻，驱赶黄巾军并夺回了一些土地，又击败了北海太守孔融，获取了北海郡（见0.8.2《孔融守北海及其学者人格》中)。袁绍199年最后击败公孙瓒后,应该基本上占有了整个青州。并州约在山西中北部一带,位于冀州之西,袁绍196年任命外甥高干为并州刺史,史书上没有记述争夺并州的具体过程,当时该州应处于战乱年代的权力真空状态,属于依附冀州的地区。袁绍委派自己的官员任职并实施了有效治理,实际上就已是占据了该州。

到199年,袁绍已经占有了北方冀、幽、青、并四州的广大地盘,黄河以北几乎都是他的治区。当年袁绍开始起兵时,曹操问他对事业有什么打算,袁绍回答说:"我南据黄河,北依燕、代之地,再统领北方戎狄兵众,向南争夺天下,应该可以成功吧!"满身朝气的袁绍当时对自己的未来预期颇高,并且信心十足。经过不到十年的拼杀征战,袁绍已经完全实现了他的预期目标,走上了人生的高峰,同时期没有人能达到这样事业强盛的高度,他在天下大乱的群雄争战中在最前排领跑。

0.9(8) 袁绍军政轶事

袁绍189年辞绝朝廷,在渤海组织军队自创基业,次年被推举为关东联军的盟主,州郡将领们对他的看重和信任,极大地刺激了他平定天下祸乱的济世情怀。这年朝廷把先前的中平年号改为初平,时为初平元年,袁绍字本初,他觉得朝廷改用的年号与自己的字相合,这是非常吉祥的征兆,认为自己必能克平祸乱。

袁绍刚做了冀州牧时,沮授对袁绍说:"将军您弱冠时就在朝任职,名扬海内;在董卓擅行废立之时,奋发忠义气概;匹马出关时董卓恐惧,济河北渡时渤海膺服。统领一郡之兵,聚合冀州之众,威震河北,名重天下。虽然现在黄巾军狡猾暴乱,黑山军为非跋扈,但将军举兵东指,则可以安定青州;讨伐黑山,则可以消灭张燕;如果挥师向北,则公孙瓒必定丧命;若兵临戎狄,则匈奴俯首听从。横亘于大河北岸,聚合四州之地,收集英雄之才,拥有百万之众,从长安迎回天子车驾,把宗庙重建在洛邑,以此号令天下,征讨不服从的叛臣,与天下豪杰争锋,有谁能成为对手?只要几年时间,达到这一功业并不困难。"袁绍听了,非常高兴地说:

"这正是我心里所想的。"他表奏沮授为冀州监军,负责监察整个军队,并任为奋武将军。沮授青年时就胸怀大志,富有权谋,举茂才出身,担任过县令,曾为韩馥别驾,做州牧的助手,袁绍接任冀州后再任别驾,他是刚被袁绍接纳的旧部官员,可能有些话不好直接说出,在这里以赞扬的口吻抬举袁绍,似乎是描述冀州大好前景,实际向袁绍提出了治理冀州的方案。袁绍一直就有治平天下的雄心壮志,有了这幅图景,思路会更加明确,所以他听了非常高兴,以为表达出了自己的内心所想。几年以后,袁绍的事业达到鼎盛,地理图形上基本就是这样的情景,唯一遗憾的是,迎回天子车驾的事情搁置空缺,被他人捷足先登,沮授所提方案中非常紧要的部分被他忽略了。

192年袁绍与公孙瓒军队的界桥之战,公孙瓒狂妄轻敌,袁绍用麹义八百勇士做秘密武器,辅以千张弓弩,采取奇变方式一举冲垮了公孙瓒的骑兵阵势,袁军一直冲到了公孙瓒的营寨并将其拔除。《三国志·袁绍传》引注《英雄记》记述,当时袁绍本人在后面,他赶到营寨时敌军已经溃败,于是下马休息,留下百余将士和几十弓箭手跟随。没有想到公孙瓒的二千多骑兵又突然返回,把袁绍重重包围,箭如雨下,田丰把袁绍扶到断墙的空隙间躲避,袁绍把头盔摔在地上说:"大丈夫应当冲向前搏斗而死,躲在墙缝间,难道就能活着?"敌人弓箭乱发,杀伤很多,他们不知道是袁绍,稍稍有点退却,正好麹义领兵前来迎战,敌人才退走。在两军决胜的战场上,袁绍仍然具有慷慨英勇的气概,他没有富家子弟的纨绔之气,也没有全军总帅的娇贵之态,这种拼死向前的精神对部队当然有巨大的正面感染。

界桥战役结束后,袁绍领着军队向南到薄落津(今河北广宗境内),正与宾客将领聚会时,传来了魏郡驻军反叛的消息,说他们杀掉了太守栗成,与黑山军于毒等十多股部队几万人攻占了邺城。在座的好多人家眷都在那里,众人忧恐失色,有的开始哭泣,但袁绍容貌不变,泰然自若。叛军中有一位叫陶升的人,做过小官员,富有同情心,他领着部众从邺城西门进入,关起门不让其他部队进来,把袁绍和许多官员的家眷用车载出,自己亲自护卫，一直送到斥丘（今河北魏县西北）。袁绍于是回到斥丘驻军，后来任用陶升为中郎将。袁绍在听到消息时心中不会没有触动，但他在众人惊慌的关头能处惊不乱，沉着应对，努力做好众人的主心骨，表现了一种良好的风度。

袁绍主政冀州时，有一次大会宾客，他派使者邀请大学问家郑玄等人参加，有资料记述说袁绍"征北海郑玄而不礼"，请郑玄来但有点不太礼貌。《后汉书·郑玄传》则记述，郑玄最后到来，被请到上座。在座的宾客大多是俊秀豪杰，各有才气而善辩，他们觉得郑玄是个儒生，不一定学识渊博，大家竞相提出一些怪异的问题，各种观点交相提出。郑玄依照学理答辩应对，超出问题作发挥，大家都很佩服。汝南人应劭，就是那位迎接曹操父亲曹嵩路过徐州，因迟到而误事，在曹嵩被害后惧祸逃奔袁绍的人，当时也在场，他上前说："前泰山郡太守应劭，想做您的学生如何？"郑玄笑着说："孔子对弟子用四种科目（指德行、言语、政事、文学）作考察，颜回、子贡这些学生是不称自己官阶门第的。"应劭面露惭色。袁绍举荐郑玄为茂才，上表推荐出任左中郎将，郑玄并不接受。这里并无对待郑玄不礼貌的事情，袁绍要借这种高规格的学术性会议在冀州营造浓厚的文化氛围，场上气氛活跃，讨论热烈，涉猎广泛的问题，郑玄做出了高水平的回答，传播了他的思想，开阔了人们的眼界，是一次很有成效的文化活动。可以认为袁绍有点借此装潢门面或沽名钓誉的用心，但他在地方治理中加入文化因素，其正面意义是不能否认的。

193年，献帝刘协从长安派太傅马日䃅和太仆赵岐来关东，调解各州郡将领间的关系，使者到达河北时，袁绍在百里之外迎接，拜受天子诏命，赵岐就住在袁绍军营，他给公孙瓒同时去信，要求两人和解。公孙瓒回信非常诚恳地认可和解之议，此后冀、幽两州曾有四五年的相对和平，袁绍利用这一机会清除境内反叛，迅速向东西两翼扩张，自我发展的步子并没有停顿，为后来夺取对公孙瓒的最后胜利准备了条件。史书上说，在界桥之战中立有大功的麴义后来"恃功而骄恣"，袁绍就将他杀掉了。不知道其间发生了什么具体事情，恃功而骄有多么严重的程度，只能深深地为袁绍惋惜，也为三国时代失去了一位特别的战将而惋惜！

袁绍早年在做联军盟主时，董卓派大鸿胪韩融、少府阴脩、执金吾胡毋班、将作大匠吴脩、越骑校尉王瓌（瑰）去招抚关东将领，劝说袁绍等人服从朝廷。这批人到达河内，袁绍命令太守王匡把他们全都抓起来杀掉。其中韩融德高望重免于一死，袁术杀死了阴脩，胡毋班是王匡的妹夫，他被关押时在狱中写信给王匡说："自古以来，没有见过诸侯举兵进攻京师的，刘向曾说掷鼠忌器，器皿尚且需要顾忌，何况董卓现在居住在宫阙中，以天子为藩屏，皇帝就在宫中，如何征讨？我与太傅马公、太仆赵岐他们都是奉天子诏命行事，关东各州郡虽说嫉恨董卓，但也尊崇王命，不敢有所玷辱。您单独把我囚在狱中，想要杀掉祭旗衅鼓，这是非常悖暴无道的行为。我与董卓有什么关系？和大家一样痛恨，而你张开虎狼之口，把对董卓的痛恨迁怒到我身上，这是特别残酷的事情。赴死，是人难以做到的，但被狂夫所害就特别感到羞耻。如果人死后有灵魂，我会把你控诉给皇天。婚姻是生出祸福的契机，今天就很明显，以前我们亲为一体，自今结了血仇。我有两个儿子，那是你的外甥，我身死之后，不要让他们来见我的尸骸。"王匡看到这封信，抱着两位外甥哭泣，胡毋班最终死于狱中。当时的联军部队在军事上打不垮董卓，为何要在朝廷使者身上施加淫威！胡毋班的书信是对联军滥杀行为的控诉，表达了一些难以驳回的道理，也诉说了一些沉痛的世故人情。这里的奇怪之处，一是盟主袁绍发出了如此荒唐的命令，把举向董卓的大刀砍在了朝臣身上，竟然置自家在洛阳几十口人的性命于不顾，促使董卓杀掉袁隗等人而报复；二是联军本是一个松散组织，好多军令无法执行，将领们都是各行其是，河内太守王匡早年因轻财赴义，振济人士而与张邈等人被并称"八厨"，属能以财救人的八位豪士，也是当世知名人物，他为何会不折不扣地去执行袁绍的命令，并且不顾与胡毋班的亲戚关系而对其下手。也可以认为，盟主袁绍当时对关东有些将领的影响力还是很大的，以至于失当的命令也有人愿意执行。

0.9（9）一件悔之无及的事情

袁绍199年初完全占有北方四州，走上自己事业高峰，他踞河北而雄视海内，天下没有谁能成为自己的敌手，十年前创业初期的梦想已经成真，这时候他应该是感到心满意足的。唯一郁闷的是，自己曾多次给予支持扶助的曹操在三年前把朝廷迁到许都，以此掌控了朝廷，动不动就给别人封官发令，许多州郡的官员都向许都进贡求封，而自己在邺城拥有如此强大的势力，反而要对许都俯首听命。

把献帝刘协的朝廷迎奉到身边，曾是袁绍不屑于去做的事情。他刚刚主政冀州的191年，别驾沮授就描绘治州的图景，其中说道"迎大驾于西京，复宗庙于洛邑"，袁绍对沮授的图案照单全收，偏偏挑出这一条不做，不是不明白，是不愿去做。195年初，献帝刘协一行摆脱李傕郭汜等人出关到了河东曹阳（今河南陕县西），沮授再次提出："现在各州郡都称自己是正义之师，实际只是想消灭别人，没有保卫朝廷体恤百姓的。我们现在州内安定，应该迎奉天子大驾，把宫殿修筑在邺都，挟天子以令诸侯，畜士马以讨不庭，这样没有谁能抵御我们。"（见0.2.11《有人看上了朝廷空壳资源》）袁绍准备去做，但郭图、淳于琼两人说："汉室衰弱日久，要振兴起来没有什么希望。如果把天子置放在身边，每一行动都要奏报，如果听从则我们就权轻，如果不听从我们就是抗命，这都不是好事情。"袁绍觉得这话也对。沮授仍然坚持劝说，但袁绍疑虑重重，一时确定不下来，就没有去做。《后汉书·袁绍传》《三国志·袁绍传》及其引注对上述事情分别作了记述，沮授两次建议中的京都落脚点不同，前者是在洛阳，后者是在邺城，但事情的性质是相同的。其中另有资料说，刘协与朝廷195年到曹阳时，袁绍派郭图去出使探望，郭图返回冀州后劝谏袁绍迎奉朝廷到邺城，但袁绍没有听从。

然而到196年八月，在刘协与朝廷一行人已回到洛阳两月之后，蓄谋已久的兖州牧曹操带兵进京，采取强力加欺瞒的手法，忽悠了把守关口的守将杨奉，将朝廷迁到了许都（见0.2.5《被忽悠了的杨奉》），做起了他"奉天子以令不臣"的稳赚买卖，甚至借朝廷的名义指责袁绍，而袁绍不能公开否定刘协朝廷的正统地位，只能在对方的指责中做些自我辩解，在与许都方面的较量中，袁绍感到自己始终无法占据舆论和道义的优势，这令他感到头痛，非常郁闷。

那么，袁绍的谋士最先提出迎奉天子的建议，为什么他迟迟不愿实施呢？这里面有极为现实的原因。董卓在189年废掉少帝刘辩而拥立献帝刘协，当时担任司隶校尉的袁绍是不同意的，袁绍正是为这事与董卓闹翻，才引刀横揖而悬节离朝的。他既然不赞成改立刘协为皇帝，当然不好把他迎到身边推戴起来。可以要求袁绍有大度宽容的胸怀，然而认可了刘协的皇帝之位，就等于认可了董卓的废立行为，表明了自己当年与董卓对立行为的错失与无意义，这个坎在心里实在难于越过。朝廷在190年西迁长安后，渤海太守袁绍即联络各州郡官员准备把幽州牧刘虞抬上皇帝之位，就是为了完全抛开长安刘协的朝廷。把刘协迎奉到邺城尊奉起来，淳于琼等人说到的那些扯皮问题是有的，但不难克服，而事情主要是因为袁绍心理感情上无法接受，也难以向天下人交代，为此才把沮授的建议长久搁置。

曹操把朝廷迁到许都后，利用这一政治资源打压袁绍，除以朝廷名义责备袁绍外，他还封给袁绍以朝廷太尉之职。袁绍获悉曹操任朝廷大将军职务，位在自己之上，于是非常气愤，他对人说："曹操几次面临死亡之境，是我把他救活，现在竟然忘了我的好处，利用天子来指令我！"于是拒绝担任太尉。曹操听到后非常忧惧，他本是要让袁绍以参与的方式认可朝廷，借以提升朝廷的权威，如果袁绍不参与进来而拒绝认可朝廷，甚或与其公开对抗，那自己"挟天子"的分量就会大打折扣。袁绍拒绝做太尉，曹操明白他是什么意思，随即把自己改任为司空，而把大将军的职位拿出来送给了袁绍。曹操在197年安排将作大匠孔融持节去邺城，向袁绍隆重授给朝廷大将军的新任命，赏赐他弓矢、节钺、虎贲百人，并让他督领冀、青、幽、并四州，袁绍这才予以接受。曹操的势力不及袁绍，他在试探中把控着能够诱使袁绍入彀的成本代价（见0.2.12《对空壳资源的利用与再争夺》）。此后袁绍每次接到诏书，总担心会有对自己不利之处，曹操挟天子而行事的阴云在心头久久不散。

曹操还以朝廷名义在黄河以南各州郡间纵横捭阖，对刘表、刘备、张绣、陈登、孙策等封官拉拢，把吕布更是玩之于股掌，其势力发展很快，关中的将领也来依附他，这使袁绍真正有些后悔，他觉得自己应该早先迎奉天子置于自己身边才好，心气的阻梗总是有的，但毕竟利益的获得是在首位。他于是以粮食供应为借口，向曹操提出把朝廷迁徙到鄄城（今山东鄄城北），这里与邺城靠近一些。但曹操拒绝了这一请求，他独占朝廷政治资源而不愿让袁绍分享，袁绍甚至产生袭击许都以抢夺的心思。

沮授在195年第二次劝谏袁绍时对他说："现在迎奉朝廷，是最高的道义问题，又符合我们当前的战略利益，如果不早点动手，必定会有人抢先而为。做事情的关键是不失掉机会，建功立业要靠行动的迅速和敏捷，将军您一定要做好这件事。"尽管反复强调，并指出了事情的十分紧要性，但袁绍还是因为某种不能释怀的心结而疏忽了该事情，看到曹操有板有眼地利用朝廷资源持续不断地套取利益，在事业发展的台阶上快步追赶自己，袁绍后悔了，他站在事业的高峰而心不自安。

0.9（10）集团的病情诊断

袁绍在北方建立了一个庞大的政治集团，他在199年初消灭幽州公孙瓒后，走上了事业的高峰，拥四州人众而雄视天下，有心向挟天子以自重的曹操发起挑战。这将是一场关系时代领导权归属的争夺，也决定着双方的生死兴衰。兖州牧曹操虽然独占朝廷政治资源，而从体量和势力上看，还不是袁氏的对手。然而另一方面，大有大的难处，袁绍集团大而生隙，有一些内在的虚弱处，并且已经通过某些现象表征了出来，为身边的明眼人所捕捉。

袁绍有三个儿子，即长子袁谭、次子袁熙、少子袁尚。袁谭年长而仁惠，对平定河北建有战功，袁绍将袁谭过继给被董卓杀害的亡兄袁基为继子，在196年，他让袁谭出守青州做都督。《三国志·袁绍传》引注资料中记述，当时沮授对袁绍说："世人常说，一只兔子在大路上跑，会有一万个人去追逐，等一个人抓到兔子后，其他人就不再会贪求追逐，因为兔子的归属已经确定了。冀州权位的继承，应该按照古代传统的办法，年龄相同时选择贤者，德行相同时用卜卦确定。但愿您记取历史上的成败教训，也想想追逐兔子一事中的深刻道理。"沮授要强调的是必须按传统规矩处理，他的意思是年龄相同时尚且需要选择和卜卦，现在三人的年龄并不相同，长幼有序，名分是确定的，应以长子为继承人，不应该让长子离开政治中心而出守外地。因为袁绍并没有公开说出让谁做继承人的问题，沮授只能用含蓄的方式表达自己的意思，提醒袁绍要明确继承权的归属，免得兄弟争夺。袁绍回答说："我想让四个孩子各居一州，观察他们各自的能力。"他还同时让袁熙镇守幽州，让外甥高干出守并州，让袁尚负责冀州。袁绍表达的意思是要观察四个人的能力后再确定继承人，这恰好是继承权的归属没有确定，四个人都可能去追逐这个"兔子"。袁绍用能力考察的借口去搪塞沮授，拒绝把继承权确定下来，沮授由此看到了一个重大的问题，他出来后对人说："我们的祸乱会从这件事开始。"

袁尚长得俊美，袁绍的夫人刘氏非常喜欢，多次赞扬他的才能，袁绍觉得小儿子容貌不凡，想让他做继承人，但因袁尚没有彰显出来的功劳，所以不好马上确定。他让两子一甥出守其他三州，独留袁尚在冀州邺城，处在自己身边，其用意是非常明显的。其实沮授所担心的尚不是继承权没有确定下来，而是看到了袁绍要废长立幼的用心。袁绍把袁谭过继给亡兄袁基，即是取消袁谭继承权的步骤，但又无法明说，这一行为隐藏着集团走向分裂的极大隐患，沮授见微知著，诊断出了本集团的一大病态。

袁绍的谋士很多，田丰、沮授、审配、郭图、逢纪，还有荀谌、许攸、辛评、辛毗等，这些人物个个才具出众，智谋了得，但他们来自韩馥、陈球、颍川钟繇等不同的地域和集团，在袁绍手下并没有融为一体，精诚协力，而总是喜欢各自争功，互相拆台。195年沮授二次提出迎奉汉天子时，立刻就有人拆台反对，生怕别人的建议被采纳而成就了不世之功。后来这些谋臣分别固定地跟随袁谭和袁尚，他们各为其主，如审配、逢纪与袁尚结党，辛评、郭图与袁谭结党，相互间形成了一种互相仇视的对抗关系，其他谋士间也相互倾轧，主政人物不能化解这些问题，对他们形成有效的统驭，使集团内部矛盾随着自身的发展而加深，构成了难以消除的某种内在隐患。

另有史料表明，颍川才俊荀彧在191年领着宗族多人奔投冀州韩馥，到冀州后袁绍已经取代韩馥作州牧，袁绍用上宾之礼接待荀彧，荀彧之弟荀谌，以及颍川同乡辛评、郭图都在冀州，荀彧按说应在这里如鱼得水般的欢愉，安心在尊崇他的袁绍手下干事，但不到一年，29岁的荀彧就离开冀州，奔投了东郡太守曹操，被曹操任为司马。史书上说，荀彧改投曹操的原因是"彧度绍终不能成大事"，他料定袁绍成不了大事。这其间两人肯定有过直接的交集和交流，双方价值观和思维方式上的分歧，暴露出了袁绍不可克服的缺陷，想干出一番大事业的荀彧于是毅然地离开了袁绍。郭嘉当初也是先投靠袁绍，过了一段时间，他对同郡人辛评、郭图说："袁公似乎要效仿周公礼贤下士，但他不知道用人的关键。思路很多而抓不住要点，喜欢筹谋但没有决断，想跟着他拯救天下大难，建就王霸基业，是做不到的。"年轻的郭嘉觉得，有智慧的人应该特别慎重考量自己所要跟从的君主，这样才能建立一生的功名。基于这样的想法，他也离开了袁绍，最后心满意足地跟随了曹操。荀彧和郭嘉是当时一流人才，他们寻主求职的曲折路子是一致的，离开袁绍的原因应该基本相同，从郭嘉的表述中能够看到冀州主政人难以得到天下俊才的根本缺陷之所在，这可能也是他不能统驭众多谋士，使他们齐心协力的原因。

曹操在198年消灭吕布后，安排刘备到徐州一带去堵截袁术。袁术死后，刘备杀死了曹操在徐州的守将车胄，领军队驻于小沛，拒绝返回许都，等于背叛了曹操，袁绍曾派出骑兵协助刘备驻守，作为他牵制曹操后方的力量。曹操不久派遣刘岱、王忠两位将军进攻刘备，但没有打赢，于是在次年亲自带兵东征刘备。冀州谋士田丰建议袁绍在曹操离开许都时派军队乘虚进攻，这的确是难逢的机会，但袁绍说儿子正在生病，没有心情起兵，拒绝了田丰的建议。田丰出来后举着手杖叩地说："碰到这么难得的机会，却因儿子的病失掉了，太遗憾了！"曹操兵至徐州很快击败了刘备。袁绍是政治人物，他应该明白自己事业的重心所在及其目前面临的主要任务。人的疾病有医生治疗，屯军不出丝毫无助于儿子疾病的医治。刘备虽然奔投了冀州，但袁绍在与曹操的较量中，不仅失去了袭击许都的大好机会，而且失去了从东方夹击曹操的配合力量。郭嘉说袁绍"多端寡要"，袁绍遇事抓不住重点、贻误战机的缺陷在此显露无遗。

一个集团的特征总是反映着其缔造者和主政人的心性特征，袁绍庞大集团内部隐含着种种不健康的因素，说到底是集团创立人个性素质的折射和反映。袁绍是时代的幸运儿和出众者，他在天下大乱的风口发奋有为，借助自身和家族所拥有的各种资源领先开创了一片宏大基业，组织起了雄踞黄河北岸的强大政治势力，同时也把自身有缺陷的心性特征烙印并放大在了该组织的肌体上，形成了一个病态的集团。

0.9（11）选择的战争

袁绍在黄河以北完全占有四州时，兖州牧曹操借助朝廷的权威也剿除了吕布，消灭了袁术，招降了张绣，其势力在东方快速发展了起来。袁绍与曹操早先是相好的朋友，189年分别辞职离朝，回关东组织军队，联军讨伐董卓之后应是同盟关系，袁绍对曹操有过几次扶持，194年吕布攻占了兖州，曹操夺而不得时还一度准备投靠袁绍。但196年曹操迎奉朝廷到许都后，开始挟天子以令诸侯，这使袁绍感到了莫名的压力，曹操的发展态势也使袁绍心不自安，两人的战略利益逐渐发生了抵牾，袁绍于是有了谋取许都的计划。

袁绍每次接到诏书，总担心对自己不利，于是想要朝廷靠近自己一些。《后汉书·袁绍传》中记述，袁绍约在198年派人对曹操说，许县低洼潮湿，洛阳又残缺被毁，应当把朝廷迁到鄄城，以便有充足的粮食供应。但曹操对该建议一口拒绝。田丰对袁绍说："迁都的计划既然不被采纳，最好早些谋取许县。我们自己尊奉天子，依托皇帝的诏令号召天下，这应该是上策，不然我们总是受制于他人。"袁绍应是记下了这话，他用一年时间攻拔了公孙瓒的易京，平定了幽州之地后，准备向黄河之南用兵。

袁绍组织起几十万部队准备进攻许都，他召集了一次决策性的会议，商议出兵的方式。沮授、田丰此时不赞成大规模出兵，他们劝谏说："我军连年打仗，百姓疲惫，没有粮食积蓄，赋税徭役过重，这是最为无奈的事情。现在应该先派使者去向天子献上攻取幽州的捷报，让百姓有个休息喘气的机会；如果献捷的事情不顺，我们就宣布曹操隔断了晋见天子的通路，然后驻军于黎阳，在那里多造船只，修治器械，做经营黄河之南的准备。我们可以派精锐骑兵，攻夺对方的边境城邑，让他们得不到安宁，而我们的军队充分休息。如果有三年时间，事情就会见到成效。"这是一种立足于与民休息和扰敌以疲的缓进方式，欲求稳妥不败、以逸待劳的功效。其中献捷也好，宣布隔断王路也好，都是寻找对方岔子的招数，为自己出兵的正当性准备借口。在辖区百姓需要舒缓、军队需要休整的情况下，不失为很好的战略策略。

审配、郭图则持不同意见，他们说："兵法上要求，有十倍的兵力就包围，有五倍的兵力就进攻，兵力相当就对抗。凭将军您的英明神武及占据河朔的强大兵力，讨伐曹操就像翻手一样容易。现在不及时行动，后面将难以制服。"这一意见强调军事上极其看重的时机问题，本来也是有道理的，但缺乏具体的设定筹划，说的是好听的话，却有流于空洞之嫌。尤为重要的是，把《孙子兵法》上论及战术问题的某些原则运用到战略问题上，不知道是审、郭二人的糊涂不清，还是有意对沮授、田丰的拆台。

听了上述两人的否定意见，沮授继续发挥说："能够拯救百姓诛除暴乱的，称之为正义之兵，依靠人多势强就进攻对方，称之为骄兵。为正义而用兵就无敌，骄兵则会失败。曹操把天子迎奉到许都，我们兴兵进攻，在道义上是悖逆的。况且作运筹制胜的策划，根本点不在于兵势的强弱。曹操法令严明，士卒精练，不像公孙瓒的军队坐受围困。现在我们抛弃稳妥安全的方法，却发起没有名目的战争，这就让人非常担忧。"沮授这里强调的是战争的正义性和取胜的稳妥性。曹操置天子于许都，没有正当理由就对其发起进攻，的确与道义相悖，对方势力虽小，但具有士卒精良的优势，如果单纯考虑势力大小而恃强攻弱，胜算是不足的。

　　郭图等人反驳沮授说："武王讨伐殷纣王，不能称为不义之兵吧！况且我们讨伐曹操怎么能说师出无名！我们的军队，武将竭力用命，战士愤发怒气，人人心潮激荡，若不抓住时机推进大业，那就是决策失误。上天给予却不取，反而会受到惩罚，当年越国称霸而吴国灭亡就是这个原因。监军的谋划只考虑到稳妥，但不是抓住时机推动变化的办法。"事实上，袁绍的军队进攻曹操当然是有自己理由的，并非师出无名，但要分清这个理由只是自家认可的理由，还是社会大众和公共道义所认可的理由，战争正义性论证和用兵的正当名分需要的是后者，而不是前者。郭图的反驳似乎是用前者取代了后者，且有上纲上线之势，令对方不好持正辩驳。后面对军队士气的描述和对战争时机的强调，都有夸大不实的特征，如果对战争实情能有精准的把握，就会感觉到其整个论述观点的不牢靠性。

　　出乎意料的是，袁绍认可了郭图的观点，这里有他对自己军队士气的不恰当估计，有他对奉承之言的喜爱偏好，有他对曹操军队的急忿恼怒和对战争胜利结果的急切期盼，有他对对方军队战斗力情况的无所知晓，也有他对公众舆论和社会道义理解的偏差。对战争的估算本来应该知己知彼，但袁绍对各种战争因素接受客观估量有种莫名的内心抗拒，他还是十分看重自己力量的强大，于是采纳了郭图的建议。沮授的意见被否决，大概周边人将此看成沮授失势的表现吧，于是郭图等人立即向袁绍反映说："沮授担任监军，他督查冀州内外将吏，威震三军，如果他的权势再发展，就没法控制他。臣与主有差别就昌盛，主与臣没差别就败亡，这是黄石公所忌讳的。统辖外面将领的，不能让他参与内部事务。"袁绍也觉得沮授的权力太大，就把监军的权限划分给三位都督，让沮授、郭图、淳于琼三人各管一部分，削弱了沮授的权力。有史家说："沮授、田丰的智略与荀彧相当，荀彧说给曹操的话就像把石头投进水中，而沮授田丰对袁绍的谋划就像方枘圆凿一样两不相容。"这是指袁曹双方识事纳言的不同，岂不知袁绍身边还纠缠着更为复杂的后续事态。

　　袁绍组织了几十万军队，以审配、逢纪统军事，田丰、荀谌、许攸为谋主，颜良、文丑为主将，挑选出十万精良部队并一万骑兵，让大军进驻当时的黄河渡口黎阳（今河南浚县东），准备进攻许都，由此拉开了与曹操决战的序幕。袁曹双方的战争是他们的战略发展到达一定程度必然会发生的利益冲突，具有不可避免的趋势，但以怎样的方式和步骤去解决这一冲突，却是双方选择的结果，当时势力强大的袁绍一方拥有更多的选择主动权。战略选择决定着战术进程及各种战争要素的流变，进而决定着战争的结局。沮授和田丰的方案应是一种稳中取胜的战略方式，但袁绍选择了郭图、审配的急进方案，于是就选择了白马之战，官渡之战，以及他与曹操各自的盛衰兴亡。

0.9（12）战争的动员与准备

199年，东汉社会经过十年的战乱争夺和相互兼并，中原地区基本形成了袁绍和曹操两大军事集团的并存与对峙，他们强弱不同，但各有自己的优势，双方战略发展的态势决定了一场直接冲突的战争必不可免，掌握主动权的冀州袁绍一方已经选择整军急进的方式开始了行动。这次战争不是某种局部利益的争夺，它关乎时代领导权的归属，关乎双方的前途命运和生死存亡。作为政治冲突某种激烈表现的形式，总是伴随有战争的动员，包括自身合理性的论证、人心的鼓舞、力量的凝聚、舆论和外交的配合等，袁曹两军搏击交手前也为此做了不少准备。

袁绍组织众谋士召开了战略方式讨论后，即让主簿陈琳写下了讨伐曹操的檄文，全文以褒扬袁绍而贬损曹操为主旨，其中罗列了袁绍对曹操的多次扶助，指出了曹操专断朝政和打击太尉杨彪、议郎赵彦等忠良的行为，认为他派精兵七百人守宫实是拘执了献帝，还揭露了曹操设置发丘中郎将、摸金校尉以挖掘汉梁王等人陵墓的恶行。文中把曹操比作秦朝的赵高和西汉的吕禄吕产，用其祖父曹腾的宦官身份和其父曹嵩捐财得官的事情丑化曹操，赞扬了袁绍的宽仁英武，表达了袁军必胜的信心，要求人们宁可肝脑涂地，也要做烈士立功。陈琳的文章意气奋发，文采飞扬，激荡人心，是文学才士的用心之作，加强了袁绍军队的舆论宣传。尽管这样，有些人仍然认为冀州军队进攻许都缺乏正当性，冀州骑都尉崔琰就对袁绍说："天子在许都，民心倾向于那边，不能进攻！"袁绍自然不会听从劝阻，这也也反映了袁绍方面舆论宣传效果的有限性，因为曹操的出身和道德瑕疵都不能成为对京都直接用兵的理由，檄文对战争的必要性和所要实现的目标总是有些含糊不清之处，而这属于事情本身的问题而不是檄文的问题。

许都的将领们听说袁绍要来进攻，心中有些害怕。《资治通鉴·汉纪五十五》中记述，曹操对将士们说："我知道袁绍的为人，志向大而智谋浅，外表勇武而内心胆怯，猜忌刻薄而缺少威信，人马众多而统属不清，将领骄横而政令不一，他的土地广粮食足，正好是给我们预备的。"孔融对荀彧说："袁绍地广兵强，有田丰、许攸这样的智士出谋划策，有审配、逢纪这样的忠臣承担事务，有颜良、文丑这样的勇将统领军队，大概难以战胜！"荀彧说："袁绍的兵马虽多但法纪不严，田丰刚直而冒犯上司，许攸贪婪而难以处治，审配专权却没有谋略，逢纪果断但自以为是。这几个人，其势不能相容，必定会生出内部变乱。颜良、文丑不过是匹夫之勇，一仗就可以擒获。"曹操的军队力量为弱，面临强敌进攻，士兵中的悲观恐慌心理，以及孔融那样的失败主义情绪都在所难免，但许都军政的两位最高领导人始终保持和传递着必胜的信心，他们善于抓住问题要害作出具体的分析，力图戳破袁军强大的虚假表象，消除队伍中恐惧消极的各种负面因素，振作自己将士的信心。这些观点和舆论的传播范围似乎不大，但却非常实际和富有效果。

袁绍和曹操都进行了外交方面的努力，各给自己争取力量并扩大盟军。张绣曾于197年对曹操降而复叛，在淯水打败曹操，后退至宛城。袁曹双方这次决战前，他们都派使者去面见张绣，想说服他归附自己，袁绍还专门给贾诩写信劝说。贾诩当面拒绝了袁绍使者的请求，他向张绣陈说利害，重新归降了曹操（见0.8.5《张绣与贾诩的将相璧合》）。袁绍与刘表的关系一直很好，这次出兵时他派人去向刘表求助，希望刘表出兵增援。刘表答应了袁绍的请求，但事实上并未派兵，他也没有听从几位部属的意见而去援助曹操，行动上保持了中立态度。

当时关中地区的几位将领看到袁、曹双方将要争斗，都保持中立想坐观成败。凉州牧韦端派遣属官杨阜前往许都，杨阜返回后，关中将领们询问："袁曹相争，将会谁胜谁败？"杨阜说："袁公宽容而不果断，好谋而迟疑不决；不果断就没有威望，迟疑不决就会贻误时机，如今虽强，但终究不能成就大业。曹公有雄才大略，能当机立断而不迟疑，法令统一而士卒精强，他能在法度之外任用人才，所任之人各尽其力，一定能做出大事业。"杨阜通过自己的观察肯定了曹军的乐观结局，并把他的预测结论传达给了关中将领，使那些本想中立的将领形成了偏重曹操的倾向。后来曹操采纳了官员卫觊的建议，派司隶校尉钟繇持节前往关中，借助朝廷的名义灵活行事，在几年后收复并州的军事活动中争取到了马腾、韩遂军队的支持配合（见0.5.5《名闻三辅的马腾》）。曹操是用他的实际行为折服关中将领，借助他们的影响来扩大自己正面形象的宣传，在外交上也收到了事半功倍之效。

主动与袁绍做外交联系的只有在徐州刚刚背叛了曹操的刘备。曹操联合刘备剿灭吕布回到许都，数月后他派刘备与将军朱灵去徐州截击袁术，事情结束，刘备即打发朱灵回许都，同时杀死徐州刺史车胄，留关羽镇守下邳，代理下邳郡太守，自己回到小沛，东海一带几个郡县都跟随刘备背叛了曹操。刘备已拥有数万人，为了防御曹操袭击，他派人与袁绍联合，袁绍派出二千骑兵协助刘备镇守徐州，在199年末联合打败了曹将刘岱、王忠二人的进攻。次年初，曹操据"衣带诏"破获了朝廷董承等人的密谋集团，事情牵连到刘备，曹操亲自领军队东征徐州。袁绍因为儿子生病，拒绝了田丰关于乘虚袭击许都的建议，未能有效配合刘备，致使曹操在徐州很快得手。曹操打败了刘备，并俘虏了刘备的妻子家小，接着攻克下邳，擒获了关羽，刘备辗转奔投了袁绍，受到了热情接待。但袁绍得到刘备时，已经丧失了其在徐州的战略配合态势。

当袁绍的军队向南进击时，曹操也在自己的境内部署兵力，他让臧霸领军队守住青州之界，保障东方边境的安全；派将军于禁领二千步兵守延津（今河南滑县境内），同时分兵把守官渡（今河南中牟东北），在北方边境的黄河南岸重点布置兵力。战争是力量、勇气和智谋的较量，一场关系生死存亡的争夺战，力量弱小的一方如果不失战胜的勇气，往往会如履薄冰般谨慎，力求把战争的准备做到极致，决定战争结局的各种内在因素就在战争的谋划布局及各种准备的细节中发生流变。

0.9（13）白马延津折两将

200年初，袁绍做出了向许都进攻的决定，并向各州郡发布讨伐曹操的檄文，随即领兵进军黎阳，做南渡黄河的准备。黎阳在今河南浚县东南，为古黄河北岸渡口，与南岸白马津相对，白马当时地属东郡，曹操属下的东郡太守刘延驻军于白马。当年二月，袁绍派大将颜良进攻白马，沮授说："颜良性格急躁偏狭，虽然骁勇但不可单独任用。"袁绍没有听从。

曹操自官渡率军北上救援刘延，《三国志·武帝纪》《资治通鉴·汉纪五十五》《三国志·袁绍传》多处记述了这次白马之战。救援前荀攸对曹操说："我们的兵力没有袁军多，应该分散他们的力量才行。您领兵到西边的延津，做出要带兵渡河截断他们后方通路的样子，袁绍必定会领兵向西作防守，我们则用轻骑突袭白马，趁其不备而掩杀，可以擒获颜良。"延津位在白马之西，是古黄河流经今河南延津西北到滑县以北的一段，为当时黄河南岸的重要渡口。曹操立即采用了荀攸这一建议，袁绍听说曹军从西边延津渡河，料到敌人要避开白马向自己后方进击，于是留下颜良进攻白马，他率领大军分兵向西去堵截延津之敌。曹操见袁绍分兵向西移动，立即带军队迅速扑向白马，曹军离白马不到十里时，颜良方才察觉，他心中惊慌，仓促间前来迎战。曹操派张辽和关羽为先锋前去迎战颜良。《三国志·关羽传》中记述，关羽望见颜良军中为主将设置的旗帜麾盖，立即打马冲了过去，在万人军队中刺颜良于马下，斩下了他的首级，袁绍军队中的将领没有人能阻挡，于是解除了曹军的白马之围。

曹操在白马之战中采用了声西击东策略，他的援救大军伪装从西侧延津渡河，调动袁绍军队西移防御，然后以轻骑出其不意地进攻白马。《孙子兵法·虚实篇》中有"致人而不致于人"的用兵原则，强调在军事战术上要善于调动敌人，而不被敌人所调动。曹操援救白马时兵出延津，就是把受人调动的被动援救，转变为对敌人的调动，等到袁绍大军向西移动去防守，然后出其不意，快速消灭白马之敌。兵法上说："是故善战者，其势险，其节短。势如彍弩，节如发机。"（《势篇》）这里强调的是险峻的军事态势，以及短促的进攻节奏，大将关羽是做到了这些要求，这是关羽本人的战场成功，也是指挥员选将用人的成功。而袁绍大将颜良仓促迎战，准备不足，没有布置好守护主将和帅旗的足够兵众，指挥员用人上也疏忽了其难以独当一面的性格偏失，并非颜氏个体战斗力不足，实在是因心中惊恐而失利，这是非常遗憾的事情。

关羽数月前在曹操进攻徐州时被俘获带回许都，曹操任其为偏将军，对他的待遇非常优厚，关羽一直想报答曹操，这次在战场上斩杀颜良，立了大功。应提及的是，关羽在白马交战中没有赤兔马和青龙偃月刀的配置，史书上叙述他"刺良于万众之中"，是刺杀对手，其手中使用何种武器也是清楚的。白马之战后，关羽觉得他已报答了曹操的恩惠，把所有曹操赏赐的东西都封存起来，留下一封拜别的书信向曹操辞行，到袁绍军投奔刘备。曹操身边的将领要去追赶关羽，曹操说："这是各为其主，不要去追。"曹操和关羽两人的意气之交，深为后世史家所赞佩，裴松之赞扬说："曹操知道关羽不会留在许都，内心敬佩他的志向坚定，拒绝追赶以成就其大义，如果没有王霸的气度，怎么能做到这个地步！"

曹操在白马取胜后，把这里的百姓迁出，安置到向西的黄河岸边，实际是撤离白马。袁绍渡过黄河，在延津南面安下营寨，当看见曹操的军队后，他派刘备和大将文丑前去挑战。曹操的军队在附近山坡安营，他派人登上营垒瞭望袁绍的追军。瞭望人连续报告："看见了五六百骑兵。"一会儿又报告："骑兵稍微增多，步兵不可胜数。"曹操说："不必再报告了。"他命令自己的骑兵解下马鞍，放马休息。恰好曹军从白马迁出的辎重车辆经过大路，将领们误以为是敌军的骑兵，大家都觉得袁绍军队骑兵很多，应该回去守卫营寨，而曹操并不下令，让大家继续休息。不大一会儿，袁绍大将文丑与刘备率领的五六千骑兵先后赶到，曹军将领们又要求上马迎战，曹操说："还不到时候。"又过了一阵子，袁军的骑兵更多了，有的已经开始攻击曹军的辎重车队，曹操方才下令。于是，曹军近六百骑兵立刻上马，猛烈冲向敌军，袁绍军队溃散，文丑被斩杀，史书上并未说明他是如何被杀，为谁所杀。

延津之战中曹军采取以利诱敌的策略，当时曹军将领反复提出要据守营垒时，荀攸对众人说："这正是要引诱敌人，怎么能去营垒！"曹操看着荀攸发笑，他们两人心思相通，是有备而为。《孙子兵法》的"诡道十二法"中有"用而示之不用"及"利而诱之，乱而取之"（《计篇》）的用兵策略，敌人到了眼前时曹操让士兵长时间坐下休息，正是一种佯示不用、实有大用的方法。曹军在这里放弃辎重物资引诱敌人去抢劫，等敌人溃散时迅速出击，达到了乱而取之的目的。

白马之战和延津之战是袁、曹军队相遇后最早的两次交锋，两次战役的规模并不大，但袁绍两次损兵折将，已经暴露出了用兵和遣将上一些比较严重的问题。颜良和文丑是袁绍军队中的名将，两次交战，他们先后被杀，袁绍军队非常震恐，士气大衰，似乎已经走进了连续失利的泥潭。当然，两次战役并没有改变双方军事势力上的强弱对比，袁绍仍然占有军事上的优势，但这里需要认真思考两次失利的原因，对平淡无奇的惯常战术，和自己用兵任将的失误做出深刻反省，广纳谏言，改弦易张，重鼓士气和信心。如果能这样，一切都可以重新开始。大约当年八月，曹操退回官渡，袁绍驻军到阳武（今河南原阳东南），他们积蓄气力，准备做新一轮交手。

0.9（14）官渡决战

袁绍率大军进攻曹操，在白马之战和延津之战中分别折损了大将颜良和文丑，一时军中震恐，但袁绍仍然占有军事上的优势。200年八月，袁绍从驻军地阳武向前推进，依沙丘扎营，东西达数十里。曹操也把部队分开驻扎，与袁绍军队在官渡（今河南中牟东北）筑营相对，双方摆开了决战的架势。

曹操出兵与袁绍交战，不能取胜，又退回营垒。《资治通鉴·汉纪五十五》《三国志·武帝纪》及其引注记述了双方的战争进程。因为曹军在营垒坚守不出，袁绍军中即堆起土山，建造高楼，居高临下地向曹营射箭，曹军在营中行走，都要用盾牌遮挡飞箭。为了对付，曹军制成霹雳车，发射石块，将袁绍的高楼全都击毁。袁绍又挖地道进攻，曹军在营内挖一道长长的深沟，以防御地道。江东孙策听说曹操与袁绍相持不下，准备领兵袭击许都，但尚未出发本人就被刺客所杀。

双方相持了一百多天，曹操兵少粮尽，士兵疲惫不堪，百姓无法交纳赋税，黄河南边很多人依附了袁绍或与其暗通款曲，曹操非常忧虑。他给荀彧写信，说准备退回许都，以引诱袁军深入。荀彧回信说："袁绍把全部军队聚集在官渡，打算与我们决战。您以弱者抵御强者，如果不能制敌，必会被敌人所制，现在对双方都是难得的机会。况且袁绍是普通人中的英雄，能聚合人才却不会任用。以您的神武明智，加上用兵名正言顺，还有什么目标不能达到！如今粮食虽少，但还赶不上楚、汉在荥阳、成皋对峙时的困境。那时刘邦、项羽谁也不肯首先向后撤，是因为先退就会屈居劣势。您以袁军十分之一的兵众坚守不动，扼住对方的咽喉使其无法前进，至今已有半年，情势快要到头了，必将发生转折，这是出奇制胜的机会，一定不能丢失。"曹操听了荀彧的劝告，于是坚守营垒，双方继续相持。

曹操看到运输粮草的人，安抚他们说："再过十五天，为你们击败袁绍，就不再劳苦你们了。"袁绍运粮的数千车辆来到官渡，荀攸对曹操说："为袁绍军队押运粮草的大将韩猛勇敢而轻敌，可以把他击败！"曹操说："派谁去合适？"荀攸说："徐晃可以。"曹操于是派遣偏将军徐晃与史涣在半路截击韩猛，打败了运粮的军队，并烧毁了辎重。到了十月，袁绍又派大批车辆运送粮草，他让大将淳于琼率领一万多人押送，囤积在袁军大营以北四十里处。

袁绍的谋士许攸说："曹操用全部兵力来抵抗我军，守卫许都的人少，防备一定空虚，如果派一支队伍轻装前进，连夜奔袭，可以攻拔许都，那我们就奉迎天子来讨伐曹操，必能捉住曹操。即便他的军队没有溃散，也能使他首尾不能相顾，一定可将他击败。"袁绍拒绝说："我一定要先捉住曹操。"恰好这时许攸家里有人犯法，留守邺城的审配将他们逮捕，许攸知道后非常恼怒，就投奔了曹操。

　　许攸早年与袁绍和曹操都是要好的朋友，袁绍在189年辞绝董卓逃离洛阳后许攸跟随了袁绍，这次到了官渡前线。曹操当时听说许攸来了，等不及穿鞋赤脚出来迎接，他拍手笑着说："子卿远来，我的大事成功了！"许攸坐下后问曹操说："袁军势大，你有什么办法对付？现在还有多少粮草？"曹操说："还可以支持一年。"许攸说："没有那么多，再说一次。"曹操又说："可以支持半年。"许攸说："您不想击破袁绍吗，为什么不说实话！"曹操说："刚才是开玩笑，其实只可应付一月，怎么办呢？"许攸说："您孤军独守，外无救援，而粮草已尽，这是危急的关头。袁绍有一万多辆辎重车，在故市、乌巢，守军戒备不严密，如派轻骑袭击，出其不意，焚毁他们的粮草军资，不出三天，袁绍就会自行溃败。"曹操听罢大喜。

　　曹操身边的人怀疑许攸提供的是假情报，荀攸和贾诩认为应该相信，曹操于是留下曹洪、荀攸防守大营，亲率五千名步骑兵出击，使用袁军的旗号，兵士嘴衔小木棍，绑上马嘴，以防人马发出声音，夜里从小道出营，每人抱一捆柴草。路上遇到盘问，只回答说："袁公恐怕曹操袭击后方辎重，派我们去加强守备。"听的人信以为真，全都没有介意。到达乌巢后，围住袁军辎重四面放火，袁军大乱。天已渐亮，淳于琼看到曹军兵少，即在营外摆开阵势，因抵挡不住曹军，遂退守营寨，曹军开始猛烈进攻。

　　袁绍听说曹操袭击乌巢，对儿子袁谭说："就算曹操攻破淳于琼，我去攻取他的大营，让他无处可归。"于是派遣大将高览、张郃去攻打曹军大营。张郃说："曹操率精兵前去袭击，必能攻破淳于琼，我们的粮食辎重若被毁，则大势将去，应该先去救援乌巢。"郭图坚持先攻曹操营寨，张郃说:"曹操营寨坚固,必定难于攻克。如果乌巢有失,我们都将成为俘虏。"袁绍最后决定派轻骑去援救淳于琼,而派重兵进攻曹军大营,但未能攻下。

袁绍的援兵到了乌巢,曹操身边人说:"敌人的骑兵靠近了,请分兵抵抗。"曹操怒喝道:"等敌人到了背后,再来报告!"士兵们拼死向前,终于大破袁军,斩杀淳于琼等,烧毁了袁军全部粮草。曹军将千余袁军士兵的鼻子割下,将所获牛马的嘴唇、舌头也割下后撤离,袁军将士看到大为恐惧。郭图因自己的作战方案失败,心中羞愧,他去袁绍那里诬告说:"张郃知道我军失利竟非常高兴。"张郃听说后又恨又怕,就与高览烧毁了攻营器械去曹营投降。曹洪疑惑不敢接受,荀攸说:"张郃的提议不为袁绍采用,一怒之下来投奔,有什么可怀疑的!"接受了张郃、高览的投降。

袁绍军队前后两面失利,粮草被焚烧,于是将士惊恐,全军崩溃。袁绍与袁谭等人戴着头巾,骑着快马,与八百骑士渡过黄河向北逃跑,曹军追赶不及,缴获了袁绍军队的全部辎重和珍宝。袁军来不及逃跑的其余士卒都投降了,《后汉书·袁绍传》上说的是"余众伪降",属于假投降,被曹操全部活埋,先后杀死的有七万余人。

官渡之战以袁绍军队的彻底失败而结束。袁绍此前经历了白马之战、延津之战,在陷入连续失利的泥潭后,看来他并没有认真地反思自我,没有发现问题作出更改,致使庞大集团的内部病状在官渡之战中集中爆发。他沉溺于自我力量强大的表面幻觉中,总以为前两次失利仅仅是战场将官的问题,多次拒绝谋士的建议,仍然用惯常无奇的思路指挥更大的战役,将官们间的暗中拆台和相互倾轧加剧,最终一败涂地。而曹操本人的果敢英勇、处事的机智灵活,以及将士们的精诚协力在战役中都得到了充分展现,这最后的结局不是偶然的。官渡决战从根本上扭转了袁曹双方的力量对比,更换了天下霸主的座次,也在战争史上创造了以少胜多的经典战例。如果说,八年后的赤壁之战决定了天下能否实现统一,那官渡之战就是决定着天下将由谁来统一的前提问题,其历史影响极其巨大。

0.9（15）被废弃了的方案

在与曹操的军事较量中，似乎袁绍总是处于被动应付、遭受冲击与损失的地位，当对方奇招迭出、接连得利之时，力量上占据优势的袁绍为什么不仅没有打击弱方的手段，而且也没有自我防护的能力？难道河北四州之地的优秀俊才，以及袁绍的众多谋士智识短浅，不能在两军对峙的关键时刻形成自我发展的良好对策，提出使本集团避免覆亡、走向兴盛的有效建议吗？官渡之战后，南北双方的盛衰趋势已经基本分明，我们不妨盘点一下冀州的智士谋臣们曾持续送交给决策者而被废弃了的那些行动方案。主要以沮授、田丰为例。

沮授是冀州广平（今河北鸡泽一带）人，少年时就有大志，多权谋，举茂才，做过县令，在韩馥主政冀州时任别驾，是州牧的辅佐官员。袁绍做了州牧后，仍被任为别驾，并兼任监军。他在 191 年和 195 年两次向袁绍提出"迎大驾于西京"和"挟天子而令诸侯"的建议，袁绍因一段心结而该建议搁置未用。后来袁绍派袁谭出守青州，表现出废长立幼倾向时，沮授给他讲了众人逐兔时分定而不争的道理，希望袁绍改变他的想法，袁绍借口要考验几个儿子的才能，借故推脱。199 年初袁绍打败了公孙瓒，在商议如何对付曹操的决策会议上，沮授提出了与民休息和扰敌以疲的缓进方式，力求稳妥不败、以逸待劳的功效，这一战略方案没有被袁绍接受，郭图、审配等人的出兵决战方案被选择。袁绍同时将沮授的监军权力一分为三，职权被削表明了沮授在冀州的失势与失宠。

按照袁绍选定的方案，冀州军队在 200 年初向许都方面大举进攻。沮授似乎没有因为职权被削而放弃自己的责任。据《资治通鉴·汉纪五十五》所记，在袁曹双方直接交战不到一年的时间内，沮授在几个关键时刻都提出了自己的战术建议，这包括：

其一，袁绍派大将颜良进攻白马，沮授说："颜良性格急躁偏狭，虽然骁勇但不可单独任用。"袁绍没有听从。

其二，白马之战颜良被杀后，袁绍准备渡河追赶曹军，沮授劝阻他说："胜负之间变化无常，应该慎重考虑。现在应把大军留驻在延津，分出部分军队去官渡，如果前军告捷，回来迎接大军也不晚，如果全军南下，万一失利，我们就没有退路了。"袁绍不听他的劝告。沮授于是称病辞职，袁绍不批准但心中怀恨，就解除了沮授的兵权，把他率领的军队拨归郭图指挥。

其三，延津之战后冀州大将文丑被杀，袁绍驻军阳武，准备与曹操在官渡决战。沮授劝袁绍说："我军数量虽多，但战斗力比不上曹军；曹军粮草短缺，物资储备比不上我军。因此，曹操利于速战，我军利于持久。应当作长期打算，拖延时间。"袁绍没有采纳，他指挥军队依沙丘扎营，摆开东西达数十里的阵势与曹军对垒。

其四，这年冬十月，袁绍派大将淳于琼等领兵万余人押运粮草，在军营以北四十里的乌巢屯守，沮授劝袁绍说："应当派蒋奇率一支军队，在运粮队的外围巡逻，以防曹操派军袭击。"袁绍没有听从。等乌巢战败，粮草被焚后，袁绍军队在官渡的败局已定，已经没有挽回的余地了。

田丰，字元皓，冀州钜鹿（今河北平乡一带）人，他天资出众，年少时丧失双亲，博览多识，权略多奇。举茂才，开始被征召到太尉府，后升任侍御史。朝廷宦官专权时，他弃官回家。后来袁绍兴兵起事，以卑辞厚币招致田丰，田丰怀着匡救时弊的志向而应招归附，也做了袁绍的别驾。他劝谏袁绍迎奉天子，没有被采纳；200年初，曹操出徐州东征刘备时，田丰建议乘虚袭击许都，袁绍因儿子患病而推辞，未能出兵，田丰觉得失掉这样大好的机会，曾举杖叩地而叹息。

刘备兵败徐州后前来依附，袁绍集会商议攻打许都的方案，田丰说："曹操既已击败刘备，许都已不再空虚。而且曹操善于用兵，兵马虽少，却不可轻视。现在最好与他相持，我们挑选精锐之士，组成几队奇兵轮番出击，攻其薄弱，使敌军疲于奔命，百姓无法安心生产。不到三年，就可坐等胜利。"他和沮授的意见基本相同，但袁绍没有采纳。田丰再三劝谏，冒犯了袁绍，袁绍认为田丰扰乱军心，给他戴上刑具，关押在邺城，随后发布讨曹檄文，全军向黎阳进发。田丰因在狱中，这次没有随军出征。

另外，袁绍的谋士许攸在曹操军队难以坚守的时刻，建议派轻骑奔袭和攻拔许都，这也是一招出奇制胜的方案，袁绍却坚持要先捉住曹操，拒绝了许攸的提议。

冀州谋士不是没有高超的战略谋划和军事战术上的奇计妙招，他们在军事行动的每一重要环节上都有自己的真知灼见，提议很多，都属优秀的行动方案，但袁绍偏偏没有采用。有史家说："沮授、田丰的智略与荀彧相当，荀彧说给曹操的话就像把石头投进水中，而沮授田丰对袁绍的谋划就像方枘圆凿一样两不相容。"指挥员识辨事情的能力高下不同，从而采纳各种意见的态度就有所不同。袁绍也曾是优秀出众的人物，但在掌控了一个庞大集团开始参与天下政治角逐时，却不能在更为复杂的事情中把握其根本，他的政治视野浅近狭隘，思维方式陈旧单一，既不能领悟实现一项军事目标的最优手段，也不能鉴识别人所提方案的优劣点，甚至与谋士间缺乏真诚平等的交流，致使谋士们的各次方案与他几乎固化的思维间，就像方枘对圆凿一样难以相合。谋士们的十多次建议被一一否决废弃，是因为袁绍看不到它们的应用价值；而曹操听了许攸关于袭击乌巢的建议就当即实施，首先是一种识辨力的表现，决定战争胜败的各种要素正是在双方的筹谋和行动中发生流变而一朝显现的。

袁绍军队的谋士常有一种恐慌感，因为提议不合主上的心思，会有一种受责被罚的后果。田丰被关押时，沮授随军出征前，他召集宗族，把家产分给族人说："有势力时权威无所不加，失势后连性命都保不住，真是可悲！"他弟弟沮宗说："曹操的兵马比不上我军，您为什么担心呢？"沮授说："凭曹操的智慧与谋略，又挟持天子作为支持，我们虽战败公孙瓒，但士兵已经疲惫，加上主上骄傲，将领奢侈，全军的兴亡，就在这一仗了。扬雄曾经说过：'六国纷纷扰扰，只不过是为嬴秦取代周室而效劳。'这就是今天的情景！"后来在延津之战前沮授的建议未被采纳，他辞职不得，军权也被解除，在渡河时沮授感叹说："主上意满志骄，将吏只顾贪功，悠悠黄河，我还能再回返吗！"他是怀着忧惧的心情南渡黄河的，但过河后仍然把两条很有价值的建议提给袁绍，依旧被搁置弃用，令人扼腕长叹。

官渡之战骤然结束，沮授来不及渡河，被曹军抓获，沮授大喊："我不是投降，只是被擒！"曹操和他早就认识，亲自前来迎接说："咱们因地缘隔绝，不能相见，没想到今天你被抓获。"沮授说："袁绍失策，自取失败。我的才智和力量就到这里了，该当被擒。"曹操说："袁绍没有眼光，不能采用你的谋划，现在天下战乱未定，我要与您一同创立功业。"沮授说："我叔父与弟弟的性命都在袁绍手中。如果蒙您看重，就请快些杀我，这才是我的福气。"曹操叹息说："我如果早得到你，天下就不值得担忧。"他赦免了沮授，并给予优厚待遇。不久沮授策划逃归袁绍，曹操于是将他杀死。沮授不降曹操，看来既出于他对袁绍的忠诚，也出于他对冀州亲人的保护，他深知自己对曹操的任何暧昧态度都将引发袁绍对自己亲人的报复，因而一见曹军就强调自己被俘的身份，并要求将自己处死。传统士人总是处在这样一种沉重的生存状态。

官渡之战结束后袁绍渡河北逃，有人对田丰说："您一定会受到重用。"田丰说："袁绍外宽而内忌，不能理解我的忠心，我多次因直言相劝而触怒了他，胜利了他心里高兴，或许能赦免我；现在战败了心中愤懑，内忌将要发作，我不指望能活下去。"袁军将士都捶胸痛哭说："假如田丰在这里，一定不至于失败。"袁绍对逢纪说："留守冀州的人，听到我军失败，都会想念我；只有田丰以前劝阻出兵，与众人不同，我也感到心中有愧。"逢纪说："田丰听说将军失利，拍手大笑，高兴他的预料正确。"袁绍于是对僚属说："我没有用田丰的计策，果然被他取笑。"下令把田丰处死。失败者常是令人同情的，而袁绍在失败后对待属下如此严苛和不讲情理，总是让人难生同情；他在大败后没有一点反悔自省，没有对正确意见的提出人加以保护，反而因故动了杀机。袁绍与曹操的较量并未结束，他对身边的人才视如草芥，弃如敝屣，未知后面如何防御自保！

0.9（16）袁绍之死

200年十月，官渡之战以曹军的胜利结束，袁绍和袁谭等人头戴幅巾，与八百骑兵渡过黄河逃走。当时冀州属下的一些郡县官员投降了曹操，袁绍到达北岸的黎阳，进入部属蒋义渠的军营。到了帐中，袁绍拉着蒋义渠的手说："我把性命托付给你了。"蒋义渠让出营帐给袁绍，让他发布命令。袁绍的部众听说袁绍还活着，渐渐又聚到一起。袁绍以八百人马进入黎阳军营，在不明白蒋义渠政治动向的情况下的确有很大的危险性，袁绍对蒋义渠称自己将性命相托，既是危机时候的不得已行为，也反映着对蒋氏的信任关系。

袁绍在退回邺城时听了逢纪的谗言，认为田丰在狱中耻笑自己兵败，遂杀了田丰。《后汉书·袁绍传》记述了另一事情。审配的两个儿子被曹操俘虏，孟岱与审配有矛盾，就通过蒋奇对袁绍说："审配在位独揽权力，他的宗族大势力强，现在两个儿子在南方，必定有反叛的心思。"郭图、辛评也赞同这一说法。袁绍于是任命孟岱为监军，代替审配守卫邺城。护军逢纪一直与审配不相和睦，袁绍将此事说给了逢纪，逢纪回答说："审配天性刚烈率直，说话做事都仰慕古人的节操，不会因为儿子在南边就做出不义的事情，您不要怀疑他。"袁绍说："你不是平常讨厌他吗？"逢纪说："从前所争的属于个人私事，现在所说的是国家大事。"袁绍说："说得很对！"于是没有罢免审配。自此审配、逢纪的关系也融洽了。同一个逢纪，他进了田丰的谗言，但却在关键时候保护了一直与自己不相和睦的审配，冀州众多谋士间的相互关系及其处事态度有不好把握的一面，但人们由此能看到袁绍本人对待下属的态度缺乏主见、易被他人操控。

史书上说，袁绍外表宽厚文雅，很有器量，忧愁喜悦不表现在脸上，但他本性骄傲，刚愎自大，不能纳谏从善，所以造成失败。其实，不能纳谏从善的原因在于其本人对各种谏言的识辨力不足，他是一位缺少主见的人，而又要表现自矜之气，如何能纳谏从善！官渡战败，袁绍心中当然无限愤懑，但相信他已没法实现彻底的自省，难以改变自己的心性特质。

官渡之战结束后，黄河之南的曹操阵营是另一番景象。曹操收缴了袁绍营中存放的各地往来书信，其中有些是许都官员及自己军中将领写给袁绍的，曹操让将这些信件全部烧掉，说："当袁绍强盛之时，连我都不能自保，何况众人呢！"《三国志·武帝纪》引注还记述了曹操写给朝廷的战争汇报，其中说："大将军邺侯袁绍此前与冀州牧韩馥想要扶立原大司马刘虞为帝，刻下了金玺，派使者送给了刘虞，并给他说运数的转变。袁绍还给我写信说：'可以迁都鄄城，应当有新的变化。'他擅自铸刻金银大印，又安排了许多官员。他的堂弟、济阴太守袁叙给袁绍写信说：'现在天下败乱，天意确实已在我家，神明显示了征兆，应当是在尊兄身上。我本想推举南方尊兄（指袁术）即位，但南兄表示，按年龄北兄（指袁绍）为长，按职位北兄为重。所以想把传国玉玺送来，正好曹操截断了道路。'袁绍宗族连续几世受到朝廷恩典，但却大逆不道，走到了这样的地步。我带领军队与他在官渡交战，借助朝廷的威灵，斩杀了袁绍大将淳于琼等八人首级，使袁军大溃。袁绍和儿子袁谭脱身逃走，我军斩首七万余级，缴获辎重财物巨亿。"曹操在报告中不仅仅报告了战争的胜利结局，特别是翻出了袁绍191年初想要在关东推举刘虞为皇帝的往事，挑出他在198年要迁都鄄城的书信句子，并含混其词地改变意思，还列举了袁叙让袁绍接受传国玉玺的书信内容。用这三个论据，把袁绍描绘成了一直想要改变现任皇帝、实现个人企图的乱臣贼子，从而表明了自己对袁绍作战的正义性质。

曹操在官渡取胜后，当地流传起了一段往事，说汉桓帝刘志（146—167年在位）执政时，有祥瑞的黄星出现在楚、宋的分界上，深通天文的辽东人殷馗当时说，五十年后会有真人起于梁、沛之间，其锐气不可阻挡。殷馗的预言到现在正好五十年，曹操打败了袁绍，他天下无敌。地方传言暗示曹操就是殷馗预言中的真人，流言的源头不知何处，但很明显这是为曹操的后续发展制造舆论。

201年四月，曹操在黄河岸边耀武扬威，并在仓亭（今山东阳谷北古黄河岸边）击败袁绍军队，史书没有记载袁绍这次是否亲临前线，应该是一次小规模的战役。曹操九月回到许都，他领兵征讨汝南（今河南平舆北）刘备的骚乱。刘备在袁军兵败乌巢之前离开袁绍去南部组织军队，在当地策划了龚都等人的反叛，拥众数千人。曹操率大兵前来，刘备奔投了荆州刘表，许都东部得以安静。曹操顺路回到家乡谯县，推行了一系列惠民政策，尝试对农民授田供牛的改革试验，并隆重地祭祀了自己少年时受到特别赏识眷顾的故太尉桥玄，还修复了睢阳渠。他极其风光，前景无限。

袁绍官渡失败回军邺城，平定了冀州背叛的城邑，他此后就一直生病。史书上没有他近两年间的活动记载，后来病重吐血，于202年五月病逝。袁绍是在战败的忧愤苦痛中离开这个世界的，他出身优越，资源优厚，才质出众，早年怀着一腔济世雄心，在时代的风口奋力拼争十多年，登上过人生的高峰，领跑过豪杰的队伍，赢得过巨大的荣誉，往昔的成就无不包含着家族的积累和个人的血气凝结，但这一切顷刻散乱，眼看就要消失，他难以承受这样的打击，接受不了这样的景致落差，咽不下这口苦果，终于忧闷成疾，不治而亡。

袁绍死后，尸体尚未安葬，他的夫人刘氏即把袁绍的五位宠妾全部杀掉，又觉得人死后有知，她们会在地下向袁绍告状，于是对五人除去头发，将面目刺破涂黑，并毁掉形体，又杀掉她们的全家。这位刘姓夫人没有夫君死去的忧苦和悲伤，而是迫不及待地发泄出了心中的一股阴毒之气。冀州牧的权位由谁继承是最重要的问题，袁绍早先安排长子袁谭出守青州，派次子袁熙镇守幽州，留少子袁尚在冀州邺城辅政，但他终世前并没有留下让哪位儿子接班承位的遗嘱。审配、逢纪一直辅佐袁尚，辛评、郭图一直辅佐袁谭，他们各自忠诚其主。冀州好多人觉得袁谭年长，应该继承袁绍之位，而审配、逢纪恐怕袁谭继立后自己受到辛评等人的迫害，就按照袁绍以前安排的意思，在邺城直接推袁尚继位。袁谭自青州到来后，事情已经确定，他不能继位，遂自称车骑将军，屯兵黎阳，与袁尚不相统属。袁绍死后，河北冀州集团一场更大的危机又要到来。

0.9（17）袁氏兄弟的窝里斗

202年四月，袁绍吐血而亡，邺城守将审配逢纪推袁尚继位。袁谭从青州赶来，已经失去了机会，他自称为车骑将军，领军队进军黎阳，声称要向黄河之南用兵，报仇雪恨。主政冀州的袁尚拨给他很少的兵力，并让逢纪带兵跟随。袁谭要求增加兵力，审配等人商议后予以拒绝，袁谭大怒，杀掉了逢纪。袁谭和袁尚兄弟两人的怨恨是由继位而引起，长子袁谭不能继立，心中不服，也许是以进攻曹操为由来取得更多兵力，而掌控冀州军政资源的袁尚正是重点防备着袁谭对军队的争夺，严格控制着划拨给他的军队数量，逢纪被杀表明两人矛盾的公开化。袁氏兄弟要进攻曹军以报仇，而尚未见到曹军，自家就已争斗了起来。

这年九月，曹操领军渡过黄河进攻袁谭。《资治通鉴·汉纪五十六》《后汉书·袁绍传》记述，当时袁谭军队少，他立即向袁尚告急，袁尚大概仍然担心划拨给袁谭的军队最终会要不回来，但黎阳之危又不能放任不管，于是他留下审配守邺城，亲自领军队去救袁谭。兄弟俩与曹操交战数次连续失败，只好退守营寨。两军相持到次年二月，双方大战于黎阳城下，袁军败退城中并被包围，四月份袁军乘夜遁逃，曹军追赶到邺城附近，收获了田地中的麦子，攻取了阴安城（约今河南清丰北），直逼邺城。

正当曹军将领主张乘胜进军时，郭嘉说："袁绍生前喜欢这两个儿子，没有决定让谁作继承人。现在他们权力相等，各有党羽辅佐。情况危急就相互援救，局势缓和就互相争斗。我们不如先向南进取荆州，等待冀州内部变乱，然后趁乱进攻，可以一举平定。"曹操赞成这一意见。五月曹操即返回许都，留部将贾信驻守黎阳。在这里，郭嘉看到了冀州发生内变的必然性，他用减少外部压力的方法引诱冀州变乱，有意为袁氏兄弟的窝里斗创造条件。

曹军退走，袁谭对袁尚说："我的部队铠甲不够精良，所以先前被曹军击败。现在曹军撤退，人人思归，在他们未渡黄河前追击掩杀，会使他全军溃散，这一方案绝不可错失。"袁尚对袁谭存有戒心，既不给他增加兵力，也不给更换铠甲。袁谭大怒，郭图、辛评乘机对袁谭说："让父亲把你过继给伯父，全是审配的主意。"袁谭于是率军进攻袁尚，在邺城门外大战，袁谭战败，率军退回南皮。

袁谭的别驾王修率领人众从青州来援救袁谭。袁谭打算再次进攻袁尚，王脩劝阻说："兄弟就像人的左右手，假如一个人要与别人争斗，他先砍断自己右手，还说'我一定能胜'，真的能取胜吗？抛弃兄弟而不亲近，还能在天下亲近谁呢？那些进谗言的人离间别人骨肉，只为求得眼前小利，希望您塞耳勿听。如能杀掉几个奸佞小人，与兄弟重相和睦，共同抵御外敌，仍可横行于天下。"袁谭不听。不久，袁尚亲自统帅大军进攻袁谭，袁谭大败，逃到平原据城固守，袁尚将城围住，发动猛攻。袁谭派辛评的弟弟辛毗去向曹操求救。

刘表写信劝袁谭说："君子避难不会去到敌国，与人绝交不会张口辱骂，何况忘掉先父之仇，抛弃亲人之情，而作出万世难有、让盟友羞耻的事情！如果袁尚不尊兄长而傲慢，你该委曲求全，以守护先父基业为重，等到大局已定，再由天下人评论曲直，这不就遵从了崇高的道义吗？"刘表又给袁尚写信说："金、木、水、火都刚柔相济，然后才能平和，为人所用。袁谭天性急躁，辨不清是非，你器量宽宏，包容他绰绰有余，应当先消灭曹操，了却你先父之恨。事情结束后再和他搞清是非曲直，这不是很好吗！如果执迷不悟，连那些胡夷之人都会讥笑，何况往日盟友怎么还能为你们去尽力效劳！不要去做狗兔相逐而让农夫获利的事情。"刘表以前与袁绍关系较好，对其儿子有长辈之尊，他也希望冀州强大起来以便能牵制曹操不使其南下荆州，但袁谭、袁尚都没有听从刘表的劝解。

袁绍没有解决继承权的归属，反而搞乱规则，留下难题撒手而去，沮授早先提出务必提防的事情果然演变成真。冀州集团在与曹操的官渡较量中失败了，军事力量削弱，边境防守弱化，内部士气低迷，对黄河之南的攻势变为守势，但拥有的地盘和人口并未减损多少，军队至少十余万，属于"攻则不足，守则有余"的状态。在袁绍离世、新的主政人上台后，冀州最需要的是人心的凝聚，及战略上的休养恢复，但十分遗憾的是，冀州集团自身的病症决定了其在这些最需要的方面反而功能不足（参见0.9.10《集团的病情诊断》)，曹操集团中的明眼人竟然以主动放弃进攻的手段为冀州创造宽松条件，诱使其肌体内的病灶引发病变，而且果真成功了，它的病状为敌对集团所培养利用，冀州的休养恢复及人心凝聚遂成泡影。

袁氏的兄弟争斗是他们的家族病，袁绍和袁术当年就互相诋毁对抗许多年，袁谭和袁尚不顾集团自身的利害，又持续了这种兄弟间的恶性争斗。在袁绍创就的这一集团中，谋士间相互拆台陷害，身后夫人对众妾残忍杀戮，儿子们不能相容，尤为难堪的是，兄弟争斗中失利方竟求助于曾经催命了先父，并且一直对冀州虎视眈眈的集团，这不仅是如刘表所说农夫得利的事情，而已经是开门揖盗、引狼入室的行为。该集团中道德伦理观念长期淡漠，考量政治利害的智识严重弱化，由此积成了自身的多种病态。发生这些后果，集团的创立人和长期掌控人袁绍难辞其咎。

0.9（18）他和曹操玩起了心眼

203年，袁绍的长子袁谭为了和弟弟袁尚争夺冀州的掌控权而搞起了窝里斗，因为势力不及，他先后兵败邺城、南皮，八月退守平原，被袁尚军队追赶包围。情况危急时，他派遣辛毗去向曹操求救。

辛毗见到曹操，转达袁谭求救的请求。《资治通鉴·汉纪五十六》《三国志·袁绍传》及其引注记述，当时曹操部下的很多官员都主张应该先进攻荆州刘表，致使曹操难以确定下来，同时曹操也在发问："袁谭的话是否可信？袁尚是否能被攻克？"辛毗分析了冀州两大势力间的争斗情景，表明了袁谭求救的真诚性，并且告诉曹操："如今您去攻打邺城，袁尚不撤军回救，邺城就不能自守；袁尚返回救援，袁谭就会在后攻击。以您的军威，对付穷困之敌，进击疲惫之军，犹如疾风吹落秋叶一般。"曹操觉得言之有理，于是答应出兵救援袁谭。当时曹操虽然取得了对河北军队的几次胜利，但他深知，完全战胜河北军队，夺取北方四州还需假以时日，应该等待冀州内部的继续分化和重大内耗，这才能保证以更小的代价换取较大的利益。袁谭请求救援，但曹操在军事上不会做舍本无利的生意，因为辛毗代表袁谭表达了诚恳的邀请，以及对战胜袁尚的利益承诺，考虑到荆州刘表的无所进取，以及河北战略利益的重大性，曹操决定立即出征冀州。袁谭在这里并没有明确表示自己对曹操的归降，他将此理解为一种友好邀请，承诺以袁尚的战利品相送；曹操将袁谭的态度理解为对自己友好的依附，至少是为自己击败邺城袁尚势力提供机会。

这年十月，曹操进军到黎阳，袁尚听到曹军渡过黄河的消息，立即解除了对平原的包围，撤军回到邺城。袁尚部将吕旷、高翔背叛袁尚，投降了曹操。袁谭暗中刻好将军的印信送给吕、高二人。曹操由此知道袁谭并非真心归顺自己，他为了安定袁谭之心，给儿子曹整娶袁谭的女儿为妻，然后班师回许都。在这里，曹操进军河北进而威胁到邺城安全，袁尚必须还救根本，这自然解除了袁谭在平原受到的威胁。袁尚两位部将的投降，曹操是将其作为自己进攻袁尚的战利品看待，但袁谭背过曹操，对两位已降曹操的冀州将领刻印相送，私下拉拢，这显然是暗挖曹操的墙角，为他自己扩充势力，这种行为显然表现了对曹操阳奉阴违的态度，其依附许都的虚假性就已经很清楚了。当感到袁谭在给自己玩起心眼时，曹操并没有立即揭破对方的把戏，对袁尚的军事打击还未最后结束，在冀州境内的战争还需要袁谭保持中立以配合，曹操于是以诈对诈，他采用娉女结亲的手段对袁谭也玩起了心眼，使用障眼法迷惑袁谭。

204年二月，袁尚留下部将审配、苏由镇守邺城，自己又领兵到平原进攻袁谭。审配写了一封信给袁谭，其中诉说了袁尚继位的合法性，指责了袁谭争位分裂的行为，劝他幡然悔悟，回归正道，共同维护袁家基业，袁谭看到书信后登城而泣。曹操不久再次出兵邺城，与袁尚留下的守城部队及邺城周边驻军展开了数月周旋，袁尚回救邺城，但事情并不顺利，只好领残部逃奔中山。在曹操军队围攻邺城时，袁谭趁机攻取了甘陵、安平、渤海、河间等地，同时又进攻据守中山的袁尚，袁尚抵挡不住，败走故安（今河北易县东南），投奔了幽州刺史袁熙，袁谭将袁尚的残部全部收编，他在曹操与袁尚军队在邺城一带艰辛鏖战的数月中在东北部大发横财，把归降了曹操的几个郡县收入自己囊中，又赶走了据守中山的袁尚，回军驻扎龙凑（今山东德州东北）。

袁谭个人势力大为膨胀，但同时也显露了他对曹操假依附而真利用的本心，曹操已经难以继续假装糊涂了，他给袁谭写信，责备其违背承诺的行为，宣布断绝儿女婚姻，把袁谭女儿送了回去。在军队攻取邺城后，立即挥师讨伐袁谭。十二月，曹军到达其门之地，袁谭自平原撤出，退守南皮，在清河沿岸布防。曹操进入平原，把被袁谭夺得的几县重新收回。

205年正月，曹操进攻南皮，袁谭率全军出战，曹军伤亡惨重。曹操准备稍微减缓攻势，议郎曹纯说："现在我们孤军深入，难以持久，如果进不能克敌，一旦后退就会大损军威。"曹操于是亲自擂鼓，带领部队进攻，终于攻陷南皮。袁谭披头散发，拼命打马出城逃跑，后面的骑兵料想他不是一般人，于是加紧追赶。袁谭从马上掉了下来，回过头来说："喂，你放我过去，我能使你富贵。"话没说完就被追兵斩首。曹操进入南皮处死了郭图等人，他们的妻子儿女也一同被杀。袁谭先派王脩到乐安（今山东高青一带）去运输粮草，王脩听到袁谭情况危急，赶快率领部队前来援助，走到高密，听到袁谭的死讯，下马号哭说："没有了主人，我到哪里去呢！"就去拜见曹操，请求让他收葬袁谭尸体，曹操答应了，袁谭属下各郡县都先后归顺了曹操。至此，袁谭袁尚占有的大多地盘已入曹操囊中。

从袁谭与曹操直接打交道的整个过程看，因为双方的历史仇怨和现实利益的对立，袁谭要真正归顺曹操是不可能的，充其量只是对对方的某种利用或对强大势力的借重。袁谭没有放弃父仇、认贼作父的心思，却对曹操主动示好求助，就势必要表现出一种人格上的阴阳相违，这是冀州集团中道德伦理氛围长期缺失、传统价值理念普遍弱化在袁谭身上的反映。而且，袁谭把自己不能控制的强者邀请来冀州打击袁尚，他将拿出什么利益做酬劳？袁谭其实不想把袁尚占有的利益出让给曹操，否则他就不会起而争夺。既然这样，他也就只能在曹操与袁尚军队大战的时候趁势扩张自己的地盘，捡拾他们顾之不及的利益，但这样又必然暴露了他对曹操暗中算计的心机，他前面给吕旷、高翔私送印信，其后对甘陵、安平几个县的攻夺都是这种情况。然而，强者被他招引来了，就不会无所获得地轻易离去，一旦腾出双手，必然要夺回被人捡拾去的身边利益。袁谭玩给曹操的心眼最终全部失败，他与曹操共同用来障眼对方的婚亲手段，仅是让自己的女儿遭受了玩弄，最终也没有挽回袁家的利益和自己的生命。

0.9（19）邺城失守

官渡之战后，曹操的军队自202年九月起两次渡黄河进入北岸，其目标无不指向邺城。邺城故址在今河北临漳西南，一直为冀州治所，也是袁绍河北四州的政治中心。204年二月，袁尚留下部将审配、苏由镇守邺城，自己再次领兵到平原进攻袁谭，曹操遂率军经洹水（今河南安阳河）三进黄河之北，向邺城推进。

邺城留守将领苏由准备为曹操作内应，因密谋泄露，就出城投奔了曹操。《资治通鉴·汉纪五十六》《后汉书·袁绍传》《三国志·袁绍传》及其引注记述，曹操大军到达邺城后，在城外筑起土山射箭，并挖地道进攻，仿照袁军在官渡进击的方法，但没有奏效。城内一位叫冯礼的将领暗降曹操，他突然打开城下小门，放进了曹操的三百多士兵，审配发现后，从城上用大石头砸向小门，后面的人难以进入，小门立即被关闭，进入城中的三百多人都被杀死。因为袁尚本人出军平原，审配成了邺城守卫的主将。

审配，字正南，魏郡阴安（今河南清丰）人，少年时就忠烈慷慨，有不可侵犯的气节，早年曾为名臣陈球的下属，后来在冀州牧韩馥手下颇不得志。袁绍主政冀州后，把他当作心腹任用，让其担任治中别驾，为居中治事的副手，统管幕府事务，经常留守冀州。四年前他在邺城抓捕了违法的许攸家人，致使许攸在官渡前线怒而投奔曹操献了火烧乌巢之计。袁绍去世后，审配联合逢纪推袁尚继位，他对袁绍袁尚父子极为忠诚，这次奉命守卫邺城也非常尽责，连续挫败了苏由、冯礼两次反叛图谋。

双方相持到了五月，曹操改变了战术，他让毁掉土山、地道，令部队开凿壕沟将邺城包围，周回长达四十里。审配登城一看，见壕沟很浅，不由内心发笑，因为城外壕沟似乎人可以越过，于是并未在意。但曹操派人在晚上加大疏浚，一夜之间拓挖成二丈深、二丈宽的深壕，很快将漳河水引入壕沟，断绝了邺城内外的联系，城中粮少，围困到八月时，不少人已被饿死。

袁尚领着一万多军队前来救援，援军到达以后，曹军将领们说："这是思归之军，人人都会拼死作战，不如先避开。"曹操说："袁尚如果从大路来，应当避开；如果沿着西山来，则将被我们击败。"袁尚果然沿着西侧太行山向邺城行进，到达距邺城十七里的阳平亭时，军队在滏水（今临漳县西滏阳河）岸边扎营。晚上，袁尚点火告知城中守军，城中也点火回应。审配出军城北，准备与袁尚内外夹击曹军，冲破城外包围。曹操迎击审配，审配抵挡不住，退回城里。袁尚也被曹军击败，退到漳河拐弯处安营，曹军追赶包围，还未合围时，袁尚心中恐惧，派使者陈琳来请求投降，曹操拒绝接受并加紧围困，袁尚乘夜逃走，他的部将马延、张颉等临阵投降，袁尚全军溃散，领少量兵马逃往中山。曹军收缴了对方全部辎重，并得到了袁尚的印绶、节杖、黄钺以及衣物等，他们拿着这些战利品给邺城守军展示，守军士气沮丧。审配对将士们说："坚守死战！曹军已疲惫不堪，袁熙率领的幽州军队马上就到，冀州不会无人做主！"曹操出营巡视部队，审配埋伏强弩射击，几乎射中曹操。在围城打援的战斗中，面对袁尚部队的回援，曹操应是从其绕道山路的情景上预料到了对方信心的不足，看到了他们没有归师拼死的勇气，因而坚定地迎战敌军，并取得了决定性的胜利。而审配为了安定军心，编造了袁熙援军即来的谎言，既是一种急智，也是一种无可奈何的最后坚持。

　　审配的侄儿审荣守卫邺城东门，他乘夜打开城门，放曹军入城，八月初邺城全部沦陷。审配在城中抵抗，被曹军擒获。辛评的家眷被关在邺城监狱中，辛毗赶去营救，但全家都已被审配下令杀死。审配被押送到大帐，辛毗用马鞭击打其头骂道："恶奴，你今天死定了！"审配瞪着眼说："狗东西，正是你们这些人搞坏了冀州，我恨不能杀死你！"一会儿曹操来见，他问审配说："你知道是谁为我打开城门？"审配回答："不知道。"曹操说："是你家审荣打开的！"审配说："这小儿子如此不堪任用！"曹操再问："那天我巡视围城部队，你怎么安排了那么多弓弩？"审配说："只恨弓弩太少！"曹操说："你效忠于袁氏，也不得不那样做。"有心宽恕审配，但审配意气壮烈，始终没有一句求饶的话，而辛毗在旁号哭不止，曹操遂下令将其处死。冀州人张子谦先已投降了曹操，他一向与审配关系不好，笑着说："审配，你现在比我还好吧！"审配厉声叱责说："你是投降的俘虏，而我是忠臣，虽然一死，难道羡慕你活着！"临刑时，审配大声喝令行刑人让自己面向北方，说："我的君主在北方。"治中别驾审配在冀州也许做过不少恶事和错事，但在城陷身亡的关头，他慷慨从容，毫无惧色，表现了不可侵犯的刚烈气节，为冀州人物的尊严增色不少。

丢失了邺城，袁氏在河北的统治大势已去，曹操掠取冀、幽、青、并四州全境仅是一个时间问题。在邺城易手的很短时间内发生了以下事情：一是，曹操的儿子曹丕闯入袁家内宅，看见幽州刺史袁熙的夫人甄氏容貌非凡，就收纳为自己夫人。甄氏后来生了魏明帝曹叡，是为曹魏第二代皇帝。二是，曹操亲自去袁绍墓前祭祀，非常悲伤（见 1.3.25《痛哭袁绍》），这是曹操真情的流露，他安慰袁绍的妻子，退还袁家的金银财宝，并赐给绸缎丝绵，发给生活费用。三是，在官渡之战中降曹献计的许攸恃功傲慢，在冀州城被曹操所杀（见 1.3.23《老朋友做不了新朋友》）。四是，献帝刘协九月下诏，任命司空曹操兼任冀州牧。曹操受职后即辞去兖州牧的兼职，把自己的治理重心移至河北，并颁布了一系列改革袁氏弊政的措施（见 1.3.26《系列政令安河北》）。事实上，攻夺邺城时，袁谭在东部掠夺了曹军已经到手的不少地盘，袁尚、袁熙、高干等冀州残余力量尚在喘息待机。邺城到手了，而占取河北全境的目标还有一段无法绕过的艰难路程。

0.9（20）奔袭远方的征战

官渡之战四年后的 204 年，曹操利用袁氏兄弟的相互争斗第三次率军进入黄河北岸，同年八月攻占了冀州政治中心邺城，其后挥师向东，用将近半年时间恢复了平原一带被袁谭掠取的地盘，至 205 年初肃清了青州袁谭的军事势力，取得了河北战场的巨大成果。然而，袁尚、袁熙仍然在幽州及其北方盘踞，高干在并州军权在握，不时会有新的动向，袁绍集团的残余势力仍然存在。为了巩固在河北的胜利成果，曹军继续进行了两年多的征战。

袁尚当时援救邺城失败，求降不得，又在中山遭受袭击后奔投了镇守幽州的袁熙。《后汉书·袁绍传》《三国志·袁绍传》记述，幽州的形势对袁氏兄弟非常不利，当时袁熙的部将焦触自称幽州刺史，胁迫所属各郡县的官员背叛袁氏而归顺曹操，他与众官员杀白马歃血盟誓，集结了数万人的军队。大概是袁绍留给幽州的军队很少，也可能是袁熙能力不佳而不能控制局面，当焦触和将领张南向袁熙进攻时，袁熙不能应付，就与袁尚一起投奔辽西郡的乌桓部落。焦触领着人马归降了曹操，被封为列侯。

当年乌桓人在中原战乱时掳掠汉人十余万户，袁绍把各部落的酋长都封为单于，并以民家姑娘充作自己女儿，嫁给那些单于做妻子。辽西乌桓酋长蹋顿的势力尤其强盛，受到袁绍厚待。袁尚兄弟去投奔蹋顿，蹋顿屡次派兵入塞抢掠，想帮助袁尚恢复旧有的疆土。于是曹操准备讨伐乌桓，他组织人力开凿平虏渠、泉州渠，以便运输大军所需的粮草。

并州高幹本在邺城失陷时归降了曹操，曹操仍任命他为并州刺史。高幹的归降应该不是真实的，现在听说曹操要北上讨伐乌桓，他逮捕上党郡太守，派兵拒守壶关口（今山西长治壶口山下）脱离了曹操。曹操派部将乐进、李典进击，但没有进展。《资治通鉴·汉纪五十七》记述，206年初，曹操亲自率军征讨并州刺史高幹，大军包围壶关。三月，壶关投降。高幹留下部将夏昭、邓升守并州，他自己去向匈奴求救，被匈奴单于拒绝。高幹领着身边几名骑兵卫士去南投荆州刘表。半路上被上洛县（今陕西商县）都尉王琰捉获斩首。据说这位负责全县治安事务的王琰因捉拿高幹之功而受曹操赏封后，他的妻子在家中大哭，觉得王琰得了富贵，后面会再娶美妾而夺己之爱，可见曹操当时是悬赏捉拿。高幹206年死后，并州遂被曹操占有。

207年二月，曹操做好了出击乌桓的准备，但许多将领忧虑荆州刘表袭击许都，他们说："袁尚只不过是个逃亡之人，乌桓人贪利而无情，不会受袁尚利用。如果我们深入远征，刘备劝说刘表袭击许都，事情就不好办了。"郭嘉坚持说："乌桓人觉得距离遥远，一定不会防备，我们突然袭击,可以一战告捷。况且河北民众对我们现在只是威服,没有感受到我们的恩德,如果袁尚利用乌桓兵力,策动蹋顿等效死的部属在河北行动,四州的百姓都会纷纷响应,青州与冀州就不会再受控制了。刘表是个只会坐下空发议论的人,即使我们虚国远征,也不必担忧。"郭嘉立足于巩固河北胜利成果的目的,认定袁氏残部仍是主要对手,主张拔草除根,将穷寇全歼,以防止他们东山再起,死灰复燃,曹操听从了郭嘉的意见,立即率大军北征。军队一直走到了易县,因道路崎岖,辎重太多难以快行,根据郭嘉的提议,曹军留下辎重,军队轻装急进,希望能出其不意掩袭敌人。

军队到达无终(今天津蓟县)时正赶上夏季,大雨不止,沿海一带泥泞难行,乌桓人又在交通要道派兵把守,曹军受阻无法前进。田畴在无终居住多年,他对曹操说:"这条路每逢夏秋两季常常积水,浅不能通车马,深不能载舟船,一直都是这样。"田畴早年是幽州牧刘虞的从事,在公孙瓒杀了刘虞后一直在无终聚众生活,他多次拒绝过袁绍的聘请,却接受了曹操的任用,田畴怨恨乌桓人经常杀害当地士大夫,想讨伐乌桓却力量不够,这次他随军出征,对曹操建议说:"早先右北平郡府设在平冈(今辽宁凌源西),道路通过卢龙(今河北喜峰口附近的要塞),到达柳城(今辽宁朝阳南)。这条路自从光武帝建武年间陷坏,无人行走,已将近二百年,但仍留有道路的残迹可循。现在乌桓人以为我们必经无终,大军无法前进,只能撤退,他们会因此放松戒备。如果我们暗中回军,却从卢龙塞口越过白檀(今河北承德西南)险阻,进到他们没有设防的区域,路近且行动方便,攻其不备,可以不战而擒获蹋顿。"曹操觉得建议很好,于是率军从无终撤退,在水边的路旁留下一块大木牌,上面写着:"现在夏季暑热,道路不通,且等到秋冬再出兵。"乌桓人的侦察骑兵看到后,以为曹军已经真的离去了。

曹操让田畴率领他的部众作向导,上徐无山(今河北遵化东),凿山填谷,行进五百余里,经过白檀、平冈,又穿过鲜卑部落的王庭,向东直指柳城。距离二百余里时,乌桓人才知道。袁尚、袁熙与蹋顿以及辽西单于楼班、右北平单于能臣抵之等人率领数万名骑兵迎击曹军。八月,曹操登上白狼山（今辽宁喀喇沁左翼境内建昌东），突然与乌桓军相遇，乌桓军力强盛。曹军车辆辎重都在后边，身边将士很少，大家都很恐惧。曹操登高看到乌桓军队不整，就派张辽作先锋，纵兵攻击，乌桓军队大乱，蹋顿和各部王爷及以下的乌桓首领全被斩杀，投降的胡汉人众共有二十余万，曹军又一举攻克了柳城。曹军这次不辞险难长途奔袭，属于当时少有的军事战术，在白狼山邂逅强盛的敌军而冒死冲杀，以弱胜强，再次印证了"狭路相逢勇者胜"的军事箴言，是指挥员的智慧胆识和果敢自信，以及张辽等将士在关键时刻死中求生、大勇为强的精神气概所创造的战争奇迹。

　　白狼山兵败后，辽东单于速仆丸与袁尚、袁熙带着数千名骑兵一同投奔辽东郡太守公孙康。当时辽东治所在昌黎（今辽宁义县），公孙康的父亲公孙度在190年被董卓任为太守，其后在此割据，成为一方君主（参见0.3.1《公孙家族的兴盛》），与北方袁绍有不少联系。袁氏兄弟远投辽东，有人劝曹操乘势追击，曹操说："我将使公孙康斩掉袁尚、袁熙的人头送来，不必再劳师动众。"九月，曹操率大军从柳城班师返回易县。袁尚有些勇力，他在路上对袁熙说："我们到了辽东，公孙康必来相见，我为兄长手击公孙康，我们据有辽东也可以再图发展。"公孙康也盘算说："这次不擒获这兄弟俩，就难以取悦朝廷。"于是先埋伏精兵勇士在马厩中，然后请袁尚袁熙进来相见，袁熙心疑不敢进去，袁尚强求进入，他们一起走进未及入座，伏兵即出，将两人捆绑，他们被置在冰冷的地上。袁尚对公孙康说："还没有死，冷得受不了，请给张席子！"公孙康说："你们的头颅要行走到万里之外，还有什么席子！"公孙康处死了二人和速仆丸，把他们的首级送给了曹操。曹操事后向大家解释从柳城退兵的原因说："公孙康一向畏惧袁尚、袁熙，我若急攻他们就会合力抵抗；如果形势缓和他们就会自相残杀，情势如此。"这和202年九月郭嘉放弃进攻邺城，以此引诱袁谭袁尚窝里斗的事情同曲同工。

　　曹军返回时天气寒冷，又遇上大旱，二百里没有水，军队缺乏粮食，只好杀死几千匹战马作为军粮，挖地三十余丈才见到水。大军返回后，曹操查明以前劝阻他北征乌桓的人，给这些劝阻者都予以厚赏，对他们说："我这次出兵实在危险，虽然侥幸获胜，全是靠上天保佑，不能作为常规。你们的意见才是万全之计，应该给予奖赏，以后要大胆提意见。"

官渡之战后，曹操经过七年的艰苦征战，利用了袁氏兄弟的内部争斗，终于稳定地占据了河北之地。袁曹集团在中原黄河两岸的争夺规模宏大，时间久长，意义深远，是东汉末期军阀争夺最剧烈最突出的表现，它检验了双方指挥员的政治理念、用人方法、军事策略、组织治理及其权位承继程式的优劣。从199年起持续了九年的整个战争过程环环相扣，内含着可以梳理清楚和看得明白的因果链条，展现了军事、政治、外交、经济生活，及道德伦理等方面相互交错影响的不少规则，以弱胜强败的事实张扬了某些积极健康的精神理念和许多有效的行事方法。

参考文献

《三国志》（上下册）

　　（晋）陈寿撰，（南朝宋）裴松之注，岳麓书社1990年7月第1版。

《三国志集解》（全八册）

　　卢弼集解，钱剑夫整理，上海古籍出版社2009年6月第1版。

《后汉书今注今译》（三册）

　　（南朝宋）范晔撰，章惠康、易孟醇主编，岳麓书社1998年7月版。

《晋书》（第1-5册）

　　（唐）房玄龄等撰，中华书局1974年11月版。

《中国历史大事年表·古代卷》

　　上海辞书出版社2001年1月第1版。

《资治通鉴》（全二册）

　　（宋）司马光编著，（元）胡三省音注，上海古籍出版社1987年5月第1版。

《文白对照资治通鉴》（全二十册）

　　（宋）司马光编撰，李伯钦主编，北京联合出版公司2016年3月第1版。

《三国志辞典》

　　张舜徽主编，山东教育出版社1992年4月版。

《晋书辞典》

　　刘乃和主编，山东教育出版社 2001 年 1 月版。

《世说新语》

　　（南朝宋）刘义庆著，曹瑛、金川注释，华夏出版社 2000 年 5 月版。

《周易全译》

　　徐子宏著，贵州人民出版社 1991 年 5 月第 1 版。

《诗经全译》

　　袁愈荌译诗，唐莫尧注释，贵州人民出版社 1981 年 6 月第 1 版。

《礼记》（上下）

　　钱玄、钱兴奇、徐克谦注译，岳麓书社 2001 年 7 月第 1 版。

《辞源》（修订本 1-4 册）

　　商务印书馆 1980 年 8 月修订版。

后 记

《三国职场探迹》系本人对公元180年至280年一百年间汉末三国时代真实历史人物活动与社会政治演变作出的全面性翻译陈述及分析议论，其中也表达了自己对社会历史的一些认识，反映着本人对这段历史学习和探索的阶段成果。整个书系在表达形式上有一些新的尝试，思想内容上也力图作出更多的拓展和提升。该书系的撰述过程及其特征在《前言》中已做了说明，现当八个分册要一并推出，同时接受广大读者朋友的鉴赏评价和时间光阴的洗磨检验时，内心仍然有些惶恐之感，我是希望该书能像作者以前其他撰著一样经受起两方面的考验，并希望能为三国文化、职场文化和中华历史文化拓展空间、增添色彩。

本人自2019年5月开始做三国人物与历史解读以来的两年半时间内，除过参加广东省教育系统一个月的集中活动外，基本上坚持每天有所进展，中间经历了全民抗疫的曲折反复历程，同时也有个人、学界及单位的诸多事务，不能说没有遇到困难和阻力，但客观环境毕竟是提供了很多有利的条件，促进了原初设想的实现。这里要衷心感谢原供职单位广东省社会科学院提供的保障条件，感谢夫人杨春霞所给予的积极协助以及各位家人的理解支持。中联华文（北京）社科咨询中心的樊景良、张金良经理十年前协助出版发行了本人关于春秋至西汉武帝八百多年间历史解读的七本论著，在今年出版业面临巨大困难的前提下，仍然本着兴盛文化事业的强烈使命感，一如既往地鼓励支持了《三国职场探迹》的选题；中国书籍出版社的领导和编辑积极支持了书系的出版，全书的面世成果中凝结着他们的劳动，在此一并表示感谢！

作者

2022 年 5 月 8 日